Gerhard Brunner, Sarah Zalfen (Hg.)

Werktreue
Was ist Werk, was Treue?

Die Gesellschaft der Oper

Musikkultur europäischer Metropolen
im 19. und 20. Jahrhundert
Band 8

Gerhard Brunner, Sarah Zalfen (Hg.)

Werktreue

Was ist Werk, was Treue?

Oldenbourg · Böhlau · 2011

Gedruckt mit der Unterstützung durch:

BM.W_Fª

Bundesministerium für Wissenschaft und Forschung in Wien

Universität
Zürich^{UZH}

Universität Zürich, Direktion „Executive Master of Arts Administration" (EMAA)
Alumni EMAA
Prof. Dr. Felix Dasser

Bibliografische Information der Deutschen Nationalbibliothek:

Die Deutsche Nationalbibliothek verzeichnet diese Publikation
in der Deutschen Nationalbibliografie; detaillierte bibliografische Daten
sind im Internet über http://dnb.d-nb.de abrufbar.

ISBN 978-3-205-78747-1 (Böhlau Verlag)
ISBN 978-3-486-70667-3 (Oldenbourg)

Gedruckt auf umweltfreundlichem, chlor- und säurefrei gebleichtem Papier

Umschlaggestaltung: neuwirth+steinborn, www.nest.at
Umschlagabbildung: bpk | The Metropolitan Museum of Art, Jean-Léon Gerome, Pygmalion and Galatea
(Detail)

Druck: Balto print, Vilnius

Inhaltsverzeichnis

Peter Mosimann

„Dabei ist grundlegend zu beachten, dass mit der Veröffentlichung
ein Werk nicht mehr allein seinem Inhaber zur Verfügung steht."
Kultureller Fundus, geschütztes Werk und Interpretation

Gerhard Brunner

Von Treue und Verrat

Es scheint, dass nach dem „Gesamtkunstwerk" auch die „Werktreue" als deutsches Lehnwort Eingang findet in die Sprachen der Welt. Was macht diesen Begriff so umstritten, aber auch so fragwürdig? Kein Zweifel, jeder Reflexion über die Treue oder Untreue zum „Werk" muss die Klärung dieses Begriffs vorangehen: Ist eine Partitur oder ein Klavierauszug bereits das „Werk" oder erfüllt sich der Werkbegriff am Beispiel der Oper erst in der musizierten und inszenierten Aufführung? Greift am Ende auch diese Definition zu kurz, weil sie den Rezipienten ausklammert? Ist das „Werk" erst die individuell erlebte Aufführung? Vergeht es am Ende jeder Vorstellung, besteht es bloß als Erinnerung? Von der Beantwortung aller dieser und vieler weiterer Fragen hängt es ab, ob beispielsweise ein Regisseur lediglich als der Erfüllungsgehilfe des Komponisten anzusehen ist oder als sein schöpferischer Partner, als Autor eigenen Rechts. Der vorliegende Band setzt sich das Ziel, diesen Fragenkomplex aus möglichst vielen Blickwinkeln zu beleuchten.

Um beim Musiktheater zu bleiben, dem Schauplatz der heftigsten Schlachten um Treue und Verrat: Es geht auch um eine neue und kritische Bewertung aller Schichten des Gesamtkunstwerks Oper. Wie sakrosankt sind Notentexte? Ist dem Interpreten jene Freiheit verwehrt, die Bach durch das kompositorische Verfahren der Parodie oder Rossini durch seine Mehrfachnutzung eigener Fragmente selbstverständlich zu Gebote stand? Wird schon untreu, wer kürzt oder umstellt, interpoliert oder transponiert? Wie steht es um die seit Claudio Monteverdi umstrittene Wort-Ton-Beziehung: Ist die „Oratione", der Textvortrag, nun „Padrona" oder „Serva" des musikalischen Satzes? Prima la musica, poi le parole? Die Frage ist im Laufe der Zeit sehr unterschiedlich beantwortet worden. Wie werktreu können Übersetzungen sein? Gehören Übertitel zum „Werk"? Wie wichtig sind die Regiebemerkungen des Komponisten?

Es ist eine ganze Reihe fundamentaler Fragen, die den ästhetischen Diskurs über die „Werktreue" am Beispiel der Oper bestimmen müsste. Umso erstaunlicher, dass es in dieser Auseinandersetzung kaum einmal um musikalische Fragen geht, sondern fast ausschließlich um szenische, also das viel geschmähte, durch einen weiteren unsinnigen Begriff denunzierte „Regietheater". Sind die Texte Monteverdis nicht besonders schöne Beispiele dafür, dass auch eine Partitur, das scheinbar Vollendete, für den musikalischen Interpreten nichts weiter ist als eine Spielvorlage? Musiker haben diese Texte immer wieder aus dem Geist ihrer Epoche neu interpretiert, also auch ergänzt und weiterkomponiert, von Malipiero und Dallapiccola bis zu Hindemith und Harnoncourt, aber keiner ist jemals so angefeindet worden wie ein Regisseur, der Vergleichbares leistet. Nicht weniger gnädig verfährt man mit den Dirigenten, denen im Hinblick auf die „Werktreue" Freiräume zugestanden werden, die man dem Regisseur versagen möchte – eine Haltung, die zu den erstaunlichsten Widersprüchen führen kann. Man denke etwa an den beispielhaften Versuch von René Leibowitz, sich in Beethovens Symphonien eng an die Metronomisierungen des Komponisten zu halten, also in einem strengen Sinne texttreu zu sein. Seine verdienstvolle Bemühung ist misstrauischer beurteilt worden als die großzügigsten Abweichungen berühmter Kollegen, und seien es die mutwilligsten.

Die schöpferische Rolle des Autors, sei er nun Komponist oder Dramatiker, steht außer Frage, aber der Regisseur, wird er durch seine Interpretation gleichfalls zum Autor, weil jeder Text erst durch seine theatralische Imagination zum Bühnenwerk werden kann? Auch die Jurisprudenz gibt uns keine befriedigende Antwort. Der theatralischen Wirklichkeit stets hinterher, belässt sie die Situation im Ungefähren. Sie gesteht ihm zwar keine Urheberrechte zu, sondern lediglich Interpretenrechte, aber seine Leistung ist stark geschützt. Womit es sich in der Praxis leben lässt, aber das ganze Dilemma wird offenbar, wenn dieser Regisseur sich in ein und derselben Oper auch als Choreograf ausweisen sollte, weil es ihn juckt, mit seinen Darstellern die Ballettmusik selbst zu gestalten. Flugs wird er für diese Wegstrecke zum Autor und Urheber eigenen Rechts, um gleich bei der nächsten Vokalise wieder in die Rolle des Interpreten zurückzufallen.

Wie widersprüchlich das auch gewürdigt sein mag, der Weg zum Werk führt über mehrere Stufen. Erst durch die Interpretation aus dem Hier und Heute, der musikalischen wie der szenischen, werden wir zu einer allabendlich aufs Neue „vollendeten" Werkgestalt gelangen. Nicht in der Bewahrung und Wiederholung des immer Gleichen liegt die Lebendigkeit des Kunstwerks Oper, sondern in ihrem Zwang zur stetigen Erneuerung. Wobei wir gewahr sein sollten, dass es bei der „Werktreue" nicht nur um den „Kosmos" Oper geht, sondern um alle alten Texte. In der amerikanischen Rechtsphilosophie wird als *original understanding* bezeichnet, wenn eine Verfassungsbestimmung so ausgelegt wird, wie man annimmt, dass sie zum Zeitpunkt der Annahme gemeint gewesen sei. Dagegen steht, wer diese „originalen" Wertmaßstäbe nicht als fix ansieht, sondern als wandelbar, sie also immer neu und zeitgemäß zu interpretieren sucht. Nicht anders ergeht es den Exegeten aller Religionen, die scheinbar in Stein gemeißelte Texte aus dem Hier und Heute zu lesen und zu deuten suchen.

Die Texttreue ist ein fundamentaler Aspekt der Werktreue, aber noch wichtiger erscheint die Frage nach der Werkidee. Worin liegt sie und wie transferiert ein verantwortungsvoller Interpret diese Werkidee aus der Entstehungszeit ins Heute? Welche Werkschichten sind von hoher, welche von vergleichsweise geringerer Bedeutung und was gehört überhaupt nur zu jenen Ablagerungen der Rezeptionsgeschichte, die von manchen Gralshütern als „Traditionen" heiliggesprochen werden, während sie für andere Leser oder Hörer nichts weiter sind als die Schmutzschichten eines verwahrlosten Ölbilds?

Das Leitthema dieses Buchs sind die Fragen der Interpretation. Was sind deren Voraussetzungen, was führt zur großen und gültigen Werkdeutung oder: Werkvollendung? Zum einen ist es die Absage an jede Verbindlichkeit, an den goldenen Mittelweg, zum anderen der Mut zu einer Konsequenz, die auch Radikalität bedeuten kann. Kunst ist niemals Kompromiss. Kunst ist Grenzannäherung, Grenzgang, auch Grenzüberschreitung. Weit davor siedelt das Kunstgewerbe, das gut Gemachte, Gekonnte. Für Arnold Schönberg ist nicht das Können unabdingbar, sondern das Müssen, aber auch Walter Felsenstein fordert von uns das Äußerste an forschender Neugier: „Jedes Werk, das wir aufführen, wird in den Zustand völliger Unbekanntheit zurückversetzt."[1]

Seine Gründung, die Komische Oper Berlin, ist zugleich eine unausgesetzte Mahnung, die herkömmlichen Institutionen nicht als die Museen oder gar Weihestätten der Musikgeschichte zu begreifen, sondern als Werkstätten, in denen analysiert und fantasiert, aber auch geknetet und gehämmert wird. Sie diene als ein Exempel, weil alle öffentlich geförderten Häuser künftighin nicht nur gewärtig sein müssen, mit den gegebenen Mitteln sorgfältig zu wirtschaften,

---

1   Walter Felsenstein/Siegfried Melchinger: Musiktheater, Bremen 1961, S. 49.

sondern ihre Existenz auch inhaltlich immer wieder neu zu legitimieren, und inhaltlich, nicht durch Verweise auf die Auslastungszahl oder Umwegrentabilität. Bei schrumpfenden Zuschüssen wird es nicht mehr genügen, den interpretatorischen Schutt von gestern unter dem Begriff „Repertoire" zu sammeln, zu lagern und allenfalls neu zu arrangieren. Es wird um das Wagnis des Neuen gehen müssen, in geschützten Räumen, in denen nicht nur das Träumen, sondern auch das Scheitern möglich ist.

Es gibt diese Werkstätten und ihre Zahl wächst stetig. Sie finden sich allerdings nicht in den großen und berühmten Häusern, deren Ton- und Bildkonserven, marktgerecht aufbereitet, zumeist nur vorgeben, künstlerische Standards zu setzen. Das wirklich interessante Operngeschehen findet seit Langem nicht mehr in Mailand oder Paris, in New York oder Wien statt, sondern in den Häusern der zweiten Kategorie: in Brüssel oder Basel, in Stuttgart oder Bremen, in Lyon oder Graz. Wo Traditionen, echte wie vermeintliche, keine so belastende Rolle spielen, haben sich neue musiktheatralische Foren gebildet, und diese Entwicklung wirkt längst hinaus über die deutschsprachige Mitte Europas. Sie gibt Hoffnung, dass die Oper nicht nur eine vierhundertjährige Vergangenheit hat, sondern auch Zukunft.

Wie zuversichtlich das auch klingen mag, die Realität vieler Opernalltage ist ernüchternd. Nicht selten scheinen sich zwei unversöhnliche Lager gegenüberzustehen: Hier wird ein neuer ästhetischer und intellektueller Anspruch des Musiktheaters formuliert, dort steht eine nicht nur schweigende, sondern ebenso heftig wie häufig opponierende Mehrheit, deren Begriff des Werkgetreuen sich in einer Art szenischen Konzerts in Kostüm und Maske zu erfüllen scheint. Ist dieser immer beliebtere Fluchtort namens „Konzertante Oper" nicht der eigentliche Verrat am „Werk"? Die Oper ohne Bühne kann niemals Oper sein, weil sie ausschließt, dass die Werkvorlage zum Werk wird. Der Begriff ist ein Widerspruch in sich, und er führt uns weitab von jenem musiktheatralischen Gesamtkunstwerk, das Richard Wagner als Ideal vorschwebte.

Dieser Band ist eine Bestandsaufnahme. Vorangegangen ist ihm, nach Jahren der kritischen Beobachtung, die persönliche Erfahrung im Opernhaus Graz, das in den Jahren von 1990 bis 2001 als eine der genannten Werkstätten gelten durfte. Einige der führenden Persönlichkeiten haben das Haus und seine Arbeitsatmosphäre zu schätzen gewusst. Ihnen sei diese Sammlung in erster Linie gewidmet, als ein akademischer und theoretischer Kontrapunkt zu ihrer theatralischen Praxis.

Grundlage der Edition ist eine Reihe von Vorträgen, die im Rahmen eines kleinen, hochkarätig besetzten Symposions im März 2010 gehalten worden sind, sowie die daran anschließenden Diskussionen. Zu Wort gekommen sind profilierte, auch kontroverse Stimmen aus vielen Lagern, vornehmlich aus der Musik- und Theaterwissenschaft, aber auch aus der Theaterpraxis, der journalistischen Öffentlichkeit und der Jurisprudenz. Im Zentrum stehen dabei die Künstler, auch jene jungen und wilden, die unseren Werkbegriff schon morgen wieder gestrig nennen werden, weil sie das „Werk" bloß als einen Steinbruch ansehen, in dem sich das Material für ihr neues „Werk" findet. Es ist ein buntes Mosaik, das sich aus diesen Vorträgen zusammensetzt, aber das Mosaik hat seine Zeichnung.

Das Symposion war Teil eines Lehrgangs der Universität Zürich. Im Jahre 2004 als „Executive Master in Arts Administration" eingeführt, setzt er sich zum Ziel, künftige Führungskräfte künstlerischer Institutionen aus- und weiterzubilden. Im Zentrum steht dabei nicht die Vermittlung jener Fertigkeiten, die für den Manager Selbstverständlichkeit zu sein haben, sondern die Fragen der Verantwortung und der Führung, auch der Ethik. Drei dieser Lehrgänge sind bereits abgeschlossen, der vierte ist im Gange, ein fünfter in Vorbereitung. Den Teilnehmenden wie auch den Absolventen dieser Lehrgänge, deren eigene Kompetenz sich in zwei Beiträgen widerspiegelt, gilt die zweite Zueignung.

Gemeinsam ist allen diesen Texten die Absicht, mehr Sachlichkeit in einen Diskurs zu bringen, der allzu häufig von denen beherrscht wird, die am lautesten schreien, also den vermeintlich „Eingeweihten" oder „Wissenden". „Werktreue", der Begriff ist zu schön, als dass er den Ewiggestrigen als argumentative Keule überlassen werden dürfte. Der Titel des Buches ist identisch mit der Fragestellung des Symposions. Er fordert dazu auf, einen missverständlichen Begriff genauer zu lesen.

I. Wissenschaft

Anselm Gerhard

Was ist Werktreue?

Ein Phantombegriff und die Sehnsucht nach „Authentischem"

Was ist Werktreue? Versucht man, sich dort zu informieren, wo junge Generationen eine erste Orientierung zu suchen gewohnt sind, stößt man tatsächlich auf einen Eintrag in der deutschsprachigen *Wikipedia*: Zwar handelt es sich gewiss nicht um einen Artikel von der Qualität der inzwischen recht zahlreichen hervorragenden Beiträge in diesem mehr oder weniger anarchischen Nachschlagewerk, aber immerhin scheint eine klare Position deutlich zu werden: „Der Begriff Werktreue beschreibt die Treue einer Inszenierung bzw. Ausführung gegenüber dem Text, der Komposition oder der Vorlage. Dabei kommt es zu dem Konflikt, dass einerseits den Aussagen des Originalwerks die Treue gehalten wird, andererseits die Individualität eines neuen Werkes oder einer Darbietung (zum Beispiel die Interpretation) darauf Einfluss nimmt."[1] Wirklich befriedigen kann das nicht, zumal angesichts der unbeholfenen Formulierungen, mit denen anscheinend sogar einer neuen „Darbietung" (gemeint ist wohl „Inszenierung") Werkcharakter zugeschrieben wird. Dennoch wirkt der Beitrag in diesem letztlich unprofessionellen Umgang mit einem heiklen Problem auf fast sympathische Weise sogar ehrlich, wenn auch alles andere als überzeugend.

Vielleicht ist es einfacher, das Pferd von einer anderen Seite her aufzuzäumen: „Werktreue" wurde und wird als Kampfbegriff konservativer Zuschauer gegen modernisierende Inszenierungen verwendet, nicht nur im Bereich des Musiktheaters, vor allem aber dort. Dagegen wurde in den letzten Jahren (offenbar erfolgreich) eine semantische Umdeutung versucht, die – ganz ähnlich wie zum Beispiel beim vorher stark abwertenden Wort „schwul"– den Assoziationsraum und damit die Bewertung eines Begriffs genau in dessen Gegenteil verkehrt. Ein Beispiel unter vielen ist hierfür die Formulierung Peter Konwitschnys aus dem Jahre 2002: „Werktreue heißt für mich, die Reaktion, die Wirkung, die ein Komponist mit seinem Werk bei seinem Publikum auslö-

1 http://de.wikipedia.org/wiki/Werktreue (25. Februar 2011).

sen wollte, heute bei meinem/unserem Publikum zu erzielen."[2] Man wird nicht darüber streiten müssen, dass es völlig unmöglich ist, die *gleiche* Reaktion, die *gleiche* Wirkung bei einem Publikum zu erreichen, das eben nicht dasselbe ist wie dasjenige der Uraufführung. Aber Konwitschny meint zweifellos nicht dies, ihm geht es – wenn auch nur implizit – um eine *vergleichbare* Reaktion, eine *vergleichbare* Wirkung auf sein heutiges Publikum, wobei er sich einerseits als Künstler die Freiheit nehmen kann, die genauen Kriterien dieses Vergleichs nicht benennen zu müssen, andererseits – auf wie vermittelte Weise auch immer – an die Denkfigur anschließt, man könne ein „Werk" besser als dessen eigener Autor verstehen.[3] So sehr diese Umdeutung eines kulturkonservativen Kampfbegriffs auf Sympathien bei all denen stoßen wird, die von einer Theateraufführung anderes erwarten als museale Rekonstruktion, so sehr stellt sich jedoch die Frage, was ein Begriff überhaupt noch leisten kann, der von verschiedenen „Parteien" mit diametral entgegengesetzten Inhalten aufgeladen wird.

Bevor ich auf diese Frage zurückkomme, mag es sinnvoll sein, kurz auf den weiteren Kontext der Debatte um die sogenannte „Werktreue" einzugehen. Dabei fällt vor allem auf, dass sich diese Diskussion einfügt in den Kult des „Authentischen", wie ihn unsere europäischen Gesellschaften seit mehr als einem Jahrzehnt pflegen. Auch dort wurde ein Begriff zwar nicht in sein Gegenteil umgedeutet, aber doch auf durchgreifende Weise trivialisiert. Als philologischer Fachbegriff machte „authentisch" zunächst in der Klassischen Philologie und der Theologie, dann auch in anderen Philologien eine Aussage über den Status eines überlieferten Textes im Verhältnis zum überlieferten oder vermuteten Original. Insofern ist der Begriff geeignet für Texte, aber eben gerade nicht – wie in allen Spielarten des Theaters – für vergängliche Realisationen eines Textes in der Zeit: (Möglichst) authentische Editionen des Neuen Testaments, von Vergils *Æneis*, von Beethovens Streichquartetten, von Marx' *Kapital* sind möglich und sinnvoll, authentische Aufführungen von Beethovens Streichquartetten oder Wagners *Der Ring des Nibelungen* dagegen im eigentlichen Verständnis des Begriffs gerade nicht.

---

2   Peter Konwitschny in einem Gespräch mit Jörg-Michael Koerbl, Annedore Cordes, Christoph Becher zur Neuinszenierung von *Der Rosenkavalier* an der Hamburgischen Staatsoper am 12. Mai 2002. In: Staatsoper Journal [Hamburg], 2002, H. 5.

3   Vgl. hierzu den Beitrag von Hans-Joachim Hinrichsen in diesem Band.

Dennoch wabert seit dem ausgehenden 20. Jahrhundert ein weichgespültes Begriffsverständnis vom „Authentischen" durch viele sich philosophisch dünkende Habilitationsschriften, Bücher und Diskussionsbeiträge.[4] Dabei kann sich dieses Begriffsverständnis nur teilweise auf Lévi-Strauss und dessen terminologisch sehr viel differenziertere Behauptung stützen, „un genre de vie", das als „traditionnel et archaïque" wahrgenommen werde, zeichne sogenannte „sociétés authentiques" aus.[5] So folgt für einen Germanisten aus einer Reflexion auf „die Authentizität des Ästhetischen" die Gleichsetzung des kaum diskutierten Begriffs mit den „Kriterien eines *glaubwürdigen* Kunstwerks".[6] Ein anderer Autor bezieht den „jenseits von Utopie und Ursprung" liegenden Begriff der „Authentizität" gar auf den „aktuellen Gesellschaftszustand einer sich als Ganzes verstehenden Welt".[7] In einem *Prolegomenon zu einer Theorie der Authentizität im musikalischen Kunstwerk* wird der Begriff Authentizität von musikwissenschaftlicher Seite zwar mit Aplomb im Anschluss an den „Jargon der Eigentlichkeit" eingeführt, dann aber ohne weiteres Federlesen auf „die Echtheit und Eigentlichkeit des Gefühls und der Anschauung" reduziert.[8] In einem Gespräch gibt der Komponist Wolfgang Rihm seiner Vermutung Ausdruck, die „Authentizität" eines Kunstwerks – was immer das auch sein mag – lasse sich vom empfindenden Hörer spüren,[9] um dann mit der wahrlich grundstürzenden Erkenntnis zu schließen, der Punkt, mit dem das vom Party-Tonfall geprägte Gespräch schließt, sei „eine authentische Setzung, zu der wir am Ende berech-

---

4 Alessandro Ferrara: Reflective authenticity. Rethinking the project of modernity. London 1998.

5 Claude Lévi-Strauss: Anthropologie structurale. Paris 1958, S. 402.

6 So am Ende des letzten Satzes eines ganzen Buches zu lesen in der Hildesheimer Habilitationsschrift von Eberhard Ostermann: Die Authentizität des Ästhetischen. Studien zur ästhetischen Transformation der Rhetorik. München 2002, S. 284 (Figuren, 10). (Hervorhebung *nicht* im Original).

7 Georg Stauth: Authentizität und kulturelle Globalisierung. Paradoxien kulturübergreifender Gesellschaft. Bielefeld 1999, S. 12.

8 Martin Zenck: *Inszenierung von Authentizität in den „Kafka-Fragmenten" von György Kurtág nebst einem Prolegomenon zu einer Theorie der Authentizität im musikalischen Kunstwerk.* In: Erika Fischer-Lichte/Isabel Pflug (Hg.): Inszenierung von Authentizität. Tübingen/Basel 2000 (Theatralität, Bd. 1), S. 129–146, hier S. 129.

9 Tradition und Authentizität: Wolfgang Rihm im Gespräch mit Wolfgang Korb. Saarbrücken 1999 (Fragment, Bd. 26), S. 5.

tigt sind".[10] Wieder an anderer Stelle wird die „Frage nach der literarischen Authentizität" auf parallele „Überlegungen einer ganzheitlichen Medizin, einer ganzheitlichen Ökologie oder eines ganzheitlichen Umweltschutzes" bezogen,[11] wobei es aber letztlich gerade nicht um „Ganzheit" der ästhetischen Wahrnehmung geht, sondern um die Isolierung des „Gefühls" als „Fluidum, von dem jegliche menschliche Selbst-Tätigkeiten [...] getragen werden",[12] was wohl am besten bei einem „persönlichen Gespräch in phantasieanregender Atmosphäre" mit der zumindest vorübergehend als „Erlebnispädagogin" in einem „Wellness Paradise" wirkenden Autorin erfahren werden konnte.[13]

Hinter diesem vulgarisierten Begriff des „Authentischen" zeichnen sich also, wie die vielen disparaten Beispiele verdeutlicht haben dürften, kaum verhohlene Bedürfnisse nach Ganzheitlichem, Glaubwürdigkeit und „echten" Gefühlen ab, wohl als nachvollziehbare Gegenbewegung gegen die zunehmende Fragmentierung unserer Wahrnehmung in einer technisierten Welt. Genau um solches geht es aber ganz offensichtlich auch beim Gerede um „Werktreue" auf der Opernbühne. Dennoch muss die Frage erlaubt sein, wie denn „Treue", „Authentizität" in einem Medium möglich sein sollen, das einen ontologischen Transformationsprozess zur Grundlage hat, in dem „alles, was es berührt und auf die Bühne bringt, [...] in Gegenwart" verwandelt wird?[14] Insofern ist spätestens in der anlässlich der Eröffnungsrede zu den Salzburger Festspielen 2009 geführten sogenannten „Kehlmann-Debatte" um das sogenannte „Regietheater" auch zum Begriff der „Werktreue" alles Wesentliche bereits gesagt worden: „Denn ein Daniel Kehlmann weiß mit Sicherheit, dass ‚Werktreue' nur als Phantom in der Welt herumgeistert, dass das Theater, gerade weil es nicht Li-

---

10 Tradition und Authentizität, S. 23.

11 Jutta Schlich: Literarische Authentizität. Prinzip und Geschichte. Tübingen 2002 (Konzepte der Sprach- und Literaturwissenschaft, Bd. 62), S. 1.

12 Schlich: Literarische Authentizität, S. 162.

13 Werbetext der Firma *Wellness Paradise Die Wohlfühl-Oase*, Friedrichstraße 4, D-55543 Bad Kreuznach: http://www.wellness-paradies.de/indimanagement/leben.html (24. Juni 2003).

14 Erika Fischer-Lichte: *Was ist eine „werkgetreue" Inszenierung. Überlegungen zum Prozeß der Transformation eines Dramas in eine Aufführung.* In: Dies./Christel Weiler/Klaus Schwind (Hg.): Das Drama und seine Inszenierung. Vorträge des internationalen literatur- und theatersemiotischen Kolloquiums Frankfurt am Main 1983. Tübingen 1985 (Medien in Forschung und Unterricht, A 16), S. 37–49; hier S. 37.

teratur ist, vom Text entfernt zu seinem Wert findet. Er weiß, dass sich die Absicht des Autors in den Literaturwissenschaften seit mehr als einem halben Jahrhundert als Unmöglichkeit darstellt."[15]

„Die Werktreue im Theater ist [also] ein Phantom."[16] Oder anders formuliert, um die Parallele zum „Authentischen" nochmals hervorzuheben: So, wie es keinen authentischen Leser, keine „werktreue" Lektüre geben kann, so ist auch eine „werktreue" Inszenierung ein Ding der Unmöglichkeit. Kenner historischer Zusammenhänge werden dabei die besondere Ironie der heutigen Diskussion zu würdigen wissen: Die polemische Diskussion um die sogenannte „Werktreue" wird ausgerechnet am Beispiel einer theatralischen Gattung geführt, die in der längsten Zeit ihrer Geschichte, nämlich von ihren Anfängen bis etwa zur Mitte des 19. Jahrhunderts, gerade nicht von unveränderlichen „Kunstwerken" mit demzufolge „authentischen" Texten geprägt war, sondern von höchst variablen Vorlagen für ephemere Tagesaufführungen. Selbst Beethoven, der Komponist, der in der Instrumentalmusik endgültig den emphatischen Charakter eines autonomen Kunstwerks durchsetzen konnte, hat von seiner einzigen vollendeten Oper keine wirklich verbindliche Fassung hinterlassen. Und Wagner und Verdi, die in ihrem Tätigkeitsbereich ebenfalls um die Durchsetzung der Idee eines unantastbaren Werkes besorgt waren, haben sich dennoch nicht für „definitive" Fassungen von so wichtigen Opern wie *Tannhäuser* oder *Don Carlos* entscheiden können.

Nun wird man einwenden können, dass das Beharren auf dem fantasmatischen Charakter des Begriffs „Werktreue" die Intentionen derer verkennt, denen es gerade nicht um absolute Ansprüche, sondern um zwangsläufig relative Prozesse der weitest möglichen Annäherung einer Inszenierung an den „Text" ihrer Vorlage zu tun ist. Abgesehen davon, dass man in diesem Fall mit Fug und Recht einen offenen und begrifflich klaren Umgang mit solchen Intentionen einfordern darf, tun sich im Bereich des Musiktheaters freilich – über die grundsätzlichen medialen Eigenheiten jedes theatralischen Ereignisses hinaus – neue Klippen auf: Weit über neunzig Prozent der heutigen Aufführungen in unseren Opernhäusern betreffen historische „Werke". Dabei gilt – in der Regel

---

15 Tobi Müller: *Die Werktreue im Theater ist ein Phantom*. In: Die Welt [Berlin] vom 4. August 2009.
16 Müller: *Die Werktreue*.

– der musikalische „Text" als sakrosankt. Bei Partituren, die vor etwa 1800 entstanden sind, wird inzwischen überdies versucht, die Erkenntnisse der sogenannten „Historisch informierten Aufführungspraxis" so weit wie scheinbar möglich umzusetzen. Das alles mag löblich sein. Dennoch überrascht es, wie selektiv, ja willkürlich die heutige Theaterpraxis mit solchen historischen Vorgaben umgeht: Der Notentext wird wörtlich genommen, die Szenenanweisungen dagegen nicht. Im Bereich der klanglichen Umsetzung werden auch von denen, die sich für das „Historische" begeistern, um ganz bewusst eine neue Klanglichkeit erreichen zu können, nur solche Entscheidungen für alte Instrumente oder aus heutiger Sicht ungewöhnliche Sing- und Spielarten umgesetzt, die unseren (unausgesprochenen) Erwartungen an die „Reinheit" ferner Zeiten entgegenzukommen scheinen: „non vibrato"-Spiel, auf bestimmte Weise ausgeführte Triller, kunstvoll ausgezierte Kadenzen gehören inzwischen zum Standard jeder einschlägigen Aufführung. Andere nicht weniger gut dokumentierte Sing- und Spielweisen, wie portamento oder weitgehende Freiheiten in der flexiblen Gestaltung des Tempos, werden dagegen ignoriert. Vor allem aber beschränken sich fast alle Versuche einer Annäherung der heutigen Darbietung an historische Standards ausschließlich auf den akustischen Bereich, während das Optische bewusst ausgespart bleibt.

Gewiss: Dafür gibt es gute Gründe. Zwar haben vereinzelte Versuche, wie Sigrid t'Hoofts Karlsruher Inszenierung von Händels *Radamisto* im Jahre 2009, gezeigt, dass „historisch informierte" Annäherungen an die Inszenierungspraxis vergangener Jahrhunderte nicht nur möglich sind, sondern auch auf breiten Anklang stoßen können. Dennoch sind die Schwierigkeiten in diesem Bereich unübersehbar: Im Gegensatz zu dem in einer Partitur fixierten Notentext ist die Überlieferung der sehr vielfältigen optischen Parameter einer Opernaufführung weit weniger dicht, letztlich zufällig und brüchig. Vor allem aber haben wir es dabei mit einem nicht zu unterschätzenden anthropologischen Problem zu tun: Die akustische Wahrnehmung dürfte sich in den vergangenen Jahrhunderten weit weniger schnell und durchgreifend verändert haben als die optische. Das Ohr ist sozusagen träger als das Auge; nicht zufällig ist das Hörvermögen in der embryonalen Entwicklung des Menschen viel früher verfügbar als das Sehvermögen, und nicht zufällig können wir die Augen schließen, nicht aber die Ohren. Und deshalb dürften Rekonstruktionen historischer Opernaufführungen im szenischen Bereich auch in Zukunft seltene Ausnahmen bedeuten – es ist wohl kein Zufall, dass sich Sigrid t'Hooft in Karlsruhe gegen jede historische Evidenz dazu entschloss, den Zuschauerraum während der Aufführungen zu verdunkeln.

Wozu diese Abschweifung zu den besonderen Problemen im Umgang mit historischen Beiträgen zum Musiktheater? Es hilft kein Drehen und Wenden: Dem vom gleichzeitigen Einsatz durch zwei entgegengesetzte „Parteien" entleerten Begriff „Werktreue" fehlt nicht nur jede Trennschärfe, sondern überdies jede Möglichkeit, den vertrackten Widersprüchen und Aporien einer vom Historismus geprägten Kultur gerecht zu werden, die darauf beharrt, vor allem vergangene „Werke" in die Gegenwart einer heutigen Bühnenaufführung zu transformieren. Wir tun gut daran, auf ein Wort zu verzichten, das weit mehr vernebelt als erhellt. Ein Verlust wäre das nur, wenn diese unverzichtbare Klärung nicht als Chance dafür begriffen würde, in erster Linie über das zu streiten, was für jede Opernproduktion entscheidend sein sollte: die ästhetische Überzeugungskraft heutiger Aufführungen im Verhältnis zu den jeweiligen Vorlagen.

Hans-Joachim Hinrichsen

Werk und Wille, Text und Treue

Über Freiheit und Grenzen der musikalischen Interpretation

Wie verbindlich hat heutzutage dem Interpreten eines musikalischen Werks der in diesem Werk ausgedrückte Wille des Komponisten zu sein? Wenn man die Frage so formuliert, kann über die Antwort eigentlich gar kein Zweifel bestehen: Der Wille des Komponisten ist bis heute die unhintergehbare, absolut verpflichtende Instanz für die Ausrichtung der Interpretation. Und wenn man die Frage historisiert, also fragt, ob das in früheren Zeiten anders war, so wird sich an der Antwort nichts Grundsätzliches ändern: Es ist zu keinem Zeitpunkt der neueren Musikgeschichte denkbar gewesen, dass ein Musiker als Interpret ernst genommen werden wollte, wenn er den Willen des Komponisten als Instanz seiner Deutung unerheblich gefunden oder ihn sogar bewusst ignoriert hätte. Der Wille des Komponisten ist als oberste Autorität bei der Aufführung und Interpretation von Instrumentalmusik nie und nirgends ernsthaft infrage gestellt worden. Wohl immer hat sich der seriöse Interpret – und mag er noch so selbstherrlich aufgetreten sein – als Anwalt, Statthalter und Willensvollstrecker des Komponisten empfunden. Damit wäre alles gesagt, und dieser Beitrag könnte hier enden – wenn der Sachverhalt nicht doch bei näherem Zusehen etwas komplizierter wäre.

Denn natürlich stellt sich sofort die weiterführende Frage, wo, wie und an welcher Stelle sich denn der Wille des Komponisten – wenn man ihn als verbindliche Instanz zu akzeptieren bereit ist – eigentlich erkennen lässt. Auch hier ist die Antwort einfach, aber eben doch nur scheinbar einfach. Sie lautet nämlich: Der Wille des Komponisten äußert sich im notierten Text des zu interpretierenden Werks. Und eben dieser Text, der Werktext, scheint deshalb die verbindliche Instanz zu bilden, die man als Niederschlag des Autorenwillens erkennt und an die man sich zu halten hat. Damit wird die Antwort auf die oben eröffnete Frage auf einmal nicht mehr so einhellig ausfallen: Denn der *Text* des Werkes ist, anders als der *Wille* des Komponisten, durchaus nicht unbestritten und immer und überall als die letztinstanzliche Autorität empfunden worden, die der Interpretation zugrunde liegt (wie wir nachher noch sehen werden). Woran liegt das? Daran, dass offenbar Werk, Text und Autorenwille zwar eine Schnittmenge bilden, aber keinesfalls miteinander identisch sind. Dadurch eröffnen sich plötzlich Ermessensspielräume, die im Grunde das eigentliche Feld dessen abstecken, was man heute, mit einem noch recht jungen Begriff, als musikalische Interpretation bezeichnet. Selbst wenn Werk-Interpretation nicht auf reine Willkür zielt, sondern ganz bewusst Interpretation des Autorenwillens sein will, wäre sie eben nicht Interpretation, wenn alles klar und eindeutig wäre. Mit der Frage nach dem Willen des Komponisten sind also der Sachverhalt und der Begriff der Interpretation eng verknüpft. Wir werden uns also zunächst ganz kurz um die Geschichte dieses Begriffs etwas kümmern müssen.

Dass eine musikalische Aufführung als Interpretation bezeichnet oder auch nur empfunden wird, ist ein relativ junges Phänomen, das sich allmählich seit der Mitte des 19. Jahrhunderts durchgesetzt hat. Noch gegen 1800 wurde die Aufführung von Musik mit der Kategorie des „Vortrags" erfasst. Für diesen Vortrag galten durchaus Qualitätskriterien: Er konnte zum Beispiel gut oder schlecht, richtig oder falsch sein. Der Begriff der Interpretation, der sich in anderen Bereichen der Kultur – etwa der Gesetzesauslegung, der Bibelexegese oder der Klassiker-Lektüre – längst etabliert hatte und erst gegen 1850 zögernd auch auf Musik angewandt wurde, bedeutet hingegen etwas anderes und vor allem mehr als der reine Vortragsbegriff: Er zielt auf die geistige Erfassung und Darstellung eines Ganzen, eines Sinnes, der sich als musikalische Kategorie erst mit dem Siegeszug des musikalischen Werkbegriffs zu etablieren begann. Gegenüber der Rechtsprechung, der Theologie oder der Philosophie tritt der Begriff der Interpretation in der Musik mit erheblicher historischer Verzögerung auf. Und die Vorbehalte gegen den Begriff sind nie ganz verschwunden; im Englischen beispielsweise wird er im Zusammenhang mit Musik gar nicht verwendet. Hier spricht man von „performance", also vom Vortrag oder der Aufführung, und auch im deutschsprachigen Raum ist immer wieder die Skepsis gegen Begriff und Anspruch der Interpretation formuliert worden. Einen Höhepunkt dieser anti-interpretativen Skepsis bilden zweifellos die 1920er-Jahre. Einen von vielen Belegen dafür stellt das folgende Diktum des Komponisten Hans Pfitzner von 1929 dar: „An einem Geschaffenen kann nicht noch einmal der Vorgang des Schaffens bewerkstelligt werden. Der ‚schöpferische Interpret‘ ist ein Widerspruch in sich selbst"; im Übrigen konfrontierte Pfitzner das „Werk" mit seiner „Wiedergabe" (statt seiner Interpretation).[1] Die Selbstherrlichkeit des Interpreten wird hier (bezeichnenderweise von einem Komponisten) als Konkurrenz und als Gefahr empfunden; sie muss beschnitten werden. Und auch Pfitzners jüngere Zeitgenossen Paul Hindemith oder Igor Strawinsky sahen den Begriff der Interpretation – aus denselben Gründen – ebenfalls lieber durch den Begriff der „Wiedergabe" oder der „exécution" ersetzt. Philosophierende Musiker oder musizierende Philosophen wie Theodor W. Adorno oder Rudolf Kolisch haben bekanntlich ebenfalls den Begriff der Interpretation relativiert und ihn etwa durch den der „Reproduktion" ersetzt.[2]

In dieser Vorstellung von Exekution, von Wiedergabe oder von Reproduktion ist die Instanz des Interpreten als ästhetisches Subjekt eigenen Rechts ganz ausgelöscht: Hier steht der ausführende Musiker ganz im Dienst des Werks; er erscheint also als unmittelbarer Willensvollstrecker des Komponisten. Diese nicht interpretierende Vollstreckung des eindeutigen Komponistenwillens ist allerdings ein abstraktes Konzept, das in der Realität nicht funktioniert. Strawinsky, von dem die Forderung nach reiner „exécution" stammt, ist weder der beste Interpret seines eigenen Werks, noch sind seine durch Jahre voneinander getrennten Aufführungen ein und desselben Werks, soweit sich dies an ihrer Dokumentation auf Tonträgern ermitteln lässt, auch nur annähernd identisch. Man kommt um die Einsicht nicht herum: Musikalische Aufführung ist notwendigerweise Interpretation, und Interpretation ist nicht nur ein abstraktes Konzept, sondern unvermeidlich klingende Realität.

Dass dies schon in dem scheinbar nüchternen, objektiven und neutralen Begriff der „Reproduktion" zum Ausdruck kommt, hat der seinerzeit berühmte Dirigent Hans von Bülow, der mit dem Komponisten Johannes Brahms eng befreundet war, in der Charakterisierung des eigenen Berufs sehr witzig auf den Begriff gebracht: „Brahms' Mission ist zu pro-, meine zu repro-duzieren, also

---

1 Hans Pfitzner: Werk und Wiedergabe. Augsburg 1929 (Gesammelte Schriften, Bd. III), S. 21.
2 Vgl. etwa Theodor W. Adorno: Zu einer Theorie der musikalischen Reproduktion. Aufzeichnungen, ein Entwurf und zwei Schemata (hrsg. von Henri Lonitz). Frankfurt a. M. 2001. (Theodor W. Adorno (Hg.): Nachgelassene Schriften, Bd. I/2.)

zwei Buchstaben mehr. Genügend für die wildeste Ambition!"[3] Dem qualitativen Minus der vermeintlich geringeren Leistung des bloßen Nachbildens wird in ironisch gebrochener Bescheidenheit das Paradoxon des „zwei Buchstaben mehr" entgegengesetzt. Das ist eine Äußerung aus dem Jahre 1884, aber im gleichen Sinne äußert sich Bülow bereits 1863 im Vorwort zu seiner Ausgabe von Bachs *Chromatischer Fantasie und Fuge*: „Ein blos ‚reinlicher‘, blos correcter Vortrag hiesse nur so viel, als ein tödtendes Buchstabiren. Er gehört unter die Rudimente. Deutliche Aussprache ist noch kein verständiges Declamiren, sinnvolle Declamation ist noch nicht empfindungs- und somit eindruckssichere Beredsamkeit. Eine ‚Kunst des Vortrags‘ wird aber, zumal in der Tonsprache, erst durch das Zusammenwirken dieser drei Factoren gegründet, von denen jeder höhere den niederen bedingt."[4] Die Situation ist also durchaus paradox: Offenbar reicht der Werktext als alleinige Instanz für eine geistvolle musikalische Aufführung, die dem Werk und damit dem Willen des Komponisten gerecht wird, nicht aus. Das formuliert sogar der aller Interpretenselbstherrlichkeit abholde Eduard Hanslick in seinem berühmten musikästhetischen Traktat *Vom Musikalisch-Schönen* von 1854 ganz deutlich: „Freilich kann der Spieler nur das bringen, was die Composition enthält, allein diese erzwingt wenig mehr als die Richtigkeit der Noten."[5] Damit ist „der Spieler" zwar der Korrektheit der Textwiedergabe verpflichtet, zugleich aber sollte er als Interpret auf mehr als auf bloße „Richtigkeit der Noten" zielen.

Musikalische Produktion, das Komponieren – musikalische Reproduktion, die Wiedergabe: Zwei Buchstaben mehr genügen also laut Bülows witzigem Diktum „für die wildeste Ambition". Das ist der kreative Spielraum des Interpreten. Zu verstehen gilt es lediglich, wodurch dieser Spielraum von reiner Willkür sich unterscheidet, worin er also seine klaren und argumentativ verhandelbaren Begrenzungen findet.

---

3 Hans von Bülow: Briefe und Schriften (hrsg. von Marie von Bülow). Leipzig 1895–1908, Bd. 6, S. 251 (an Hermann Wolff, 5.2.1884).

4 Hans von Bülow (Hg.): Joh. Séb. Bach: Oeuvres choisies pour le piano […]. Nr. 5 Fantaisie chromatique en Rémineur (D-moll) (H. de Bülow). Berlin [1863], VN 5995, S. 3 f.

5 Eduard Hanslick: Vom Musikalisch-Schönen. Ein Beitrag zur Revision der Ästhetik in der Tonkunst [1854], Historisch-kritische Ausgabe (hrsg. von Dietmar Strauß), Bd. 1. Mainz 1990, S. 110.

Interpretation als Verstehen

Gehen wir nochmals an den Punkt der Musikgeschichte zurück, an dem die Aufführung noch nicht als „Interpretation", sondern als „Vortrag" galt, um 1800. Es
ist sicher kein Zufall, dass sich gerade um diese Zeit auf dem Gebiet der Textinter-
pretation (von der ja die Vorstellung einer Musikinterpretation abgeleitet ist) so
etwas wie ein Paradigmenwechsel ereignet hat. Der ideengeschichtliche Hintergrund ist, wenn man Vereinfachungen nicht scheut, der des Übergangs vom Diskurs der Spätaufklärung zu dem der Frühromantik. Und an diesem Punkt haben
der wohl einflussreichste aller Frühromantiker, Friedrich Schlegel, und der Begrün-
der der neuzeitlichen Hermeneutik, Friedrich Schleiermacher, dem bereits einge-
bürgerten Konzept der Textexegese, der Auslegung eines vom Autor geschriebenen
Textes, eine ganz neue und geschichtlich bis heute folgenreiche Wendung gegeben:
den Gedanken nämlich, dass der Interpret, wie wir ihn heute nennen würden,
seinen auszulegenden Autor nicht einfach anders, sondern geradezu „besser" verstehen könne als dieser sich selbst. Es liegt auf der Hand, wie überhaupt erst dieser
Gedanke – weit entfernt von der früheren Demut etwa gegenüber dem infiniten
Gehalt der Heiligen Schrift – dem Geschäft des Interpretierens eine Bedeutung
zukommen ließ, die wir heute gelegentlich mit Termini wie „Deutungshoheit"
oder „Deutungsmacht" erfassen und die bis zur unkontrollierten Selbstherrlichkeit
des Interpreten reichen kann. Allerdings war der Gedanke an seinem Ursprung
durchaus nicht so gemeint. Hervorgegangen ist er aus einer unscheinbaren Anmerkung aus Immanuel Kants *Kritik der reinen Vernunft*, die bekanntermaßen für die
Generation der Frühromantiker um die Brüder Schlegel und Novalis, aber auch für
die Philosophen Fichte, Hegel, Schelling und Schleiermacher eine der wichtigsten
Schriften überhaupt gewesen ist. Kant formuliert in seiner Auseinandersetzung mit
Platos Ideenlehre eher beiläufig den folgenden Satz: „Ich merke nur an, dass es gar
nichts Ungewöhnliches sei, sowohl im gemeinen Gespräche, als in Schriften, durch
die Vergleichung der Gedanken, welche ein Verfasser über seinen Gegenstand äußert, ihn sogar besser zu verstehen, als er sich selbst verstand, indem er seinen
Begriff nicht genugsam bestimmte, und dadurch bisweilen seiner eigenen Absicht
entgegen redete, oder auch dachte."[6] In Kenntnis der nachfolgenden Ideenge-

---

6   Immanuel Kant: Kritik der reinen Vernunft. [1781], B 370.

schichte ahnt man die ungeheure Brisanz dieser Stelle: Hier wird 1781 nichts Geringeres behauptet als die Möglichkeit, dass ein späterer Leser (ein späterer Interpret) einen Autor besser verstehen könne, „als er sich selbst verstand".

Diese eher beiläufige Formulierung Kants haben Schlegel wie Schleiermacher zum Auslöser eines bis heute nicht abgerissenen Diskurses um die Möglichkeiten und Grenzen des „Verstehens" gemacht.[7] Dieser Diskurs kann sehr verschiedene Ausprägungen und Erscheinungsformen annehmen: sei es als Reflexion auf den eigenen Verstehenshorizont und seine Geschichtsgesättigtheit, der naturgemäß als Wissen um Wirkungs- und Rezeptionsgeschichte eines Werks immer den Horizont des Autors übersteigt; sei es als Privilegierung des sogenannten objektiven Werkgehalts gegenüber der nur subjektiven Autorenintention, die man daher eigentlich gar nicht erst zu rekonstruieren brauche; oder sei es sogar – wie im Poststrukturalismus – als radikale Leugnung der Relevanz, ja sogar der Instanz des Autors überhaupt. An dieser historischen Stelle ist, zunächst in der Philosophie und Literatur, die Figur des modernen Interpreten in ihrer ganzen Geschichtsmächtigkeit erfunden worden. Glanz und Elend der Interpretation liegen hier dicht beieinander: als geradezu fantastisch scheinender Deutungsspielraum des kreativen Interpreten einerseits, als Rechtfertigungsstrategie noch der bodenlosesten Deutungswillkür andererseits. Denn hier wird immer noch der Wille des Autors als Richtschnur genommen, aber in der Instanz eines „besseren" Verstehens im Interpretationsdiskurs über sich hinausgetrieben.

Werktext und Komponistenwille

Im Folgenden soll an einem einzigen Musikbeispiel demonstriert werden, was das auf dem Gebiet der Interpretation von Instrumentalmusik bedeuten kann. Die Wahl fiel auf ein Stück Musik aus dem neunzehnten Jahrhundert in zwei

---

7 Vgl. dazu Manfred Frank: *Die Bedeutung des Grundsatzes ‚Einen Autor besser verstehen als er sich verstand'*. In: Ders.: Das individuelle Allgemeine. Textstrukturierung und -interpretation nach Schleiermacher. Frankfurt a.M. 1977, S. 358–364; Ernst Behler: *Friedrich Schlegels Theorie des Verstehens: Hermeneutik oder Dekonstruktion?* In: Ernst Behler/Jochen Hörisch (Hg.): Die Aktualität der Frühromantik. Paderborn 1987, S. 141–160.

Interpretationen des zwanzigsten. Es geht hier aber nicht, das sei gleich vorweg gesagt, um einen Interpretationsvergleich (deshalb sind die Namen der Dirigenten auch unerheblich), sondern um die praktische Behandlung der Konstellation von Notentext, Autorenwillen und Werkbedeutung.

Ludwig van Beethoven, 3. Sinfonie op. 55, Kopfsatz, T. 3–7

Das Beispiel stammt aus dem Kopfsatz von Beethovens *Dritter Sinfonie* in Es-Dur, der *Sinfonia eroica*, die 1806 im Druck erschien. Eine besondere der vielen besonderen Eigenschaften dieses Werkes ist der Umstand, dass sein Hauptthema nach Gestalt und Umfang nur schwer, vielleicht überhaupt gar nicht eindeutig zu bestimmen ist. Es besteht, nach zwei initialen Akkordschlägen, die die Tonika Es-Dur fixieren, aus einer auf- und absteigenden Dreiklangsbrechung des tonikalen Es-Dur-Akkords. Die besondere Schwierigkeit liegt darin, dass das Thema keinen wirklichen Schluss hat, sondern vor seinem „eigentlichen" Ende bereits von seiner melodischen Spur abkommt – und zwar auf recht spektakuläre Weise, indem es in den Ton *cis* abrutscht, der innerhalb der Skala von Es-Dur ganz fremd ist und daher auch keineswegs – und absichtlich nicht – als organische melodische Fortsetzung des Beginns empfunden werden kann. Andererseits aber ist das Thema bei ihm auch nicht einfach zu Ende. Was man sieht und hört, ist, dass Beethoven hier planvoll eine Ambivalenz auskomponiert, die den gesamten Satz in Betrieb halten wird: Nie kommt das Thema an ein organisch wirkendes Ende und jedes Mal wird es anders fortgesetzt.

Der Beginn dieses Satzes zeigt etwas für Beethoven sehr Charakteristisches: Das Ausgangsmaterial ist melodisch gesehen fast eine Nichtigkeit, ein Allerweltsphänomen, nichts weiter als ein auf- und absteigend gebrochener Es-Dur-Dreiklang, eine Figur, die sich nicht einmal zum Thema rundet oder schließt. Etwas lässig und respektlos formuliert, könnte so etwas jedem einigermaßen musikalisch Begabten einfallen. Es kommt aber nicht darauf an, was dieses Einzelne (das Hauptthema) ist, sondern was es für den Fortgang des Ganzen leistet. Es steht im Dienst einer Formbildung, die ihresgleichen sucht. Beethovens besondere Themengestalt ist, salopp gesagt, ein genialer kompositorischer

Trick, um den Satzverlauf überaus sinnfällig als musikalischen Prozess zu organisieren. Die Besonderheit des *Eroica*-Kopfsatzes besteht nämlich darin, dass an seinem Ende, in der sogenannten Coda, das vorher immer abgebrochene und melodisch nie vollendete Hauptthema in eine Gestalt überführt wird, die einem melodischen Zu-Ende-Singen des Themas sehr viel näherkommt (ja, sogar wie eine endlich eintretende Erfüllung wahrgenommen werden kann). Diese aus der Dreiklangbrechung des Hauptthemas gewonnene und einen langwierigen Formprozess abschließende Melodie erklingt in den Takten 631 ff. viermal hintereinander, so, als könnte sie sich nicht genug aussingen: erst in den Holzbläsern, dann in den Violinen, dann in den tiefen Streichern und dann, sehr effektiv, in den Blechbläsern (vor allem den Trompeten).

Ludwig van Beethoven, 3. Sinfonie op. 55, Kopfsatz, T. 631 ff.

Das klingt plausibel und kann als Deutungskonzept durchaus überzeugen: Ein anfänglich immer wieder aus der melodischen Spur geratenes (bzw. diese immer wieder neu fortsetzendes) Themenfragment wird am Ende des Satzes in eine geschlossene Gestalt überführt und durch viermalige Wiederholung einer klangprächtigen Steigerung und Erfüllung zugeführt. So also, könnte man denken, mag sich der Autor Beethoven das gedacht haben. Was in vielen Klangaufnahmen bis weit ins 20. Jahrhundert hinein[8] zu beobachten ist, war schon im mittleren 19. Jahrhundert zur gängigen Praxis geworden. Die Abbildung 3 zeigt eine Seite aus Hans von Bülows heute in der Berliner Staatsbibliothek verwahrter Dirigierpartitur der *Sinfonia eroica*, auf der durch Bleistiftzusatz die Trompetenstimme (siebtes System von oben) beim letzten Themavortrag des Kopfsatzes in der hier dargestellten Weise eingerichtet ist.[9]

---

8   Beim Vortrag im März 2010 erklang als Beispiel für fast beliebig viele andere die Aufnahme mit den Wiener Philharmonikern unter Claudio Abbado, Konzertmitschnitt 1987 (Deutsche Grammophon 437 001–2).

9   Abbildung nach Hans-Joachim Hinrichsen: Musikalische Interpretation. Hans von Bülow. Stuttgart 1999, S. 281 (Beihefte zum Archiv für Musikwissenschaft, Bd. XLVI).

Ludwig van Beethoven, 3. Sinfonie op. 55, Kopfsatz, T. 659 ff. in der Einrichtung Hans von Bülows

Schauen wir jedoch in die Partitur des Werks, wie Beethoven sie hinterlassen hat (also ohne die Bleistiftzusätze des Dirigenten), so erkennen wir, dass dieser Trompetenglanz, mit dem das Thema in die Zielgerade biegt, dort eben gar nicht vorgesehen ist. Vielmehr steigen nach Beethovens Vorstellung an dieser Stelle, also am Beginn des vierten Themavortrags, die Trompeten nach einer Andeutung der typischen Dreiklangbrechung aus dem Geschäft der Klangsteigerung aus und überlassen den Rest den weit weniger gut durchdringenden Holzbläsern.

Auf der Grundlage des unveränderten Beethoven-Textes vernimmt man ein ganz anderes und kaum weniger plausibles Deutungskonzept: Statt einer thematischen „Erfüllung" am Ende des Satzes hört man zum Schluss lediglich die Andeutung einer solchen, man könnte auch sagen: das Versprechen einer Erfüllung. Am Ende tritt das im Trompetenglanz strahlende Thema wieder in den Orchesterverbund zurück, es wird gleichsam vom Gesamtklang eingehüllt und verschwindet unmerklich. Das kann eigentlich auch gar nicht anders sein, denn bei näherem Zusehen bemerkt man, dass diese angeblich erfüllte Themengestalt genau dies eben nicht ist (siehe nochmals Abbildung 2): Vielmehr ist sie am Ende der zweiten Phrase dominantisch geöffnet und kann jeweils nur seine erste Hälfte folgen lassen. Das eben führt zu unablässiger Repetition und aus dieser lässt Beethoven das Thema beim vierten Mal dann auch diskret verschwinden. Dieser ihrerseits gar nicht geschlossenen Themenform eine künstliche Erfüllung durch gnadenloses Durchhalten der Trompetenstimme zu verleihen, ist im Grunde genommen sogar absurd. Statt einer Erfüllung am Ende des Kopfsatzes öffnet sich mithin in diesem Schluss die Erwartung erneut, und es ist durchaus möglich, erst das stetig sich steigernde Variationenthema des Finalsatzes als Einlösung genau dieser im Kopfsatz nur angedeuteten – oder wenn man will: versprochenen – Erfüllung zu hören.

Doch ist die Praxis der klanglichen und damit thematischen Retuschierung am Ende des Kopfsatzes für lange Zeit die übliche Praxis gewesen. Nachweisbar ist sie seit dem letzten Drittel des 19. Jahrhunderts und ihre Dauer erstreckt sich bis in die Gegenwart. Sie entspricht einem Beethoven-Bild, das sich genau an dieser heroischen Sinfonie formiert hat; das Einmünden des melodisch-thematischen Prozesses, der den ersten Satz bestimmt, in eine veritable und klanglich ausfernde Erfüllung entspricht dieser Ideologie. Einer der prominentesten Verfechter solcher Retuschen war der auch als Dirigent renommierte und einflussreiche Richard Wagner. In seiner bedeutenden interpretationsästhetischen Schrift *Über das Dirigieren* aus dem Jahre 1869 äußert er sich über eine Stelle in der *Siebten Sinfonie* Beethovens, die man sich genauso gut für die eben von uns betrachtete Stelle in der *Eroica* vorstellen könnte:

> „Ich ließ hier die beiden Trompeten, die nun doch einmal nach dem von Beethoven sehr richtig gefühlten Bedürfnisse mitspielen sollten, leider aber durch ihre damalige einfache Beschaffenheit dies in der nötigen Weise zu tun verhindert waren, das ganze Thema im Einklange mit den Klarinetten blasen. Die Wirkung hiervon war so vortrefflich, dass keiner der Zuhörer einen Verlust, sondern nur einen Gewinn empfand, welcher andererseits als Neuerung oder Veränderung niemandem auffiel."[10]

Wagners Begründung seiner Interpretation ist bezeichnenderweise identisch mit der Berufung auf den Willen des Komponisten. Nur, so sein Argument, habe dieser Wille mit den technischen Einschränkungen des damaligen Blechbläserinstrumentariums nicht genügend zur Geltung kommen können – es sei gewissermaßen eine moralische Pflicht, in der Gegenwart das zu tun, was der Komponist, würde er noch leben, ebenfalls getan hätte. Wie in jedem Interpretationsvorgang, der diesen Namen verdient, wird hier eine Werkvorstellung über den Text hinaus entwickelt; aber um ihr zu genügen, wird ihr der Text nachträglich angepasst.

Bis heute wird aus der dargelegten Problematik das Argument gewonnen, der Interpret habe – aus seiner jeweils zeitgenössischen Perspektive – den Geist des Werkes gegen seinen Buchstaben zu verteidigen. Oft genug ist genau dies das Argument, mit dem das Abweichen vom Text dennoch als Erfüllung des Komponisten-Willens legitimiert werden soll. Natürlich ist die Differenz von „Geist" und „Buchstabe", von Sinn und Text, die Spannungsgrundlage für das Metier des Interpretierens überhaupt. Natürlich sind Werktreue und Texttreue zwei verschiedene Aspekte der Deutung, aber sie sind schwerlich im Sinne einer Entscheidung gegeneinander auszuspielen. In dem Beethoven-Beispiel jedoch

---

10 Richard Wagner: *Über das Dirigieren.* In: Dieter Borchmeyer (Hg.): Richard Wagner. Dichtungen und Schriften, Band 9. Frankfurt a.M. 1983, S. 129–213, hier: S. 116 f. (Jubiläumsausgabe in zehn Bänden.)

hat sich gezeigt, dass der gegen den Werktext durchgesetzte Geist der thematisch-prozessualen Erfüllung, der sich als Verstärkung der unzureichend notierten Autorenintention gibt, in Wirklichkeit eine andere und weiterführende, nun aber den gesamten Zyklus als Prozess wahrnehmbar machende Lesart verdeckt, ja, behindert oder sogar zerstört. Einen Autor „besser verstehen [wollen], als er sich selbst verstand", ist ein riskanter Akt. Zumindest im Falle der Instrumentalmusik kann gesagt werden, dass man ohne den absoluten Respekt vor dem notierten Text darüber gar nicht erst ernsthaft zu diskutieren braucht.

Sieghart Döhring

Von der Inszenierung zur Regie

Die Aufwertung des Szenischen in der Geschichte der Oper

„Diese Nacht begaben wir uns […] in die Oper, wo Komödien und andere
Stücke in rezitierender Musik von den hervorragendsten Musikern, Sängern wie
Instrumentalisten, dargeboten wurden, mit einer Vielfalt gemalter und perspek-
tivreicher Szenerien und Flugmaschinen und anderen wundervollen Vorrich-
tungen: alles in allem ist es eine der prächtigsten und kostspieligsten Unterhal-
tungen, die menschlicher Geist ersinnen kann … Dies hielt unsere Augen und
Ohren bis zwei Uhr am Morgen gefangen."[1] Mit diesen Worten beschrieb 1645
der englische Venedig-Besucher John Evelyn eine Opernaufführung in der damaligen Kulturmetropole Europas, gerade einmal acht Jahre, nachdem dort das
überhaupt erste Opherntheater für ein zahlendes Publikum eröffnet worden war
und damit die kommerzielle Verwertung dieser neuen Gattung des Musiktheaters ihren Anfang genommen hatte. Der anschauliche Bericht, dessen Verfasser
bei aller Begeisterung über das Gehörte und Geschaute nicht vergisst, sich über
dessen Kosten Gedanken zu machen, ist für den Historiker deshalb aufschlussreich, weil er erkennen lässt, wie Oper – damals noch in statu nascendi – von
einem Außenstehenden wahrgenommen wurde, nämlich als musiktheatrali-
sches oder – mit einem modernen Begriff – als multimediales Ereignis. Natürlich wüsste man gerne, wer für das Funktionieren dieses komplexen Apparats
die persönliche Verantwortung trug, aber darüber schweigt Evelyn sich aus.
Zwar nennt er im Zusammenhang mit der Opernaufführung auch sonst keiner-
lei Namen (für den mit den Interna des Theaterbetriebs gewiss unvertrauten

---

1 „This night […] we went to the Opera where comedies and other plays are represented in re-
   citative music by the most excellent musicians vocal and instrumental, with a variety of scenes
   painted and contrived with no less art of perspective, and machines for flying in the aire, and
   other wonderful motions; taken together it is one of the most magnificent and expensive diver-
   sions the wit of men can invent… This held us by the eyes and ears till two in the morning."
   Memoires of John Evelyn, 2 Bde., hrsg. von W. Bray. London 1819, Bd. 1, S. 191; zitiert nach:
   Ellen Rosand: Opera in seventeenth century Venice. The Creation of a Genre. Berkeley u.a.
   1991. [Übersetzungen ins Deutsche vom Verfasser].

Berichterstatter mögen sie bedeutungslos gewesen sein), jedoch spricht er immerhin von Sängern, Instrumentalisten, Bühnenbildnern und Maschinisten als anonymen Funktionsträgern. Für die Organisation des Szenischen, mag dieses auch noch so bestimmend für den Gesamteindruck gewesen sein, entfällt selbst das – und zwar aus gutem Grund: Tatsächlich nämlich hatte, was heute – und sei es auch im allgemeinsten Sinne – „Regie" genannt wird, in der Wirklichkeit des damaligen Musiktheaters und in der ästhetischen Wahrnehmung seiner Betrachter keinen Platz, ja, es gab dafür nicht einmal einen Begriff.

Auf den ersten Blick mag dies überraschen, denn die Dominanz des Performativen in der frühen Oper forderte doch geradezu die schöpferische Rolle eines „Regisseurs" als Primus inter Pares unter den am theatralen Ereignis Beteiligten. Allerdings verlief die historische Entwicklung gerade nicht in dieser Weise. Der „Regisseur", so wie man ihn später verstand, trat nicht als Usurpator von Freiräumen auf den Plan, sondern als Garant für einen störungsfreien Ablauf der Aufführung, und es war gerade das Fehlen fester Werkstrukturen in den frühen Phasen der Gattungsentwicklung, das „Regie" als konzeptionelle Gestaltung des Szenischen lange Zeit als bedeutungslos hat erscheinen lassen. Es fehlte ein hinreichender Bezugspunkt, an dem die Arbeit am Szenischen sich hätte orientieren, ihr inhaltliche Verbindlichkeit hätte verleihen können. Für die Herausbildung derartiger Strukturen bestand jedoch kein Anlass, solange für alle am Herstellungsprozess einer Oper Beteiligten Produktion und Inszenierung praktisch zusammenfielen und Nachhaltigkeit nicht angestrebt wurde. Sollte es, was selten genug der Fall war, zu einer Neuinszenierung kommen, so war diese immer zugleich auch eine Neuproduktion, die vielleicht einzelne Elemente aus der alten verwendete, dieser ansonsten aber in keiner Weise verpflichtet war. Diese Ad-hoc-Ästhetik der frühen Oper, die nicht auf die Konstante des Werks, sondern auf den Ereignischarakter der Aufführung und deren effektive Vermarktung abzielte, spiegelt sich in Art und Verbreitung der verwendeten Materialien, die der heutigen Forschung als Quellen zur Verfügung stehen.

In der „Opera mercenaria" Venedigs im 17. Jahrhundert waren dies vor allem das „Libretto" sowie das „Argomento e Scenario", die sich direkt an das zahlende Publikum wandten, Ersteres zum Mitlesen des Textes während der Aufführung, Letzteres im Straßenverkauf als werbewirksamer Vorabhinweis auf die Handlung und Bühnenbilder des Stücks. In beiden Fällen handelte es sich um

Billigprodukte von Gebrauchsliteratur, die überwiegend nach einmaliger Benutzung weggeworfen wurden und nur dank passionierter Sammler in wenigen Einzelstücken bis heute überlebt haben. Ebenfalls eindeutigen Werbecharakter hatten Bilder von Szenen aus Opernproduktionen, zumeist als Illustrationen in Sammelbänden, die Venedig als Touristenmetropole herausstellten. Die Musik hingegen kam für den kostspieligen Druck nicht infrage. Sie bildete lediglich das Arbeitsmaterial für den kleinen Personenkreis der unmittelbar an der Aufführung Beteiligten und wurde daher ausschließlich handschriftlich in der praxisüblichen Beschränkung auf Gesangstimmen und Generalbass fixiert. Sie erfuhr erst durch die Interpreten im Augenblick der Aufführung ihre tatsächliche, sich von Mal zu Mal verändernde Klanggestalt. Schon aufgrund dieses improvisatorisch-offenen Charakters erwies sich die Musik als identitätsstiftendes Medium eines „Werkes" als denkbar ungeeignet. So haben denn auch Fragen der musikalischen Autorenschaft das Publikum der frühen Oper nur wenig berührt; nicht nur Evelyn, sondern auch Korrespondenten, die regelmäßig aus Venedig über Theaterereignisse berichteten, beschrieben zwar die Opernaufführungen, nannten aber nicht die Namen der Komponisten. So konnte es geschehen, dass für *L'incoronazione di Poppea*, uraufgeführt in der Karnevalssaison 1643 am venezianischen Teatro SS. Giovanni e Paolo und in den folgenden Jahren in Venedig und andernorts mehrfach nachgespielt, erst Jahrzehnte später ein erster – noch nicht einmal zur Gänze zutreffender – öffentlicher Hinweis auf die musikalische Verfasserschaft Claudio Monteverdis überliefert ist.

Eher als der Komponist vermochte es der Librettist einer Oper zu Autorenrang aufzusteigen. Das Wort erschien, jedenfalls in seiner geschriebenen Form, eindeutiger fixiert zu sein als die selbst in der Verschriftlichung nur umrisshaft fassbare Musik. In besonderer Weise galt dies für die französische Oper, die sich von ihrer Verbindung zum Sprechdrama her definierte; später, als dessen Ästhetik für die Librettistik in Italien verbindlich wurde, auch für die italienische Oper. So sahen sich Philippe Quinault, Apostolo Zeno und vor allem Pietro Metastasio als die eigentlichen Autoren der jeweiligen „tragédie en musique" bzw. des „dramma per musica" und wurden von ihren Zeitgenossen auch als solche angesehen. Wurden ihre Texte, was oft der Fall war, mehrfach vertont, so waren es in der Tat diese und nicht ihre wechselnden musikalischen Einkleidungen, die den Gedanken an eine Werkidentität begründen konnten.

Freilich erwies sich auch dies in der Wirklichkeit des Theaters weitgehend als Chimäre, denn kaum eine Neuvertonung eines vorgegebenen Textes ließ diesen unverändert: Meist ungenannte Bearbeiter unternahmen mehr oder weniger massive Eingriffe – nicht nur in die Textsubstanz, sondern zunehmend auch in die Dramaturgie der Stücke –, um diese veränderten Theaterverhältnissen, aber auch neuen Hör- und Seherfahrungen des Publikums anzupassen. Von den ursprünglichen Stücken, deren Autorennamen nach wie vor die Titelblätter der Libretti und die Theaterzettel zierten, blieben tatsächlich oft nur noch der Plot und einige populäre Arientexte erhalten.

Szene als Teil der musikalischen Dramaturgie

Indes wirkte die ausufernde Bearbeitungspraxis auch als Verstärkung eines gegenläufigen Trends, der die Entwicklung der Oper im 18. Jahrhundert zunehmend bestimmen sollte: nämlich in Richtung einer fortschreitenden Individualisierung der dem Theaterereignis zugrunde liegenden textlichen und musikalischen Strukturen durch die Integration der Szene. War diese bislang im Wesentlichen ein Element der Ausstattung, so avancierte sie nun zum Bestandteil der Dramaturgie. Das Geschehen auf der Bühne verwies bald über das Sichtbare hinaus auf einen dahinterstehenden Bedeutungszusammenhang, den Text und Musik vorgaben und der die Konturen dessen entstehen ließ, was später „Werk" heißen sollte. Diesen Bedeutungszusammenhang zunächst sinnlich erfahrbar, sodann verstehbar zu machen, stellte die an der Aufführung Beteiligten vor neue und anspruchsvolle Aufgaben.

Der Individualisierungsprozess vollzog sich zunächst vorzugsweise in den komischen und gemischten Genres aufgrund derer formaler Offenheit, die sie befähigte, Einflüsse aus den Populargattungen aufzunehmen und zu verarbeiten. Dies geschah in der zweiten Hälfte des 18. Jahrhunderts vor allem auf dem Gebiet der „Opéra comique" mit dem Typus der später sogenannten „Rettungsoper". Deren Handlungsmodell, die Rettung eines oder einer Unschuldigen aus der Gewalt eines Bösewichts bzw. die Verhinderung ihrer Gefangennahme, bot über die Reize stofflicher Couleur hinaus erstmals die Möglichkeit einer schnörkellosen Durchkonstruktion des gesamten Stücks im Sinne einer Suspense-

Dramaturgie, die ihren Höhepunkt in einem spektakulären Schlussereignis erreichte. Damit wurden vor allem die Finalszenen zu besonderen optischen Attraktionen – freilich nur dann, wenn in der Aufführung Text, Musik und Szene perfekt ineinandergriffen.

Gattungsgeschichtlich besonders folgenreich war in dieser Hinsicht das Finale aus *Richard Coeur-de-Lion* von André Modeste Grétry auf einen Text von Michel Sedaine (1784). Das Stück handelt von der Befreiung des auf einer Festung gefangen gehaltenen englischen Königs Richard Löwenherz durch bewaffnete Anhänger unter der Führung seines Knappen Blondel. Die optische Pointe des Schlussbildes, das den Befreiungskampf schildert, ist die Zweiteilung der Bühne in einen vorderen (Terrasse des Schlosses) und erhöhten hinteren Teil (das Schloss selbst, umgeben von einer Mauer); durch den Einsturz der Mauer wird eine Verbindung zwischen den beiden Ebenen hergestellt, die von da an einen einheitlichen Aktionsraum bilden. Die exakt vorgeschriebenen Bewegungsabläufe mit spannungssteigernden retardierenden Momenten laufen wortlos als Pantomime ab, für deren szenische Umsetzung in der Uraufführung der bekannte Tänzer und Choreograf Gaetano Vestris verpflichtet worden war: eine höchst sinnvolle Personalentscheidung, denn das darstellerische Vokabular für solcherart Szenen war im zeitgenössischen Tanztheater des „ballet d'action" entwickelt worden. Die spektakuläre Szene, die den zahlreichen Katastrophenfinali (Gebäudeeinstürze, Feuersbrünste, Vulkanausbrüche u.ä.) in der Oper der folgenden Jahrzehnte das Modell lieferte, musste freilich hinwegtrösten über die reichlich uniforme Vertonung im traditionellen Typus einer „Schlachten-" und „Sturmmusik".

Dass die Musik sich der Szene nicht nur anschmiegen, sondern ihr von sich aus dramatische Impulse verleihen konnte, demonstrierte gut 50 Jahre später das 2. Bild des V. Aktes von Giacomo Meyerbeers *Les Huguenots* (1836). Ihr Gegenstand ist der Verlauf der historischen Bartholomäusnacht im August 1572 in Paris, als Tausende Protestanten (die calvinistischen „Hugenotten") einem Massaker der Katholiken zum Opfer fielen und der protestantische Ritter Raoul und die katholische Adlige Valentine, gesegnet von Raouls väterlichem Mentor Marcel, mit diesem zusammen den Märtyrertod erleiden. Die Szene, wie man sie heute kennt, kam im ursprünglichen Libretto Eugène Scribes gar nicht vor; sie ist, wie erst neuere Forschungen ergeben haben, das Ergebnis eines dramaturgischen Brainstormings Meyerbeers und des italienischen

Librettisten Gaetano Rossi: In einer Kopistenhandschrift von Scribes ursprüng-
lichem Libretto hat Meyerbeer auf mehreren Einlageblättern die neue Szene
einschließlich Schauplatz- und Regieangaben vollständig fixiert und diese, was
der gängigen Praxis zuwiderlief, später auch ins musikalische Autograf übertragen, das dergestalt den Charakter eines musikdramatischen Gesamtkonzepts
erhielt. Hier wie dort liest man diese Szenenbeschreibung:

> „Das Theater zeigt einen Friedhof. Im Hintergrund eine protestantische Kirche, de-
> ren Fenster durch Kugelbeschuss teilweise zersplittert sind. Links eine schmale Tür,
> die ins Innere der Kirche führt; rechts ein Gitter mit Durchblick auf eine Straßen-
> kreuzung. Protestanten sind dabei, Barrikaden zu errichten, um den Friedhof zu
> verteidigen."[2]

Auch hier gibt es also eine Zweiteilung der Bühne in Vorder- und Hintergrund,
nur dass diese jetzt eigenständige Handlungsräume bilden: hier die Segnung
des Paares durch Marcel, dort die betenden Frauen. Dann heißt es in einer
Regieanweisung:

> „Hier wird der Gesang abrupt unterbrochen, durch einen großen Lärm. Man hört,
> wie die Türen ins Innere der Kirche eingeschlagen werden. Durch die Fenster schei-
> nen die Fackeln und das Metall der Lanzen auf. Die Mörder sind dabei, in die
> Kirche einzudringen."[3]

Mit dem Auftreten der Mörder (Männerchor mit einer „Banda" aus Trompeten,
Hörnern und Posaunen) werden die beiden Handlungen aufeinander bezogen:
Raoul, Valentine und Marcel beobachten und kommentieren das Morden in
der Kirche, bis sie, als aus der Kirche kein Laut mehr zu vernehmen ist, vor

---

2 „Le théâtre représente un cimetière. Au fond un temple protestant tombant en ruines. On voit
   par les vitreaux brisés dans les tribunes supérieures de l'église. A gauche une petite porte qui
   conduit dans l'interieur de l'église A droite une grille qui donne sur un carrefour." (Giacomo
   Meyerbeer: Les Huguenots. Partitur. Paris 1836, Reprint: New York/London 1980, S. 826).
3 „Ici le chant est interrompu brusquement, par un grand bruit. On entend enforcer les portes
   dans l'interieur de temple. A travers les vitreaux on voit briller des torches et le fer des lances. Les
   meurtriers viennent de pénétrer dans l'église". (Giacomo Meyerbeer: Les Huguenots, S. 849.)

Entsetzen verstummen. Wenn später beim Herannahen der Mörder die beiden Handlungen zusammenlaufen, durchdringen sich auch die musikalischen Ebenen in einer symbolhaften Destruktion des Luther-Chorals „Ein feste Burg ist unser Gott". Das Ergebnis ist eine vollständige Integration von Musik und Szene, ausgeführt vom Komponisten selbst, der sich zu einer Art von „Supervisor" des theatralischen Totals aufschwingt. Seine musikdramatischen Vorstellungen hat Meyerbeer teilweise im sogenannten „Prospectus I" skizziert, einer Aufzeichnung von musikalischen und szenischen Empfehlungen für weniger leistungsfähige Bühnen als die Pariser Opéra. Für das Friedhofsbild enthält er u.a. detaillierte Anweisungen zur Lichtregie:

„Das Innere der Kirche muss zu Anfang der Scene ganz dunkel seyn, so dass man keinen Gegenstand in der Kirche zu erkennen vermögend ist, indem nur in zwei Momenten das Innere derselben sichtbar wird. Das Erstemal, wenn am Schluße des Recitativs von dem Terzett zum Erstenmale der Frauenchor in der Kirche gesungen wird; alsdann wird durch das in diesem Augenblick scheinende Mondlicht das Innere der Kirche dem Auge des Publikums sichtbar, und man erblickt die Frauen um den Altar knieend liegen, dann verbirgt sich der Mond wieder hinter Wolken […] – Zum Zweitenmale sieht man das Innere der Kirche während des nachfolgenden Mörderchors (a-moll), wenn die Soldaten in das Innere der Kirche einbrechen, dann wird dasselbe durch die Fackeln der einbrechenden Soldaten erhellt […]"[4]

Nur angemerkt sei hier, dass Meyerbeers Bemühungen um einen korrekten Umgang der Bühnen mit seinem Werk letztlich nicht erfolgreich waren: Vor allem in Ländern mit einer italienischsprachigen Aufführungstradition war es länger als ein Jahrhundert üblich, *Die Hugenotten* ohne den V. Akt zu spielen. Da auch in den verbliebenen vier Akten massiv gekürzt wurde, mutierte das musikdramatische Meisterwerk zu einem Arrangement „schöner Stellen", oder – wie man an der Metropolitan Opera um 1900 in Anspielung auf die hier geforderten sieben Gesangsinterpreten der Spitzenklasse zu sagen pflegte – zu einer „opera of the seven stars".

---

4 Giacomo Meyerbeer. Briefwechsel und Tagebücher, Bd. 2: 1825–1836 (hrsg. und kommentiert von Heinz Becker). Berlin 1970, S. 689.

Wenn hier der Prozess einer fortschreitenden Verschränkung von Musik und Szene anhand zweier französischer Opern beschrieben wurde, so auch, um die verbreitete, aber offensichtlich falsche Auffassung zu korrigieren, dass Richard Wagner der Vorreiter dieser Entwicklung gewesen sei. Bestärkt sah man sich in dieser Meinung zweifellos durch die Tatsache, dass Wagner als sein eigener Textdichter auftrat, was eine besondere Affinität zum Theater nahelegte. Eine solche besaß er zweifellos, jedoch nicht exklusiv, und das Verfassen eines Librettos durch den Komponisten selbst (wie es z.B auch Lortzing systematisch praktizierte) war nur der letzte und in seiner Bedeutung überschätzte Schritt in einem Prozess zunehmender Einflussnahme der Komponisten auf den Text, wofür an vorderster Stelle außer Meyerbeer auch Verdi steht. Tatsächlich vertritt Wagner mit der Betonung des szenischen Aspekts seiner Opern eine weit zurückreichende, vorwiegend französische Traditionslinie. Seine Forderungen laufen im Wesentlichen darauf hinaus, Pariser Inszenierungsstandards zum Maßstab für Aufführungen seiner Opern in Deutschland zu machen, etwa wenn er in seinem Essay „Über die Aufführung des *Tannhäuser*. Eine Mittheilung an die Dirigenten und Darsteller dieser Oper" (1852) für den Einzug der Gäste zu Beginn des II. Aktes in der Ausführung Natürlichkeit verlangt, die er in „unseren Opernvorstellungen" vermisst. Als er dann 1860/1861 an der Pariser Opéra selbst den *Tannhäuser* (1845) herausbrachte, äußerte er sich – ungeachtet der Schwierigkeiten, die ihm der ungewohnte Umgang mit dem Riesenapparat des Hauses bereitete – lobend, ja, enthusiastisch über das künstlerische Niveau der Einstudierung.

Ging Wagner in puncto szenischer Sorgfalt auch über das ihm aus der französischen Oper Vertraute grundsätzlich nicht hinaus, so setzte er doch vielfach eigene Akzente, wo es galt, musikalisch gestaltete psychische Prozesse auch szenisch zu verdeutlichen. Seine Regieanweisungen, die er im Übrigen von Ausgabe zu Ausgabe immer wieder überarbeitete, gerieten ihm dabei nicht selten zu Kommentaren, die dem Darsteller nicht so sehr konkrete Aktionen aufzeigen, als vielmehr seine gestalterische Fantasie beflügeln sollten. So heißt es im II. Akt des *Fliegenden Holländer* (1843) in einem nachträglichen Textzusatz über Senta: „[...] bei dem Beginn von Eriks Erzählung versinkt sie wie in magnetischen Schlaf, so dass es scheint, als träume sie den von ihm erzählten

Traum ebenfalls."[5] Dies ist keine Regieanweisung, sondern eine Deutung der Figur wie der dramatischen Idee der Oper, deren konkrete schauspielerische Umsetzung der Gesangsdarstellerin überlassen bleibt. Der Schluss der Szene nach Eriks Abgang – das Erscheinen des Holländers in der sich öffnenden Tür unter seinem eigenen Bild als plötzliche Visualisierung der in der Ballade und Traumerzählung gezeichneten Figur – setzt einen „Schock"-Effekt von geradezu Hitchcock'scher Drastik. Die dabei verwendeten musikalischen Mittel, einschließlich des Balladenzitats, sind die aus dem französischen Mélodrame und der Pantomime her bekannten:

„Senta, nach dem Ausbruch ihrer Begeisterung in stummes Sinnen versunken, verbleibt in ihrer Stellung, den Blick auf das Bild geheftet; nach einer Pause singt sie leise, aber tief ergriffen den Schluß der Ballade ‚Ach, wirst du, bleicher Seemann, sie finden? Betet zum Himmel, dass bald ein Weib treue ihm …' Die Thüre geht auf. Daland und der Holländer treten ein. Senta's Blick streift von dem Bilde auf den Holländer, sie stößt einen gewaltigen Schrei der Überraschung aus und bleibt wie festgebannt stehen, ohne ihr Auge vom Holländer abzuwenden."[6]

Verschriftlichung des Szenischen

Die Emanzipation des Szenischen in der Oper seit dem späten 18. Jahrhundert zeitigte über die Zunahme von Spiel- und Regieanweisungen in den Libretti hinaus bald auch eigenständige Formen der Verschriftlichung; wegen der Vorreiterrolle der französischen Oper zunächst in französischer Sprache als „livrets de mise en scène", später in Italien als „disposizioni sceniche", in Deutschland als „Regiebücher". Anfänglich kursierten sie handschriftlich, bald auch in Drucken. Am bekanntesten wurde die ca. 200 Titel umfassende „Collection de mise en scène de Grand Opéras et d'Opéras-Comiques […]" von Louis Palianti. Gehandelt wurden sie als Dokumentationen von Inszenierungen der führenden

---

5 Textbuch aus: Gesammelte Schriften und Dichtungen (letzte Fassung), in: Richard Wagner: Sämtliche Werke, Bd. 24: Dokumente und Texte zu Der fliegende Holländer (hrsg. von Egon Voss). Mainz 2004, S. 235.

6 Wagner: Dokumente und Texte, S. 236.

Pariser Theater, die für Einstudierungen an kleineren Bühnen als Vorlagen dienen sollten.

Seit die „livrets de mise en scène" in den 1970er-Jahren erstmals als historische Quellentexte in den Blick der Musiktheaterwissenschaft traten, sind sie
zum Gegenstand differenzierter Spezialforschungen geworden, die manche
Vorstellungen, die sich mit ihnen anfänglich verbanden, relativiert haben. So
fixieren die „livrets de mise en scène" nicht oder nur in seltensten Fällen die
szenische „Urform" einer Oper, vielmehr spätere Stadien der Uraufführungs-
inszenierung; die Bühnenpräsenz einer Oper veränderte sich, ebenso wie die
musikalische, selbst am Ort der Uraufführung, schnell und kontinuierlich.
Zudem war die Genauigkeit der Angaben in den einzelnen „livrets" überaus
unterschiedlich; mal gingen diese über das Libretto kaum hinaus, mal enthielten sie detaillierte Informationen zu Bühnenbild und -technik sowie zur Ausstattung (besonders ausführlich Paliantis „Livret de mise en scène" zu Meyerbeers *Le Prophète*, 1849), die tatsächlich eine Rekonstruktion des äußeren
Erscheinungsbildes der Inszenierung möglich machten. Dazu freilich kam es
wegen der an kleineren Bühnen fehlenden Mittel so gut wie nie, obwohl schon
damals ein „Outsourcing" besonders komplexer technischer Aufgaben an darauf spezialisierte Unternehmen üblich war. Was hingegen ganz und gar nicht
vermittelt werden konnte, war gerade das, worauf es den Komponisten ankam,
wenn sie auf die Integration von Musik und Szene hinarbeiteten: nicht die
bloße Fixierung von Bewegungen, sondern ihren Ausdruck. Hier blieb vieles,
wenn nicht das meiste, den Aufführungstraditionen überlassen, deren wissenschaftliche Erschließung auf der Grundlage der überlieferten Kodifizierungen
gegenwärtig noch in den Anfängen steckt.

Unterlaufen wurde das Bestreben der Komponisten, die szenische Gestalt
einer Oper als Aspekt ihres Werkcharakters festzulegen, letztendlich von ihrem
Ausgangspunkt her, der Musik selbst, deren Prägekraft durch die vorherrschende Kürzungs- und Bearbeitungspraxis von vornherein der Boden entzogen
war. Dass sich die Komponisten in dieser Hinsicht allzu große Illusionen machten, darf man bezweifeln. Sie dachten kaum daran, ihre Opern in einer festen
Werkgestalt musikalisch wie szenisch ein für alle Mal verbindlich festzuschrei-
ben; was dies betraf, so waren sie im Theateralltag stets zu praktischen Kompromissen bereit – das galt selbst für vermeintliche Dogmatiker wie Wagner

und Verdi. Die Fixierung einer von ihnen autorisierten Inszenierung, zumeist derjenigen der Uraufführung, hatte für sie daher nicht normativen, sondern empfehlenden Charakter, womit sie – um die treffende Unterscheidung Arnold Jacobshagens aufzugreifen – nicht „werkhafte", sondern „werkgerechte" Aufführungen sicherstellen wollten.[7] Nicht zuletzt waren es aber auch Verlagsinteressen, denen die Regiebücher ihre Verbreitung verdankten. Als Teil der Aufführungsmaterialien und zusammen mit diesen an die Bühnen verliehen (im Bereich des unterhaltenden Musiktheaters bis heute eine verbreitete Praxis), erhöhten sie die Attraktivität des Verlagsangebots, was natürlich auch den Komponisten nicht unwillkommen sein konnte. Mithin vollzog sich die Verfestigung des Werkbegriffs im Musiktheater in enger Wechselwirkung von künstlerischen und juristischen (vor allem urheberrechtlichen) Sachverhalten und Problemstellungen.

Vom Spielleiter zum Regisseur

Für den Opernbetrieb eröffnete sich damit ein neues Betätigungsfeld: Der „Regisseur" wird geboren. Den Begriff gab es bereits im 18. Jahrhundert, auch einige andere wie „maître" bzw. „chef de la scène", jedoch waren die Funktionen nicht überall gleich und entsprechend unterschiedlich wurden sie personell wahrgenommen: immer wieder – vor allem in Frankreich und Italien – von den Librettisten, die im Auftrag der Direktoren und Impresari ihre eigenen Stücke in Szene setzten.[8] Häufiger erschienen jetzt auf den Theaterzetteln und in den Libretti auch die Namen jener Personen, die diese Funktionen ausübten. An der Pariser Opéra vollzog sich diese Entwicklung am schnellsten und tiefgreifendsten, jedoch verdankte gerade dieses Haus seine überragende künstlerische Stel-

7 Arnold Jacobshagen: *Oper als szenischer Text. Louis Paliantis Inszenierungsanweisungen zu Meyerbeers Le Prophète*, in: Giacomo Meyerbeer, Le Prophète. Edition, Konzeption, Rezeption, hrsg. von Matthias Brzoska, Andreas Jacob und Nicole K. Strohmann, Hildesheim u.a. 2009, S. 181–212.
8 Arne Langer hat die Fakten dazu minutiös zusammengetragen. Vgl. ders.: Der Regisseur und die Aufzeichnungspraxis der Opernregie im 19. Jahrhundert. Frankfurt a.M. u.a. 1997 (Perspektiven der Opernforschung, Bd. 4).

lung auf dem Gebiet der Operninszenierung nicht so sehr einzelnen Personen als vielmehr der dort vorherrschenden Teamarbeit hochspezialisierter Fachkräfte. Es gab zwar den Regisseur als Gesamtleiter der Inszenierung (etwa Solomé oder Duponchel), jedoch hatte er seine Verantwortung mit anderen Theaterprofis zu teilen, etwa mit dem Librettisten, dem Choreografen, natürlich dem Komponisten, aber auch mit Sängerdarstellern von besonderer Bühnenerfahrung (in der frühen Meyerbeer-Ära etwa Adolphe Nourrit). An kleineren Bühnen dagegen lagen diese Aufgaben zumeist in einer Hand, in der Regel in derjenigen eines alten Theaterpraktikers vor Ort, für den Regiebücher eine willkommene Arbeitshilfe bei den immerwährenden Versuchen bedeuteten, die Ansprüche der Werke mit den Möglichkeiten des eigenen Theaters in Einklang zu bringen. Man hat später vor dem Erfahrungshintergrund von Regie als einer eigenschöpferischen Tätigkeit diesen Typ des Regisseurs gerne als bloßen „Spielleiter" abgewertet, etwa mit den Worten Otto Erhardts als „gepflegten, meist älteren Herren, der Regisseur oder Oberregisseur der Oper hieß, aber als solcher nicht eigentlich Künstler, sondern mehr Theaterbeamter, Aufsichtsführender, Überwachender war".[9] Dass ihm eine lediglich ausführende, keine gestalterische Aufgabe zugedacht war, heißt freilich noch lange nicht, dass er in der tatsächlichen Arbeit diese Beschränkung immer akzeptiert hat. Die Praxis lässt hier kaum eine eindeutige Abgrenzung zu: Interpretation, selbst wenn sie bestrebt ist, sich gegenüber dem Gegenstand zurückzunehmen, ist immer auch eine interaktive Tätigkeit. Regisseure, die ihre Rolle als „Diener" ernst nahmen, standen stets kurz davor, selbst zu „Schöpfern" zu werden. Das galt zumal immer dann, wenn künstlerische und gesellschaftliche Umwälzungen auch die Gattung Oper zu einer Neuorientierung zwangen.

Der Wandel begann um 1900 und vollzog sich zunächst fast unmerklich, beeinflusst vom zeitgenössischen Sprechtheater (Meininger Hoftheater; Moskauer Künstlertheater), einmal mehr vom Tanztheater (Isadora Duncan; Sergei Diaghilevs Ballets russes), von Kabarett und Revue sowie von der Bildenden Kunst, die neue Techniken und Ästhetiken des Bühnenbildes einbrachte. Eine Revolution des Theaters zeichnete sich ab, das von der Bedeutung des Wortes

---

9   Otto Erhardt: *Opernregie als Erlebnis.* In: Oper. Musikblätter des Anbruch, IX. Jg. (1927), H. 1/2, S. 43.

abrückte und stattdessen neue Formen des Zusammenspiels von Musik, Tanz und Bewegung erprobte. Wie in allen übrigen Künsten um diese Zeit ging es auch den Erneuerern der Darstellenden Kunst um das Absolute, das sich hinter den äußerlichen, als oberflächlich materiell empfundenen Phänomenen verbarg, um nichts Geringeres als um die „Weltformel" des Theatralen, die Edward Gordon Craig in der Idee der „Über-Marionette" gefunden zu haben glaubte. Weithin wirkende Fanale auf dem Gebiet des Musiktheaters waren um 1910 Vsevolod Mejercholds Petersburger Inszenierungen von Repertoireopern Wagners, Glucks und Musorgskijs sowie die zahlreichen Produktionen neuer Stücke durch die „ballets russes" in Paris. Dem Regisseur wuchs damit, auch wenn es sich nicht explizit um Werke des Tanztheaters handelte, eine dem Choreografen vergleichbare Rolle zu, die ihn neben dem Komponisten – und manchmal auch vor ihm – in den Rang eines Werkautors erhob.

Hinzu kam, dass durch die inzwischen erfolgte Herausbildung eines Musiktheater-Repertoires, das damals Stücke aus einem Zeitraum von ca. 150 Jahren umfasste und durch die gerade einsetzende Händel-Renaissance eine neuerliche Erweiterung in die Vergangenheit hinein erfuhr, der Regisseur als „Übersetzer" der alten Stücke für die Gegenwart unbedingt erforderlich wurde. Eine derartige Aufgabe stellte sich nicht, solange Oper, wie es, abgesehen von wenigen Ausnahmen, über zwei Jahrhunderte der Fall war, für den Tag oder die Saison produziert und konsumiert wurde. Zwar begann sich dies im Laufe des 19. Jahrhunderts zu ändern, aber erst am Beginn des 20. Jahrhunderts wurden die Folgen in voller Konsequenz spürbar: Einerseits hofierte man den Regisseur als Erneuerer, andererseits brandmarkte man ihn als Zerstörer.

Krise der Oper im Zeichen gesellschaftlichen Wandels: Der Regisseur als Interpret

In den breit geführten öffentlichen Diskussionen über Fragen der Oper, ihren gegenwärtigen Zustand und ihre zukünftige Entwicklung, die nach dem Ersten Weltkrieg und in den Jahren der Weimarer Republik die Feuilletons belebten, nahm das Thema „Regie" eine zentrale Stellung ein. Die „Musikblätter des Anbruch", damals die führende deutsche Zeitschrift der musikalischen Avantgarde, widmete der „Oper" – so sagte man damals allgemein, nur sehr selten „Musiktheater" – ein über hundertseitiges Doppelheft,[10] in dem Wissenschaftler, Kritiker und Praktiker ihre Sicht auf das Phänomen „Oper" darlegten und so gemeinsam eine umfassende Bestandsaufnahme zustande brachten. Im selben Jahr begann mit der Berufung des Dirigenten Otto Klemperer zum Direktor und musikalischen Leiter des Berliner Opernhauses am Platz der Republik eine vierjährige Phase (1927–1931) in der Geschichte des Hauses, die dessen traditionellen Namen „Krolloper" im Urteil der Nachwelt geradezu zum Synonym für eine zeitgemäße Erneuerung der Kunstform hat werden lassen – vielleicht etwas zu sehr auf Kosten anderer vergleichbarer Institutionen sogar in Berlin selbst, wie des Theaters am Schiffbauerdamm oder der Staatsoper, die in jenen Jahren mit einer Reihe von innovativen Opernproduktionen brillierten. Charakteristisch für das Unternehmen „Krolloper" sind zum einen die Ausrichtung auf die Musik als Trägerin einer Reform der Opernszene, wofür als Spiritus Rector Klemperer einstand, sowie zum anderen der hohe Stellenwert, den man der Neugestaltung des Bühnenbilds einräumte, für die führende Vertreter der zeitgenössischen Kunstszene aufgeboten wurden (Laszlo Moholy-Nagy, Oskar Schlemmer, Giorgio De Chirico u.a.). Die Ergebnisse sind in der Tat bemerkenswert, zudem gut dokumentiert und dazu angetan, die heute nur noch durch Kritiken rezipierbaren Leistungen der Regisseure (unter ihnen Jürgen Fehling, Gustav Gründgens, Ernst Legal und Arthur Maria Rabenalt) in den Schatten zu stellen. Insgesamt 44 verschiedene Musiktheaterwerke kamen in den vier Jahren „Krolloper" heraus: eine erstaunlich große Anzahl, vor allem, wenn man die breite Streuung nach Epochen und Gattungen in Rechnung stellt, die dem damals verbreiteten Trend zur Repertoireerweiterung nicht nur folgte, sondern diesen mit vorantrieb. Hier wie auch andernorts im „Regietheater" der 1920er- und frühen 1930er-Jahre ist die Abnabelung vom Musikdrama und seinen Traditionen unmittelbar zu greifen. Zwar gab es auch von Werken Wagners einige herausragende Produktionen aus neuem Geiste (Jürgen Fehlings *Tannhäuser* für die Berliner Staatsoper 1933 gehörte dazu), aber ästhetisch bestimmend wurden sie nicht. Aus der Geschichte der Oper rückten unbekannte oder vergessene Epochen und Gattungen, wie Barock- und Belcanto-

---

10 Oper, IX. Jg.: 1927, H. 1/2.

Opern, erstmals oder wieder in den Fokus des Interesses. Die Zeit der Opern-Renaissancen – zunächst Händel, dann Verdi – nahm ihren Anfang; der neue Blick auf die Oper veränderte auch ihre Wahrnehmung in der Musikgeschichte.

Die neue Opernästhetik mit der Aufwertung des Regisseurs zum Dialogpartner der Werkautoren ging einher mit einem tiefgreifenden Wandel in den gesellschaftlichen Strukturen, der auch das Opernpublikum von Grund auf veränderte. Dieser Wandel wurde allenthalben als „Krise" begriffen, welche alle kulturellen Institutionen – Theater, Konzert, Museum – von innen heraus infrage stellte und zu einer gesellschaftlichen Neubestimmung zwang. Durch die Verarmung großer Teile des Bürgertums und dessen soziale Marginalisierung als Folgen des Ersten Weltkriegs und der Wirtschaftskrise war zumal der Oper das alte Publikum abhandengekommen; ein neues möglichst schnell heranzuziehen, so die vielfach erhobene Forderung, wurde daher für die Institution zu einer Überlebensfrage. Verlangte etwa Paul A. Pisk im Wesentlichen nach neuen Stücken, die imstande seien, „tiefste Wirkung auf die Massen" hervorzurufen, wofür er Alban Bergs *Wozzeck* (1925) als gelungenes Beispiel anführte,[11] so analysierte der Regisseur und Kulturtheoretiker Arthur Maria Rabenalt die aktuelle Situation weit radikaler, da er nicht nur die Werke, sondern den Theaterbetrieb als solchen auf den Prüfstand gestellt sah. Er unterscheidet, vom Kunstwerk zur Gesellschaft fortschreitend, vier Dimensionen der Krise: „1. […] Krise des dramatischen Kunstwerks in formaler wie in stofflicher Hinsicht, 2. Krise der szenischen Interpretation, 3. Krise eines sozial sich umschichtenden Publikums, 4. Krise der wirtschaftlichen Gesamtlage eines Volkes, die Bedarf und Absatz theatralischer Kunstleistungen entscheidend beeinflusst." Der Regisseur – so Rabenalt – habe die Macht, auf alle vier Krisen einzuwirken, sofern er seine vornehmste Aufgabe erfülle, die heißt: „Weltbilder aufreißen": „Es handelt sich also bei der Inszenierung eines Werkes darum, das Weltbild eines Stückes in dem Weltbild, dem der Autor entstammt, und dieses wiederum […] im Weltbild unseres Heute zu spiegeln."[12] Zur möglichen Ausführung gibt er in einer

---

11 Paul A. Pisk: *Das neue Publikum*. In: Oper. Musikblätter des Anbruch, IX. Jg. (1927), H. 1/2, S. 94 ff.

12 Arthur Maria Rabenalt: *Die Oper vor der Entscheidung (1930)*. In: Ders.: Schriften zum Musiktheater der 20er und 30er Jahre. Opernregie I. Mit einer Einleitung von Fritz Henneberg.

Tour d'horizon durch die Operngeschichte viele interessante Anregungen, wobei ihm bezeichnenderweise allein zu Wagner nichts Substanzielles einfallen
will. Rabenalts Analytik muss man die Emphase des Regisseurs Otto Erhardt
gegenüberstellen, will man das gesamte Spektrum zeitgenössischer Aussagen
über die Bedeutung der Opernregie erfassen: „eine Sache des Herzens ebenso
wie eine der Seele" nennt er sie. Andere Töne, auf die man heute sensibler als
damals reagiert, klingen an, wenn er dem modernen Regisseur bewundernd
eine „Führerstellung im Opernwesen" bescheinigt und schlicht feststellt, „mo-
dern bedeutet führerlich eingestellt sein".[13] Der Regisseur als jemand, der es
versteht, die Massen zu bewegen – auch diese Vorstellung verband sich mit dem
neuen Herrscher des Theaters, schließlich waren Max Reinhards Berliner Produktionen damals in aller Munde. Also mithin nicht der Mutwille einer kleinen
Elite von Theaterleuten, sondern die von großen Teilen des Publikums getra-
gene Bereitschaft zu einer Reform der Oper und des Opernbetriebs an Haupt
und Gliedern stand am Beginn der modernen Opernregie.

Auf der Suche nach der „Wahrheit" des Werks in der Aufführung

Die Regieinnovationen aus den Jahren der Weimarer Republik (und ihr kurz-
zeitiges Pendant in der frühen Sowjetunion) blieben für die Entwicklung des
Theaters und des Musiktheaters lange bestimmend, wenngleich sie immer wieder von restaurativen Tendenzen überlagert wurden. Mit dem Schlagwort „Pro-
test in der Oper" – so der Titel von Walter Panofskys 1966 erschienener ver-
dienstvoller Gesamtdarstellung der Bewegung – wird man freilich dem
vielschichtigen Phänomen in seiner Breiten- wie Tiefenwirkung nicht gerecht.
Dies lässt sich ablesen an den Arbeiten von Walter Felsenstein, Wieland und
Wolfgang Wagner sowie Luchino Visconti, die um die Mitte des 20. Jahrhunderts die internationale Opernregie zwar mit höchst unterschiedlichen Konzep-
ten prägten, aber gleichwohl sämtlich im Avantgarde-Denken des Jahrhundert-

---

Redaktion Marion Linhardt. Hildesheim/Zürich/New York 1999 (Arthur Maria Rabenalt: Gesammelte Schriften, Bd. 1), S. 9. (Darin: Die Oper vor der Entscheidung. 1930, S. 7–41.)
13 Erhardt: Opernregie, S. 43.

beginns verwurzelt sind. Regiearbeit bedeutete für sie immer die Suche nach dem „Eigentlichen" des Werks, nach der Freilegung von dessen Wesenskern, und den Schlüssel dafür suchten und fanden sie in der Musik. Felsenstein – als Ältester unter ihnen noch in der Sphäre handwerklicher Professionalität des deutschen Stadttheaters der Zwischenkriegszeit aufgewachsen, bevor er von 1947 an als Chefregisseur und Intendant der Ostberliner Komischen Oper das Privileg einer ganz und gar auf seine Person zugeschnittenen künstlerischen Wirkungsstätte genoss – nannte diesen allgemein-menschlichen, im Kern moralischen Gehalt des Werkes schlicht „Wahrheit". Dabei entzöge sich das Werk als solches – so sein ästhetisches Credo – jeder voreiligen Festlegung; sein Wesen offenbare es nicht im geschriebenen Text, sondern immer erst im Hic et Nunc der Aufführung und in der lebendigen Vermittlung durch die Sängerdarsteller. So hat sich Felsenstein in seiner Regiearbeit gegenüber der tradierten Form eines Werkes bemerkenswerte Freiheiten erlaubt, wenn sie ihm vom dramatischen Sinn her erforderlich erschienen. Das galt vor allem dann, wenn wie im Falle von Jacques Offenbachs *Les Contes d'Hoffmann* (1881) gar kein fertiges Werk überliefert war, sondern lediglich ein durch fragwürdige Aufführungstraditionen korrumpiertes Werk-Fragment. So basierte Felsensteins epochemachende Einstudierung von *Hoffmanns Erzählungen* (1958) angesichts des fehlenden „Originals" auf einer von ihm selbst vorgenommenen kritischen Revision der damals bekannten Quellen (von ihm korrekt als textliche „Bearbeitung" und musikalische „Einrichtung" ausgewiesen) als Versuch einer Annäherung an die Intention der Autoren. Auch wenn nach mittlerweile erfolgten neuen Quellenfunden zweifelsfrei feststeht, dass Felsensteins Rekonstruktionsversuch die dramatische Idee des Werkes in entscheidenden Punkten verfehlt hat, so hat er dennoch mit seiner Inszenierung – die Filmaufzeichnung belegt es auf glanzvolle Weise – den Charakter des Werkes, seine spezifische Aura perfekt getroffen und damit seine eigene Theaterästhetik einmal mehr überzeugend beglaubigt: Nicht im Wortlaut von Text und Musik offenbare das Werk seine „Wahrheit" (diese könnten ihr von Fall zu Fall sogar entgegenstehen), sondern allein im „erfüllten Augenblick" der Aufführung.

Auch die Regiearbeiten Wieland und Wolfgang Wagners, die nach dem Zweiten Weltkrieg von Bayreuth aus ein neues, entpolitisiertes Wagner-Bild kreierten (erstmals Wieland 1951 mit *Parsifal* [1882], Wolfgang 1953 mit *Lo-*

hengrin [1850]), wurzelten im Werkverständnis der Theateravantgarde des frühen 20. Jahrhunderts. Das Motto von Neubayreuth, das an einen Appell von Siegfried Wagner aus dem Jahr 1925 anknüpfte, brachte es auf den Punkt: „Hier gilt's der Kunst", verstanden als Freilegung eines „reinen" Kerns der Wagnerschen Tonsprache von allem vermeintlich nur zeitbedingten Beiwerk und seine Umsetzung in eine ebenso vermeintlich zeitlose Bildsprache aus symbolhaften Formen und Farben. Die Elemente dafür entnahm man Bühnenbildkonzepten der Moderne (Adolphe Appia u.a.), die ihrerseits an antike Theaterformen anknüpften, und schuf daraus einen eigenen eklektizistischen Stil, der nicht zuletzt durch den mit ihm verbundenen Bayreuth-Nimbus die Musiktheaterregie zeitweilig stark geprägt hat. Sein Schöpfer war zweifelsohne Wieland, sein Vollender ebenso unbestritten Wolfgang Wagner, dem es bereits 1960 mit seiner Inszenierung des *Rings* (1876) gelungen war, das Markenzeichen von Neubayreuth: die „Scheibe" als zentrale Spielfläche durch Fragmentierung in Segmente und durch deren Dynamisierung zum szenischen Gestaltungsmittel aufzuwerten und somit der symbolischen Form dramatische Qualität abzugewinnen. Somit erwies sich das Neubayreuther Stilmodell in seiner strengen Form bereits nach weniger als einem Jahrzehnt in seinen Möglichkeiten als weitgehend ausgereizt, wozu auch beigetragen haben mag, dass seine Anwendung außerhalb des Wagnerschen Œuvres nur in seltenen Fällen dramatisch plausible Lösungen zuließ. Die historische Bedeutung dieses Sonderwegs, von dem auch seine Schöpfer in ihren späten Arbeiten vorsichtig abrückten, liegt paradoxerweise in seiner Unzeitgemäßheit: in der Tatsache nämlich, dass hier mit der Betonung der visuellen Komponente des Theaters mittels Abstraktion und Stilisierung am Theatererbe der klassischen Moderne noch zu einem Zeitpunkt festgehalten wurde, als der Mainstream der Opernregie sich längst in anderen Bahnen bewegte.

Anders als Felsenstein und die Wagner-Enkel fand Luchino Visconti als Regisseur erst spät zur Oper, wenngleich diese ihm seit seiner Kindheit bestens vertraut war. Der linke Aristokrat galt bereits als einer der profiliertesten Film- und Schauspielregisseure seines Landes, als das Erlebnis der Stimm- und Darstellungspräsenz von Maria Callas ihm die Oper als weiteres künstlerisches Betätigungsfeld eröffnete, zunächst exklusiv in Zusammenarbeit mit dieser Sängerin und inspiriert durch ihre Kunst. Viscontis Film- und Schauspielerfahrungen einerseits, sein tiefes von Stimme und Gesang geprägtes Verständnis für die Oper andererseits fügten sich zu einer subtilen ästhetischen Balance, die seine Regiearbeiten in den verschiedenen Genres wechselseitig befruchtete und ihnen ein durch und durch persönliches künstlerisches Profil verlieh. Für die Oper bedeutete dies ein unbedingtes Festhalten am Primat der Musik, nicht hingegen an einem textuell fixierten „Werk". Dessen äußere Strukturen waren für Visconti nie sakrosankt, Kürzungen daher für ihn kein Tabu, wenn sie der Verdeutlichung des musikalischen Dramas dienten. Dieses erschien ihm nicht als eine unveränderliche Größe, sondern erschloss sich immer wieder neu in wechselnden historischen, und das hieß für Visconti als den Mitbegründer des neorealistischen Films und Theaters: gesellschaftlichen Kontexten. So waren auch seine Inszenierungen immer wieder geprägt durch Spiegelungen und Brechungen verschiedener Zeitebenen – der Handlung des Stücks, seiner Entstehung und seiner Rezeption –, die auf subtile Weile zitathaft miteinander verknüpft wurden. Solcherart Multiperspektivität verlieh den Regiearbeiten Viscontis nicht selten einen manieristischen Zug, etwa seiner Inszenierung von Bellinis *La Sonnambula* (1831) für die Mailänder Scala 1955, in der er die pastorale Handlung mit stilistischen Anleihen beim romantischen Ballett, dem der Stoff tatsächlich entstammt, als Hommage an die Primadonnenoper und ihre aktuelle Repräsentantin Maria Callas zelebrierte, um das Stück in der virtuosen Schluss-Cabaletta zum Publikum hin, d.h. in die gegenwärtige Gesellschaft hinein, zu öffnen.

Als selbstreflexives „Theater aus Musik" standen die Operninszenierungen Viscontis zwar noch in der Tradition der Theatermoderne des frühen 20. Jahrhunderts, entwickeln deren Ästhetik jedoch weiter in Richtung eines Pluralismus der Stile und Formen, der den Beginn einer neuen Epoche der Musiktheaterregie ankündigte. Mit der „postmodernen Beliebigkeit" des „anything goes" indes hat Viscontis Ästhetik nichts gemein, wurde doch auch sie getragen von dem unerschütterlichen Glauben an die „Wahrheit" des Kunstwerks, für die in der Oper der Komponist bürgt und der Regisseur als dessen Sachwalter – frei und dennoch verantwortungsvoll – einzutreten hat.

Dass er auf den „Fundamenten der Wahrheit" baue, war bereits für Monteverdi das Signum des modernen Komponisten; aus den Gefühlsschichten des Mythos und der Geschichte haben Opernkomponisten seitdem ihre Stoffe und

Themen bezogen und für die jeweilige Gesellschaft übersetzt. Dabei habe ihnen – so die Auffassung der führenden Repräsentanten der Musiktheaterregie in der ersten Hälfte des 20. Jahrhunderts – der Regisseur zur Seite zu stehen, indem er die Übersetzungsarbeit des Komponisten neuerlich aktualisiere. Mag ein solcher Anspruch sich auch historisch als brüchig, wenn nicht gar als unhaltbar erweisen, so bezeugt doch seine konsequente Umsetzung jenes Moment existenzieller Unbedingtheit, die ein Synonym für Wahrheit sein kann.

Rainer Simon

Wahrhaftige Treulosigkeit

Abkehr vom Werkbegriff im Musiktheater

Die Diskussion über die Treue zum Werk setzt sich vornehmlich mit der Frage auseinander, inwieweit dramenbasierte Aufführungen den Vorgaben des Textes gerecht werden können. Egal, auf welche Seite sich die jeweiligen Diskutanten schlagen – auf die Seite derer, die „Eins-zu-eins-Inszenierungen", also eine absolute Treue gegenüber dem Text fordern, oder aber auf die Seite derer, die jede Aufführung eines Textes aufgrund der zu leistenden Interpretation als notwendigen Akt der Treulosigkeit begreifen – sie halten dem Werk letztlich in dem Sinne die Treue, dass sie es als wesentliche Grundlage der Darstellenden Künste begreifen. In diesem Beitrag stehen dagegen vor allem die „wahrlich Treulosen" im Fokus – jene Strömungen der Darstellenden Künste des 20. und 21. Jahrhunderts, die sich die Untreue zum Programm machen, indem sie nicht nur die Treue gegenüber dem Werk, sondern dieses selbst infrage stellen.

Die Abkehr vom Werkbegriff setzt einen solchen zuerst einmal voraus und hängt stark mit einer Öffnung bzw. einer Dynamisierung desselben zusammen. Daher will ich mich in drei Schritten den treulosen Tendenzen nähern: Den erwähnten Protagonisten entsprechend – den absolut Treuen, den untreuen Treuen und den wahrhaft Treulosen – werde ich von einem statischen Werkbegriff ausgehend dessen Dynamisierung und daraufhin die Abkehr von demselben in den Blick nehmen. Abschließend werde ich auf die Frage eingehen, inwiefern die Administration von Kulturbetrieben auf die Produktion von wahrhaft treulosen Projekten ausgerichtet ist.

Selbstredend ist die klare Dreiteilung, die meinen Ausführungen zugrunde liegt, in der Kunstpraxis nicht vorzufinden und wird hier nur heuristisch vollzogen. Obgleich eine Abkehr vom Werkbegriff genreübergreifend zu beobachten ist, werde ich sie aufgrund der Ausrichtung dieses Bandes vor allem an Beispielen aus dem Bereich Musiktheater[1] veranschaulichen.

---

1 Da in diesem Beitrag vor allem die wahrhaft treulosen Tendenzen ins Zentrum der Diskus-

1. Statischer Werkbegriff

In *The Imaginary Museum of Musical Works. An Essay in the Philosophy of Music* datiert Lydia Goehr das Aufkommen des Werktreueideals in der Musik auf den Beginn des 19. Jahrhunderts zurück, betont aber an verschiedenen Stellen, dass es bis heute fortwirke.[2] Der Musikwissenschaftler Christopher Small diagnostiziert, dass es sich in der Musik letztlich erst in der zweiten Hälfte des 20. Jahrhunderts vollständig etabliert habe.[3] Die Grundlage für die Forderung nach Werktreue bildet ein sehr konservativer und statischer Werkbegriff. Ohne eine definitive Bestimmung anvisieren zu wollen, seien hier vier Implikationen eines solchen Werkbegriffs genannt, die sowohl für eine Dynamisierung als auch für eine Kritik an demselben maßgeblich sind: 1. Das Kunstwerk ist ein Objekt mit einem vom Komponisten- und Rezipientensubjekt losgelösten Dasein. Es existiert auch nach dem Tod seines Schöpfers und unabhängig von dem je nach Zeit und Kulturkreis variierenden Publikum. 2. Es stellt eine abgeschlossene Sinneinheit dar, der sich eine eindeutige Bedeutung zuweisen lässt. So ließe sich zum Beispiel sagen, *La Traviata* handle von der Ächtung einer Prostituierten durch die Gesellschaft, die ihr eine Liebesbeziehung zu einem sozial höhergestellten Mann untersagt. 3. Das Kunstobjekt ist auf Dauer angelegt – oder radikaler formuliert: Es ist unveränderlich. So hieße, *La Traviata* umzuschreiben, die Bedeutung des Werkes und damit es selbst zu verfälschen. 4. In den Darstellenden Künsten und somit auch im Musiktheater bildet der Text das abgeschlossene, unveränderliche Objekt; die Aufführung ist lediglich dessen Realisation.

Im Kontext der Werktreuedebatte scheint gerade die letzte Annahme für die Werktreueverfechter wesentlich zu sein. Den Aufführenden (Sängern, Dirigenten, Regisseuren usw.) wird lediglich die Funktion von Ausführenden eines Textes, weniger die von eigenständigen, kreativen Künstlern zugestanden. Eine

---

sion gerückt werden sollen, lege ich meinen Ausführungen einen weiten Musiktheaterbegriff zu Grunde, der auch freie Musiktheaterprojekte und musiktheatrale Performances umfasst.

2 Vgl. Lydia Goehr: The Imaginary Museum of Musical Works. An Essay in the Philosophy of Music. Oxford 1992.

3 Vgl. Christopher Small: Musicking. The Meanings of Performing and Listening. London 1998, S. 116.

Rechtfertigung für diese Sicht lässt sich unter anderem in Äußerungen großer Komponisten wie Igor Strawinsky finden: „Dirigenten, Sänger, Pianisten, alle Virtuosen sollten immer wissen und sich einprägen: Wer nach dem verpflichtenden Titel eines Interpreten trachtet, muss vor allem eine Bedingung erfüllen: zunächst ein unfehlbarer Ausführender zu sein. Das Geheimnis der Vollkommenheit besteht vor allem in dem Respekt vor dem Gesetz, welches das Werk dem Ausführenden auferlegt."[4]

2. Dynamischer Werkbegriff/offenes Kunstwerk

Im Laufe des 20. Jahrhunderts – vornehmlich im Zusammenhang mit den historischen sowie mit den Neo-Avantgardebewegungen der 1950er- und 60er-Jahre – bildet sich eine dynamischere Werkvorstellung heraus. Diese wurzelt vor allem in der Kritik an einem statischen Werkbegriff, ohne allerdings zwangsläufig in die vollkommene Abkehr von einer Werkvorstellung zu münden. Die für die Dynamisierung konstitutive Kritik richtet sich vor allem auf folgende Aspekte:

1. Objekthaftigkeit: Im Sinne der Rezeptionsästhetik[5] lässt sich der Vorstellung, dass ein Werk eine vom Rezipientensubjekt zu unterscheidende Entität darstelle, entgegnen, dass die Ästhetizität eines Werkes stets auf seiner Wirkung beruhe, die sich im Dialog zwischen Kunstobjekt und wahrnehmendem Subjekt entfalte. Wenn wir über das Wesen eines Werkes reden, dann nicht über ein Objekt an sich, sondern vor allem über dessen historisch bedingte Rezeption. Dementsprechend steht in Pipers *Enzyklopädie des Musiktheaters* neben den Rubriken Entstehung, Handlung und Kommentar zu jedem erwähnten Werk ein Abschnitt zu dessen Wirkungsgeschichte.[6]

---

4 Igor Strawinsky: *Musikalische Poetik*. In: Ders.: Leben und Werk – von ihm selbst. Mainz 1957, S. 239.

5 Sog. Konstanzer Schule, vgl. Rainer Warning (Hg.): Rezeptionsästhetik. Theorie und Praxis. Stuttgart 1994.

6 Carl Dahlhaus/Forschungsinstitut für Musiktheater der Universität Bayreuth unter Leitung von Sieghart Döhring (Hg.): Enzyklopädie des Musiktheaters, (Bd. 1–6). München/Zürich 1986–1997.

2. Abgeschlossene Sinneinheit: Mit unterschiedlichen Rezeptionen gehen natürlich auch verschiedene Deutungen einher. In *Das offene Kunstwerk* bemerkt Umberto Eco, dass Kunstwerke von Künstlern zwar als geschlossene Sinnzusammenhänge intendiert, aber zugleich stets für viele verschiedene Interpretationen der Wahrnehmenden offen seien: „Im Grunde ist eine Form ästhetisch gültig gerade insofern, als sie unter vielfachen Perspektiven gesehen und aufgefasst werden kann und dabei eine Vielfalt von Aspekten und Resonanzen manifestiert, ohne jemals aufzuhören, sie selbst zu sein (ein Verkehrsschild dagegen kann ohne Irrtum nur in einem einzigen Sinne aufgefasst werden [...])."[7] Neben dieser Offenheit aller Kunstwerke gegenüber verschiedenen Deutungen auf der Wahrnehmungsseite bemerkt Eco bei einzelnen, vornehmlich in der Mitte des letzten Jahrhunderts entstandenen Werken auch eine Öffnung auf der Produktionsseite: So seien Stücke wie Stockhausens „Klavierstück XI" nicht vollendet, sondern würden ihren Interpreten dadurch, dass sie über die Abfolge verschiedener Kompositionsteile entscheiden müssten, die Möglichkeit zum kreativen Mitgestalten und dadurch zum Vollenden der Komposition geben.

3. Zur Unveränderlichkeit: Wenn die Ästhetizität von Werken auch in ihrer historisch bedingten Wirkung begründet liegt, dann verändern sich Werke mit ihrer Rezeption. Doch selbst wenn die Wahrnehmung eines Werkes ausgeblendet und nur der Objektpol – der Notentext – in den Blick genommen wird, so lassen sich auch hier Transformationen in der Zeit bemerken. Musikalische Texte wurden vor allem vor, aber auch noch während des 19. Jahrhunderts und bis ins 20. Jahrhundert hinein immer wieder verändert und dem ästhetischen Empfinden der jeweiligen Zeit sowie den konkreten Aufführungsbedingungen angepasst. Verschiedene Editionen ein und desselben Werkes belegen, dass auch der scheinbar konstante Werkkern – der Notentext – Transformationen unterworfen ist.

4. Text als Werkkern der Darstellenden Künste: Unter Bezugnahme auf Wittgensteins „Familienähnlichkeit" bestreitet der Musikwissenschaftler Nicholas Cook,[8] dass Musikwerke einen notierten Kern hätten. Einer „vertikalen" Werkauffassung, bei der einem Original verschiedene Interpretationen entsprin-

---

7   Umberto Eco: Das offene Kunstwerk. Frankfurt a.M. 1977, S. 30.
8   Vgl. Nicholas Cook: *Between Process and Product. Music and/as Performance.* In: Music Theory Online 7 (April 2001), Abschnitt 16f.

gen, setzt er eine „horizontale" Werkvorstellung entgegen, bei der sämtliche Texte – ob Autograf oder nicht – und Aufführungen „Instantiierungen" bzw. „Familienmitglieder" eines Werkes sind, ohne dass dieses einen ontologisch vorgängigen Kern besäße. Aufführungen lassen sich somit nicht mehr als bloße Realisationen einer im Text verorteten Werkgestalt, sondern als eigenständige und den Textvorlagen gleichwertige „Angehörige" eines Werks begreifen.

Trotz Einbeziehung des rezipierenden Subjekts lässt eine dynamische Werkvorstellung nach wie vor eine Differenzierung in Schöpfer-, Werk- und Rezipientenpol zu. Dem Text als einer wesentlichen Grundlage der Darstellenden Künste wird auch von diesem Standpunkt aus weiterhin die Treue gehalten. Dennoch werden Werke nicht mehr als unveränderliche, abgeschlossene Objekte, sondern als dynamische, offene Gebilde, die aus der Interaktion zwischen Wahrnehmungssubjekten und -objekten hervorgehen, aufgefasst.

Entscheidend für die Darstellenden Künste und das Musiktheater ist vor allem die Kritik am ontologischen Primat des Textes. Ein dynamischer Werkbegriff verhilft der Aufführung neben dem Text zu ihrem ganz eigenen Recht. Zudem verändert sich das Treueversprechen. Da die dynamischen Werktexte für eine Vielzahl an Interpretationen offen sind, schließt die Entscheidung des Aufführenden für eine einzelne stets eine gewisse Treulosigkeit gegenüber den restlichen Interpretationen ein. Eine neue Deutung und der damit einhergehende Akt der Treulosigkeit gegenüber alten Interpretationen finden allerdings, wie zum Beispiel bei Inszenierungen von Peter Konwitschny, Christoph Loy und Tatjana Gürbaca, ihren Ursprung und ihre Legitimation in einer ernsthaften Auseinandersetzung mit dem Werk und seinen bisherigen Deutungen – zum Beispiel mit verschiedenen Opernpartituren, der Aufführungsgeschichte und thematisch relevanten Texten, Filmen, Interviews etc. Als eine von vielen „Instantiierungen" wird die treulose Interpretation schließlich Teil des jeweiligen Werkes und öffnet es weiter. Treulosigkeit wird somit zu einem wesentlichen Moment der Treue gegenüber einem dynamischen Werk.

3. Abkehr vom Werkbegriff

Im Folgenden komme ich schließlich zu den wahrhaft treulosen Tendenzen, die sich gänzlich von den Implikationen eines (sei es statischen oder dynamischen)

Werkbegriffs loslösen. Erika Fischer-Lichte veranschaulicht in ihrer *Ästhetik des Performativen*[9] wesentliche Aspekte dieser Abkehr anhand von Marina Abramovićs Performance *Lips of Thomas*, die am 24. Oktober 1975 in der Galerie Krinzinger in Innsbruck aufgeführt wurde. Sie schildert, wie Abramović während ihrer Performance ein Glas Honig und eine Flasche Rotwein leerte, danach das Rotweinglas mit ihren bloßen Händen zerbrach, sodass sie zu bluten begannen, sich mit einer Rasierklinge einen fünfzackigen Stern in den Bauch ritzte, sich mit einer Peitsche geißelte und sich schließlich auf einen Eisblock legte, über dem ein Heizstrahler angebracht war, dessen Wärme den Block zum Schmelzen und ihre Wunde am Bauch immer wieder zum Bluten brachte. Nach zwei Stunden konnten einige Zuschauer die Torturen, denen sich Abramović aussetzte, nicht mehr ertragen, nahmen sie von dem Eisblock herunter und beendeten dadurch die Performance.

Es scheint offensichtlich, dass diese Performance kein Werk darstellte.

1. Ereignis versus Objekt: Bei Abramovićs Performance handelte es sich nicht um ein vom Schöpfer und Rezipienten unabhängiges Objekt bzw. um einen zu differenzierenden Objektpol, sondern vielmehr um ein Ereignis, an dem alle Anwesenden – ob Produzenten oder Rezipienten – zur selben Zeit am selben Ort beteiligt waren. Damit geriet die traditionelle Differenzierung in eine Produktions-, eine Werk- und eine Rezeptionsästhetik ins Wanken.

> „Denn wenn es nicht mehr ein Kunstwerk gibt, das über eine vom Produzenten und Rezipienten unabhängige Existenz verfügt, wenn wir es statt dessen mit einem Ereignis zu tun haben, in das alle – wenn auch in unterschiedlichem Ausmaß und unterschiedlicher Funktion – involviert sind, ,Produktion' und ,Rezeption' also in diesem Sinne im selben Raum und zur selben Zeit vollzogen werden, erscheint es höchst problematisch, weiter mit Parametern, Kategorien und Kriterien zu operieren, die in separierenden Produktions-, Werk- und Rezeptionsästhetiken entwickelt wurden."[10]

Die Beobachtungen, die Fischer-Lichte anstellt, lassen sich auf eine musiktheatrale Performance von Tobias Dutschke im Rahmen des Internationalen Klangkunstfests _tiefKLANG am 3. September 2009 in einem unvollendeten Berli-

---

9 Erika Fischer-Lichte: Ästhetik des Performativen. Frankfurt a.M. 2004.
10 Ebd., S. 22.

ner U-Bahnhof (Dresdener Straße Ecke Sebastianstraße) übertragen. Mit verschiedenen, im Raum verstreuten Gegenständen, wie Töpfen, Kanistern, einem Teekessel und einem Eimer, die zum Fundus des unterirdischen Rohbaus zu gehören schienen, erkundete Dutschke den Klang des Raumes und seines scheinbaren Inventars. Er schabte mit den Töpfen auf dem Boden, schlug mit den Kanistern gegen die Wände, die mal hohl, mal massiv klangen, schleifte den an einem Seil befestigten, scheppernden Teekessel hinter sich her, schöpfte mit dem Eimer Wasser aus einer Rinne und schüttete es wieder aus. Indem das Publikum sich frei im Raum bewegen konnte, erzeugte es durch das Hin- und Hergehen, das Hinsetzen und Aufstehen, durch das Herunterfallen einer mitgebrachten Wasserflasche ebenfalls Geräusche. Die auf die hallende Akustik zurückzuführende Präsenz der Publikumsgeräusche wurde hierbei nicht als störend, sondern vielmehr als Ergänzung zu Dutschkes Raumklangerkundung wahrgenommen. Weder produzierte noch reproduzierte Dutschke also mit dieser Performance ein von ihm und dem Publikum unterscheidbares Artefakt, sondern war vielmehr mit dem Publikum Teil eines Ereignisses, in dem Produktion und Rezeption zusammenfielen.

2. Materialität und Emergenz versus Bedeutung: Ein zentraler Bestandteil von Kunstwerken sind deren Bedeutungen – seien es nun im Falle eines statischen Werkbegriffs eine einzige oder im Falle eines dynamischen Werkbegriffs viele verschiedene. Das künstlerische Material dient vor allem der Bedeutungsstiftung und nimmt somit eine Zeichenfunktion ein. So deutet zum Beispiel das Thema, das im dritten Akt von Verdis *La Traviata* erklingt, während Violetta auf dem Sterbebett liegt, bereits im Vorspiel das Schicksal der Protagonistin an. Fischer-Lichte weist darauf hin, dass Abramovićs Performance zwar ebenfalls Bedeutungen zugewiesen werden können, dass hier aber letztlich vor allem die Körper- bzw. Materialhaftigkeit und die Emergenz dessen, was geschah, in den Vordergrund rückten und über die Zeichenhaftigkeit dominierten: „Dass Abramović sich plötzlich mit dem Rasiermesser in das eigene Fleisch schnitt, wog schwerer als die Tatsache, dass sie sich damit einen fünfzackigen Stern in die Haut ritzte, bzw. als die Bedeutungen, die sich dem Stern zusprechen lassen."[11] Ähnliches ließe sich auch über Dutschkes musiktheatrale Perfor-

---

11 Fischer-Lichte: Ästhetik, S. 55.

mance sagen: Die Tatsache, dass Dutschke mit Kanistern gegen die Wände schlug sowie mit Töpfen auf dem Boden schabte, und die dadurch erzeugten Klänge hatten weit höhere Priorität als die Bedeutungen, die sich diesen Ereignissen beimessen ließen. Dementsprechend berichtet Barbara Beyer in einem Schwerpunktartikel in der *Opernwelt*, dass Musiktheaterregiestudenten, die 2008 an der „Hochschule für Musik Hanns Eisler" ausgebildet wurden, weniger Interesse an der Vermittlung einer Werkinterpretation durch die Inszenierung, als vielmehr an der Herstellung von unerwarteten, körperlichen und körperlich affizierenden Ereignissen hätten.[12]

3. Flüchtigkeit versus Unveränderlichkeit: Selbst wenn ein offenes Werk der Darstellenden Kunst sich durch seine unterschiedlichen Rezeptionen, Aufführungen und Editionen fortwährend verändert, so bleiben diese Veränderungen doch Instantiierungen dieses einen Werkes. Nicholas Cook bezweifelt zwar die Existenz von ontologisch vorgängigen Werkoriginalen, nimmt aber dennoch eine dynamische, auf allen Instantiierungen beruhende Werkidentität an.[13] Musikwerke sind somit weder nur als flüchtige Prozesse noch nur als unveränderliche Produkte, sondern als Zwischenphänomene zwischen diesen Extrempolen zu begreifen. Die relativ unveränderliche, produkthafte Dimension von dynamischen Werken scheinen vor allem die über längere Zeiträume hinweg existierenden Werktexte zu bezeugen. Performances, wie die von Abramović und Dutschke hingegen, sind vollkommen flüchtig und unwiederholbar. Ihre Materialität, die laut Fischer-Lichte maßgeblich aus Körperlichkeit, Räumlichkeit, Lautlichkeit und Zeitlichkeit besteht, lässt sich nicht wie das Werk im Text konservieren, sondern entsteht und vergeht mit den jeweiligen Performances. Mit der Flüchtigkeit korreliert häufig ein mangelndes Interesse der Akteure an der Tradierung und Reproduktion ihrer Performances. Der Musiktheaterregisseur Matthias Rebstock, der bereits bei verschiedenen Musiktheaterproduktionen mit Tobias Dutschke zusammengearbeitet hat, äußerte sich auf einer Berliner Tagung an der Akademie der Künste im Februar 2010[14]

---

12 Vgl. Barbara Beyer: *Wahrheit existiert nicht mehr.* In: Opernwelt. Das internationale Opernmagazin, 50. Jg. (2009), H. 8, S. 34–39.

13 Cook: Between Process and Product, Abschnitt 18–19.

14 Der Titel der Tagung lautete: „Macht Ohnmacht Zufall. Spannungsfelder der Aufführungspraxis, Interpretation und Rezeption im Musiktheater des 19. Jahrhunderts und der Gegenwart".

dahingehend, dass Musiktheaterschaffende wie Heiner Goebbels, Manos Tsangaris, Jörg Laue und er selbst – alles Mitglieder der Forschungsgruppe „Composed Theatre" an den Universitäten Hildesheim und Exeter (UK) – kein besonderes Interesse an der Überlieferung ihrer Musiktheaterprojekte an die Nachwelt, sondern vornehmlich an ihrer Aufführung im Hier und Jetzt hätten.

4. Text als Vorlage versus Text als Material: Weder Abramovićs noch Dutschkes Performances lag ein Text, in dem eine Werkgestalt verortet werden könnte, zugrunde. Fischer-Lichtes Beschreibung zufolge sprach Abramović bei *Lips of Thomas* kein einziges Wort. Tobias Dutschke rezitierte zwar an einer Stelle einen kurzen, selbst verfassten Text, dieser diente allerdings nicht als Vorlage, sondern lediglich als eines unter vielen Materialien (wie zum Beispiel sein Körper, der Raum, die Klänge) zur Hervorbringung einer Performance. Laut der in diesem Band veröffentlichten Erhebung von Tatjana Gürbaca begreifen auch gegenwärtige Musiktheaterregiestudenten der „Hochschule für Musik Hanns Eisler" Werktexte nur als Material, das gekürzt, umgestellt, beliebig oft wiederholt und mit anderen Texten, aber auch anderen Medien, wie Filmen, kombiniert werden könne. Werktexte aufzuführen, heißt in diesen Fällen, sie als Material, nicht als Vorlage zu verwenden.

Treulosigkeit und Performativität

Abramović, Dutschke und andere werden zu wahrhaft Treulosen, indem sie sich von wesentlichen Implikationen eines – statischen oder dynamischen – Werkbegriffs gänzlich verabschieden. Um deren künstlerische Ergebnisse nicht nur negativ über ihre Untreue gegenüber traditionellen Werkvorstellungen zu bestimmen, da jene nicht immer intendiert ist, ließe sich Fischer-Lichtes Begriff der „Performativität" heranziehen und den gängigen Werkästhetiken eine Ästhetik des Performativen gegenüberstellen. Da Fischer-Lichte Aufführungen grundsätzlich als Inbild des Performativen begreift und ihre Ästhetik im Aufführungsbegriff fundiert – Fischer-Lichte verweist u.a. auf den gleichen Wortstamm der beiden englischen Begriffe „performance" und „performative" –, sind letztlich nicht nur die erwähnten Extrembeispiele, sondern alle (musiktheatralen) Aufführungen als performativ anzusehen.[15] Und in der Tat erscheint auch die Opernaufführung, in der versucht wird, *La Traviata* durch eine Eins-zu-eins-Inszenierung die Treue zu halten, nicht als unveränderliches Objekt oder relativ veränderliches Gebilde, sondern als flüchtiges Ereignis, an dem verschiedene Subjekte (Darsteller und Zuschauer) teilhaben. Auch sie hat Momente, die nicht textlich fixiert sind oder in denen die Zeichenhaftigkeit hinter der Materialität und der Emergenz der Geschehnisse zurücktritt. Abramovićs und Dutschkes Performances stellen insofern Extrembeispiele dar, als ihre Ereignishaftigkeit, die Materialität, die Flüchtigkeit, die Unabhängigkeit von einer Textvorlage und damit die Performativität entschieden in den Vordergrund und gleichzeitig in das Bewusstsein des Publikums rücken, indem dessen gängige, durch die Werktradition geprägten Rezeptionsmuster, die zum Beispiel auf das Erkennen eines Sinnzusammenhangs abzielen, unterlaufen und infrage gestellt werden.

Historisch stützt Fischer-Lichte ihre Ästhetik des Performativen auf künstlerische Entwicklungen der 50er- und 60er-Jahre. Dort hätte sich eine performative Wende sowohl in den einzelnen Künsten – in der Musik z.B. durch die Betonung der Performativität von Musikaufführungen durch Phänomene wie Stockhausens „szenische Musik", Dieter Schnebels „sichtbare Musik" oder Kagels „instrumentales Theater" – als auch durch das Entstehen einer neuen Kunstgattung, der Performancekunst, vollzogen.[16] Da sich Fischer-Lichte nach dieser einleitenden Feststellung vor allem auf Beispiele aus dem Sprechtheater und der Performance-Kunst konzentriert, geht sie nicht näher auf performative Entwicklungen des Musiktheaters in der zweiten Hälfte des 20. und zu Beginn des 21. Jahrhunderts, wie zum Beispiel das „Regietheater in der Oper", ein.[17] Charakteristische Momente dieses Regietheaters, wie das vielerorts diskutierte Anhalten der Musik im letzten Akt von Peter Konwitschnys Hamburger Inszenierung von

---

15 Fischer-Lichte: Ästhetik, S. 41 ff.

16 Fischer-Lichte: Ästhetik, S. 22 ff.

17 Zum Begriff vgl. Clemens Risi: *Die neuen „Meistersinger" und die Angst vor der Zerstörung.* In: Ders. u.a. (Hg.): Angst vor der Zerstörung. Der Meister Künste zwischen Archiv und Erneuerung. Berlin 2008, S. 274. Des Weiteren vgl. Jürgen Schläder (Hg.): OperMachtTheaterBilder. Neue Wirklichkeiten des Regietheaters. Leipzig 2006; und Barbara Beyer: Warum Oper? Gespräche mit Opernregisseuren. Berlin 2005.

Die Meistersinger, lassen sich als in hohem Maße performativ begreifen. Die Tatsache, dass hier Wagners Musik unterbrochen wurde und die Sänger zu diskutieren begannen, wog schwerer als die naheliegende Interpretation, dass Sachs' Gesang vom „Welschen Tand" heute nicht ohne Hinterfragung hingenommen werden kann, sondern diskutiert werden müsse. Das Publikum fühlte sich weniger durch diese Deutung als vielmehr durch den Akt des Unterbrechens des Wagnerschen Meisterwerks provoziert. Zudem wurde die Beteiligung aller Anwesenden an der Aufführung in besonderem Maße spürbar, indem die Sänger als Sänger das Publikum direkt ansprachen. Beispiele wie diese veranschaulichen, dass sich performative Tendenzen oft nicht von einem dynamischen Werkbegriff abgrenzen lassen, sondern vielmehr miteinander einhergehen können; so resultiert der Akt des Anhaltens bei den Hamburger *Meistersingern* gerade aus einer Öffnung des Werkes gegenüber aktuellen Lesarten.

Wahrhafte Treulosigkeit und Musiktheateradministration

Ausgangspunkt für diesen Beitrag war die Beobachtung, dass die wahrhaft treulosen Tendenzen in Werktreue-Debatten oft vernachlässigt werden. Abschließend möchte ich einen kurzen Blick auf die Administration von Musiktheaterbetrieben werfen, in denen sich diese Randständigkeit meiner Ansicht nach stark widerspiegelt. So scheinen Musiktheateradministratoren vor allem Werke ins Zentrum ihrer Arbeit zu stellen. Entweder sie beschäftigen sich – gemäß einer statischen Werkvorstellung – mit der Realisation von Kompositionen und richten das Profil ihres Hauses und die Gestaltung des Spielplans nach der Auswahl der Werke aus. Oder sie erweitern ihren Aufgabenbereich – gemäß einem dynamischen Werkbegriff – um die Beschäftigung mit Aufführungen. Inszenierungen, musikalische Interpretationen sowie die entsprechenden Akteure – Regisseure, Dirigenten, Sänger – bekommen bei der Gestaltung des Spielplans und des Profils des Hauses ein besonderes Gewicht. Die Produktion von Aufführungen, die weder von Werken ausgehen noch auf deren Herstellung abzielen, werden demgegenüber weitestgehend der Freien Szene und diversen Festivals überlassen, die das Administrieren von Ereignissen als maßgeblichen Teil ihrer Arbeit begreifen.

Sowohl Barbara Beyers Beobachtungen als auch Tatjana Gürbacas Interview-ergebnisse deuten darauf hin, dass vor allem jüngere Generationen von Musik-theaterregisseuren den wahrhaft treulosen Tendenzen zuzuordnen sind. Wollen Musiktheaterbetriebe diesen Künstlernachwuchs fördern, indem sie dessen Ar-beiten zeigen, und wollen sie ihrem eigenen Anspruch, zeitgenössisches Musik-theater im Zentrum der Kulturlandschaft zu produzieren, gerecht werden, müssen sie ihren Musiktheaterbegriff erweitern und Produktionsbedingungen schaffen, die auch „wahrhaft treulose Musiktheaterproduktionen" ermöglichen. Die in Gürbacas Interviews laut werdende Kritik an Opernbetrieben und die damit verbundenen Forderungen – wie z.B. die nach der Flexibilisierung der Kollektive – gilt es im Sinne der Auffassung, die Produktionsbedingungen hät-ten der Kunst zu dienen und nicht umgekehrt, ernst zu nehmen und zu über-prüfen.

Stephan Mösch

„Freier Gesang"

Beethovens *Adelaide* op. 46 : Überlegungen zu Werkstruktur und
Interpretationsästhetik

I. Ein Wort vorweg

Wenn es um szenische Deutungen des Musiktheaters geht, wird der Werkbegriff kontrovers diskutiert, seit es Regie im modernen Sinn gibt. Auf dem Feld musikalischer Interpretation scheint dagegen Gelassenheit zu herrschen : Gelassenheit, die aus einer communis opinio wächst. Man kann die Haltung mit einem Wort des Philosophen Albrecht Wellmer als „intentionalistische[n] Objektivismus" bezeichnen.[1] Gemeint ist damit : Intention und Klangvorstellung des Komponisten bilden für eine gelungene Interpretation das Maß der Dinge. Sie zu ergründen, ist Hauptaufgabe der Ausführenden. Kein Musiker wird ernsthaft behaupten, das „An-Sich" eines Werkes objektiv erreicht zu haben, sehr wohl aber, dass dieses „An-Sich" existiert und als Ziel permanent vor Augen und Ohren steht. In diesem Sinn legitimieren sich auch monomanische und mit dem Notentext frei umgehende Interpreten als Diener am Werk.

Der Werkbegriff, den diese Haltung voraussetzt, wurzelt im 19. Jahrhundert. Im Bereich der praktischen Interpretation dominiert er ungebrochen, obwohl seine ontologische Basis vielfach in Zweifel gezogen wurde. Ein Werk, das „an sich" existiert, sei – so Wellmer mit vielen anderen – pure Fiktion, ein „objektivistisches Phantasma"[2]. Werke können, so viel dürfte außer Frage stehen, ihre Existenz nur im Prozess klanglicher Realisierung behaupten : Weder ist ein „Werk" identisch mit dem Notentext, noch lässt es sich von seiner Interpretation lösen.[3] In seiner Fragment gebliebenen *Theorie der musikalischen Reproduktion* notierte Theodor W. Adorno in diesem Sinn : „Bedürftigkeit des Werkes

---

1 Albrecht Wellmer : Versuch über Musik und Sprache. München 2009, S. 90.
2 Wellmer : Versuch, S. 90.
3 Vgl. hierzu Hans-Joachim Hinrichsen : *Musikwissenschaft : Musik – Interpretation – Wissenschaft.*
   In : AfMw LVII (2000), H. 1, S. 78–90, hier : S. 85.

wie der Interpretation nach einander."[4] Eine entscheidende Folge dieser wechselseitigen Abhängigkeit besteht darin, dass „Treue" gegenüber dem Buchstaben nichts über die ästhetische Valenz besagt. Mit Blick auf Toscaninis Aufnahme der *Missa solemnis* hat Adorno das zugespitzt: „Es gibt [...] in der Treue zum Text eine Art Eulenspiegelei. Man kann Vortragsbezeichnungen so wörtlich nehmen, dass purer Unsinn resultiert."[5]

Das Wort von der „Treue" ist im gegebenen Zusammenhang ohnehin Hypothek. Sinn macht es allenfalls als Relationsbegriff, der das Verhalten gegenüber einem ästhetischen Potenzial bezeichnet, das permanent konkretisiert und aktualisiert werden muss. Damit rücken neben performativen auch historische Aspekte ins Blickfeld. Denn der Bezug zwischen Aufführung und Partitur kann sich dabei nur im geschichtlichen Kontext entfalten. Das ästhetische Potenzial eines Werkes lässt sich nicht von der Prozessualität ästhetischer Erfahrung trennen. Erinnert sei in diesem Zusammenhang an Hans-Georg Gadamers Vorstellung eines von innen heraus beweglichen Horizontes, „der über die Grenzen des Gegenwärtigen hinaus die Geschichtstiefe unseres Selbstbewusstseins umfaßt"[6]. Für die Folgerung, dass sich die Werke selbst bei alldem verändern, gibt es prominente Fürsprecher. Doch man muss nicht so weit gehen. Roman Ingarden wagt in seiner Ontologie einen Mittelweg, der der Paradoxie des Doppelbefundes nicht ausweicht. Er versteht Partituren einerseits als intentionale Gebilde, spricht aber auch von ihnen als „Werkschema" und bindet beides an den Rezeptionsvorgang: „Der geschichtliche Prozess der angeblichen Wandlung des Musikwerkes selbst ist in Wirklichkeit nur ein Prozess des Entdeckens und Aktualisierens immer neuer Möglichkeiten der zu dem Werkschema gehörigen potenziellen Gestalten des Werkes."[7]

Im Folgenden möchte ich ein Beispiel aus dem Bereich des Klavierliedes diskutieren, bei dem sich ein kulturgeschichtlich ortbares Selbst- und Werkverständnis der Interpreten besonders deutlich abzeichnet. Aufführungspraxis im Sinne eines (mehr oder weniger) historisch informierten Musizierens spielt dabei

---

4   Theodor W. Adorno: Zu einer Theorie der musikalischen Reproduktion. Frankfurt a.M. 2005 (hrsg. von Henri Lonitz), S. 301.

5   Ebd., S. 194.

6   Hans-Georg Gadamer: Hermeneutik I, Wahrheit und Methode. Tübingen 1990⁶, S. 309.

7   Roman Ingarden: Untersuchungen zur Ontologie der Kunst. Tübingen 1962, S. 134.

keine Rolle. Im gegebenen Zusammenhang gilt das Interesse vielmehr Bedeu-
tungs- und Kommunikationszusammenhängen, die das Kunstlied schärfer
hervortreten lässt als andere Gattungen. Insofern verdient der Liedinterpret
besonderes Interesse als Medium.

II. *Adelaide* – Aspekte eines Werkporträts

Adelaide, Beethovens op. 46, ist ein früher, von Emphase getragener, gleichwohl
penibel ausgearbeiteter Wurf. Er entstand Mitte der 1790er-Jahre, also zwei
Jahrzehnte, bevor Beethoven mit *An die ferne Geliebte* den Zyklus-Gedanken
gleichzeitig anstieß und zur Vollendung brachte, auch vor den strophischen, in
archaischer Größe gemeißelten Gellert-Liedern. *Adelaide* steht für sich. Das
Stück als „Lied" zu bezeichnen, wie es im Sinn späterer, normierender Gat-
tungstypologie immer wieder geschieht, geht an Selbstverständnis und Hörra-
dius der Entstehungszeit vorbei. Zwar wahrt Beethoven jene Einheit der Empfindung, die Friedrich von Matthissons Gedicht als Vielfalt formuliert (und die
von Gattungstheoretikern schon Mitte des 18. Jahrhunderts zur Substanz des
Genres gerechnet wurde). Doch entspricht die Vertonung eher dem, was um
1800 „Gesang" genannt wurde: eine Musikalisierung, die sich Sprachklang und
Inhalt jeder einzelnen Strophe gesondert widmet, den Text somit weniger in
Ton- und Harmoniefolgen überträgt (wie die Goethe-Vertonung Zelter'scher
Prägung) als vielmehr frei auslegt. Diese Art des „Durchkomponierens" war
ungewohnt, ja neu – auch wenn sie die Fesseln des Strophischen noch nicht so
radikal ablegt wie spätere Lied- und Balladenpraxis. Bei *Adelaide* findet sie
Rückhalt in einer thematischen wie harmonischen Konstruktion, zu deren Sub-
text Elemente der Sonatensatzform gehören. Die erste Strophe ließe sich dem-
nach als Exposition hören: B-Dur, kadenziell bestätigt, samt Ausweichungen
nach c-moll und d-moll. Die nächste Strophe wäre ein zweiter, die Dominante
festigender, mehr variierender als neu exponierender Expositionsteil – und damit ganz zeitgenössische Usance. Die dritte, mediantisch ausweichende Strophe
könnte als Durchführung gelten. Die vierte Strophe lässt sich reprisenartig
hören, insofern sie (im Allegro-Molto-Tempo) den diastematischen wie harmonischen Rückbezug zum Anfang herstellt und variierend steigert.

Doch gehen solche Höroptionen an der Mikrostruktur vorbei. Schon die zweite Strophe lebt von einer Variantentechnik, die Bausteine der ersten Strophe separiert und neu zusammensetzt. Beethoven komponiert ab Takt 17 Tonika und Dominantseptakkord flächig aus, drosselt das harmonische Tempo und nutzt die Triolenbewegung zur Emanation des Klangs. Parallel dazu verdichtet sich die Linie der Singstimme rhythmisch: Erstmals ist die Triole nicht mehr Maß der Dinge und wird deklamatorisch überformt. Mit der Diminution ist der charakteristische Quart-Sext-Auftakt verselbständigt und verfremdet zugleich. Die aszendente Sexte wird nachgeliefert, nun allerdings als Impuls zur Wechseldominante (T. 23–25). Der Kontrast zwischen insistierender Tonrepetition und sich daraus entladender, schneller Abwärtsbewegung – eine Kernidee des Stücks – kehrt in verdoppeltem Tempo wieder (T. 22/23), und der Wechsel von gebrochenen und ungebrochenen Akkorden schafft eigene architektonische Blöcke.

Dass die strophische Geschlossenheit des Gedichts zugunsten einer Verlaufsform gesprengt wird, schließt formale Rundung nicht aus: Die Mittel ändern sich, die Grunddisposition bleibt respektiert. Der Erstdruck bezeichnet *Adelaide* als „Cantata" – auch dies ein Hinweis auf die Differenz zum genuinen „Lied" der Zeit. Genauer in Beobachtung und Verortung fällt die Bezeichnung der *Berliner Musikalischen Zeitung* aus: „große Arie da due carattere"[8]. Zweiteiligkeit (langsam-schnell), großbogige Melodik, Steigerungsdramaturgie wie auch die Textwiederholungen gegen Schluss verweisen auf die italienische Oper, was wiederum im Wiener Lied um 1800 nicht ungewöhnlich war. Kein Zufall, dass die zweite Ausgabe von *Adelaide* (1803) neben der deutschen auch eine italienische Textfassung anbot. Charles Rosen versteht das Stück sogar als Hörfenster zur romantischen Oper Vincenzo Bellinis.[9] Nichts also von Pastoralmelodik oder jenem Volkston, für den sich Johann Abraham Peter Schulz stark machte und den die Vorlage nahelegen könnte.

Erweist sich *Adelaide* bereits auf der Ebene der Formdisposition als heterogenes, aus mehreren Quellen gespeistes, trotzdem innovativ-autonomes Gebilde,

---

8   Zitiert nach Thomas Seedorf: *Vokale Kammermusik*. In: Sven Hiemke (Hg.): Beethoven Handbuch. Kassel/Stuttgart 2009, S. 548–566, hier: S. 554.
9   Charles Rosen: Der klassische Stil. Haydn, Mozart, Beethoven. Kassel 1983, S. 429.

so zeigt Beethovens inhaltliche Ausgestaltung des Gedichts vollends, wie zielsicher er Präformiertes zusammenrafft und auf Ausblicke hin neu formuliert. Matthisson analogisiert nicht nur liebende Empfindung und Naturbilder. Er beschwört die Verschmelzung von äußerer Natur und der inneren des Menschen: eine für die Zeit überaus typische Vorstellung.[10] Die beflissene Beschaulichkeit freilich, mit der Matthisson versucht, Einheit und Ganzheit zu suggerieren, lässt Beethoven weit hinter sich. Seine Vertonung akzentuiert die subjektive Wahrheit der Naturbetrachtung. So lässt sich Emphase gewinnen und überhöhend steigern. Niemand denkt hier mehr an Anakreontik. Der *locus amoenus* wächst zum Ort für Visionen. Nicht zufällig kehrt der atemlos delirierende Duktus der letzten Strophe später in *Fidelio* wieder: bei Florestans „Ein Engel Leonoren, Leonoren der Gattin zugleich". Und nicht zufällig funktioniert die Idealisierung in beiden Fällen über die Evokation eines Namens, als „höchste[m] Empfindungs- und Kunstausdruck"[11]. Im Fall von Adelaide schließt das melodisch fließende Klangfarbspiel der Vokale beunruhigte Gegenwart und befriedete Zukunft zusammen.

Es wäre nach all diesen Befunden keineswegs abwegig, *Adelaide* (in vielfachem Sinn) als „freien Gesang" zu verstehen – ein Begriff, in dem bekanntlich das teils skeptische, teils ratlose Urteil der Zeitgenossen über Franz Schuberts „Lieder" mitklingt und der gerade deshalb so etwas wie innovative Schubkraft einfängt.

III. *Adelaide* als klingendes Allgemeingut

Betrachtet man den musikpraktischen Umgang mit *Adelaide* vor diesem Hintergrund, so erweist sich der Zeitabschnitt vor, während und nach dem Zweiten Weltkrieg als aufschlussreich. Es handelt sich um eine Umbruchphase in der Geschichte der Liedinterpretation, die mit dem Begriff eines Generationen-

---

10 Vgl. hierzu Peter Schleuning: Die Sprache der Natur. Natur in der Musik des 18. Jahrhunderts. Stuttgart/Weimar 1998, S. 157.
11 Norbert Miller: *Das Lied in der Lyrik des 18. Jahrhunderts*. In: Hermann Danuser (Hg.): Musikalische Lyrik, Tl. 1. Laaber 2004 (Handbuch der musikalischen Gattungen, hrsg. von Siegfried Mauser, Bd. 8.1), S. 408–434, hier: S. 428.

wechsels nur unzureichend bezeichnet wäre. Die Unterschiede, die *Adelaide* in der Gestaltung durch Heinrich Schlusnus, Peter Anders und Dietrich Fischer-Dieskau erfährt, sind grundlegender Natur. Sie betreffen neben und mit musikalischen Details den Kommunikationsraum, in dem sich ästhetische Gegenwart herstellt. Das soll im Folgenden erläutert werden, wobei diskologische Aspekte vernachlässigt sind. Auch um Interpretationskritik geht es nicht. Die könnte etwa daran anknüpfen, dass *alle* hier diskutierten Aufnahmen den ersten Teil von *Adelaide* so langsam nehmen, dass wichtige Bezüge verwischen. Beethoven hat nur selten „Larghetto" vorgeschrieben und bezieht es in *Adelaide* (wie das Allegro Molto) auf einen Alla-Breve-Takt. Im zweiten Satz des Violinkonzerts op. 61 dagegen bezieht sich „Larghetto" auf Viertel. Nimmt man den dortigen Puls zum Maßstab, der durch Sextolen- und Zweiunddreißigstel-Arabesken der Solovioline relativ klar nach oben hin eingegrenzt ist, müsste *Adelaide* schneller gesungen werden als üblich. Anders formuliert: Beethoven erwartet von der Singstimme ein klanglich und artikulatorisch überaus bewegliches Verhältnis zur kompositorischen Textur.

Heinrich Schlusnus (1888–1952) gehörte, wie Lotte Lehmann, Sigrid Onegin, Karl Erb und Gerhard Hüsch, zu jenen Künstlern, die sich nachhaltig für die Etablierung des Kunstlieds im Konzertleben einsetzten. Er begann seine Laufbahn 1915 als Heerrufer *(Lohengrin)* in Hamburg. Bereits zwei Jahre später wurde er an die Berliner Hofoper engagiert, wo er bis 1945 Ensemblemitglied blieb. Schlusnus war ein zentraler Protagonist der deutschen Verdi-Renaissance. Obwohl vom Stimmtypus her genuin lyrisch, sang er allein die Partie des Rigoletto in knapp 150 Aufführungen (eine Gesamtaufnahme entstand 1944; die Partner sind Erna Berger, Helge Rosvaenge und Josef Greindl). Seine ersten Aufnahmen stammen von 1917. Zwei Jahre danach spielte er Lieder von Richard Strauss ein – mit dem Komponisten am Klavier. Zu seinen bevorzugten Begleitern gehörte später Franz Rupp (1901–1992), der auch bei der *Adelaide*-Aufnahme aus dem Jahr 1930 am Klavier saß.

Rupp artikuliert vom ersten Ton an melodisch, was später von der Singstimme übernommen wird: weniger Auftakt als thematische, metrisch bereits gebundene Dreiklangsbrechung. Das Tempo des Vorspiels schwankt und wird mit dem Einsatz der Singstimme gedrosselt. Schlusnus gibt Viertel bei etwa 84 vor, wird noch innerhalb des Vordersatzes langsamer. Dennoch liefert dieses

Tempo einen Schlüssel zur Interpretation: Wie eine Wegmarke wird es zu Beginn der ersten drei Strophen angepeilt. Man ist versucht, es als Grundtempo zu verstehen, wogegen freilich spricht, dass es an den formalen Schlüsselstellen zwar signalhaft erinnert, aber nicht gehalten wird. Die fast metronomische Klarheit, mit der Schlusnus und Rupp die Strophenform herausheben, ist Kehrseite extensiver agogischer Freiheiten. Allein in der zweiten Strophe nimmt sich Schlusnus aus drei Gründen Zeit: kadenzielle Wendungen (T. 27/28), ariose Passagen (T. 34/35) und kleine, textintensive Notenwerte (T. 22 und 30). Letzteres führt dazu, dass der Binnenkontrast zwischen insistierender Tonrepetition und sich daraus entladender, schneller Abwärtsbewegung eingeebnet wird.

Ähnliche Befunde in der dritten Strophe (T. 43 und 47): Rallentando, wie Schlusnus es praktiziert, nähert sich bisweilen sogar einem Ritenuto an. Um die Vertonung der Worte und Satzteile auszugestalten, wird abrupt verlangsamt. Der Notentext erscheint dabei lediglich diastematisch verbindlich, sehr viel weniger in seinen rhythmisch-metrischen Einheiten. Von großer Bedeutung ist dagegen die Entfaltung der Stimme, ihre klanglich-energetische Verdichtung in oberer Mittellage und Höhe, ihr natürliches Klangspektrum bei ruhigen Notenwerten, die Wahrung ihres wohlgeformten Timbres, gesangstechnisch gesprochen: ihrer stets ausgewogen genutzten Klangräume.

Auch die Dynamik folgt im Wesentlichen diesen Faktoren. So mündet die Fermate am Ende der dritten Strophe keineswegs in ein Forte, das sich als Doppelpunkt vor dem Allegro-Molto-Teil verstehen ließe, sondern wird zum Piano gedimmt: den Beginn der vierten Strophe quasi einleitend und sogar die Calando-Schlusswirkung der Takte 171–181 vorwegnehmend. Die Fermate schürt hier keine Erwartung, sondern passt sich strengem Strophendenken an. Für den Allegro-Molto-Teil schlägt Rupp ein moderates Tempo an (Halbe ca. 94), das den Schritt hinaus über die ersten drei Strophen gering erscheinen lässt: Auch die finale Strophe gliedert sich ein in den großformatigen Rahmen. So variabel Schlusnus das Tempo handhabt, so wenig variiert er die Klangfarbe. Weder der rhythmisch komprimierte Einsatz zu Beginn der zweiten Strophe, noch die semantische Neujustierung der dritten Strophe, nicht einmal die sukzessive Häufung des Namens Adelaide (T. 14–17) veranlassen ihn, den Tonfall zu ändern. Trotz überaus belebter Agogik bleiben die Naturbeschreibungen Mitteilung, ohne dass die Sache selbst in Stimmklang gefasst würde.

Adelaide erklingt hier nachdrücklich als Strophenlied, rückt sogar in die Nähe eines Volkslieds. Sprache und Klang fließen natürlich; erzählender Gestus dominiert. Individualität der Ausführenden tritt zurück zugunsten eines klingenden Allgemeinguts, an das durch die Darbietung mehr erinnert wird, als dass es subjektiv ausgeschöpft würde. Ausdruck konstituiert sich als einheitliche und einheitsstiftende Kategorie. Das sollte jedoch nicht darüber hinwegtäuschen, dass einige musikalische Parameter äußerst frei behandelt werden, allen voran das Tempo. Das Wesen dieser Interpretation bestimmt sich durch eine fast paradoxe Mischung aus Gleichmaß und Rubato. Und es bestimmt sich, in weiter gefasster Perspektive, durch ein Verständnis, nach dem das „Werk" quasi objektivistisch vorausgesetzt wird – um sich dann umso detailreicher und freier ausgestalten zu lassen (im Sinn des Nicht-Notierten, aber Tradierten).

IV. *Adelaide* als Prozess

Wie *Adelaide* als Kette sich wandelnder musikalischer Gedanken klingt, führt Dietrich Fischer-Dieskau (geb. 1925) vor. Kantabilität und Prozesshaftigkeit sind dabei eng verwoben. Die Vielgestaltigkeit dieser Interpretation kommt bei einem Live-Mitschnitt der Salzburger Festspiele 1965 besonders zum Tragen (ohne dass sie sich gegenüber früheren Aufnahmen im Kern verändert hätte). Sie beginnt mit den ersten beiden Tönen. Gerald Moore spielt sie gleichgewichtig: der Auftakt nicht als Bestandteil quasi vormodellierter melodischer Periodizität, sondern ins Offene weisend. Die vier Takte des Vorspiels werden durch die Dynamik paarweise gegliedert. Auch Fischer-Dieskau setzt auf variierende Binnengliederung, sodass bereits die erste Strophe als mehrfacher Perspektivwechsel erscheint. Der Vordersatz wird semantisch als Ansprache genutzt („Einsam wandelt dein Freund"), gefolgt von Wahrnehmungs- (weniger: Situations-) Beschreibung („mild vom lieblichen Zauberlicht umflossen"). Der aszendente Quintsprung des Nachsatzes wirkt als klangliche Evokation einer Befindlichkeit. Die Namensnennungen von Adelaide sind unterschiedlich gestaltet. Der Kadenzschritt V⁷-I wird zunächst durch einen bruchlosen Crescendo/Decrescendo-Verlauf rhetorisch gerundet. Bei der zweiten Umspielung nimmt ein Diminuendo den exponierten Sept-Einsatz sofort zurück, verbindet sich zudem mit kleinem Portamento (T. 14–17). Fischer-Dieskau singt das trotz aller Vielgestaltigkeit im instrumentalen Sinn linear. Farbnuancen dienen der musikalischen Syntax und resultieren keineswegs aus Textartikulation (die nicht einmal beim Wort „zittert" gesondert bemüht wird).

Bei der zweiten Strophe folgt Fischer-Dieskau der vom Klavier vorgegebenen Dynamik – auch und gerade dort, wo es gesanglicher Bequemlichkeit widerspricht. Die Eigenlogik des Instruments Stimme ordnet sich dem musikalischen Verlauf unter (bei Beethoven stets eine besondere Herausforderung). Dazu gehört, dass der Einsatz T. 18 trotz tiefer Lage im oberen Bereich der Dynamik stattfindet und dann zurückgenommen wird (statt, was sich anbietet, zu crescendieren). Dazu gehört auch, dass „Schnee der Alpen" (T. 20/21) keine arios raumgreifende Phrase ist, sondern ins Diminuendo eingebunden wird (voluminös stattdessen wiederum der tief liegende Auftakt). Und dazu gehört schließlich, dass Spitzentöne (T. 32) – auf die Dynamik bezogen – Durchgangsnoten sein können.

Auffallend ist, dass und wie Fischer-Dieskau auf eine enge Korrespondenz zwischen Text- und Melodieverlauf setzt, gerade dort, wo sie der Komposition abgeht. Auch dafür bietet die zweite Strophe anschauliche Beispiele. Dass die punktierte halbe Note in T. 29 auf einer kurzen Silbe steht, nimmt der Hörer kaum wahr, weil Fischer-Dieskau sich durch eine Steigerung der Takte 27/28 Fallhöhe geschaffen hat und nun aus einem überraschenden Piano neu ansetzen kann. Bereits vorher hatte er die von Beethoven verlängerte Absilbe („Bild*nis*", T. 26) keineswegs verkürzt, sondern verlängert: Der Ton erscheint hier als reiner Ausdrucks-, genauer: als Sehnsuchtsträger, der den folgenden Sext-Aufschwung herbeizwingt.

Die Gesamtanlage der Interpretation entspricht einer Steigerungsdramaturgie. Das Grundtempo der ersten Strophe ist (Viertel etwa bei 72) ruhiger als bei Schlusnus, erhöht sich aber in der dritten Strophe. Der Allegro-Molto-Teil beginnt fast im Schlusnus-Tempo, steigert sich bis zu Halbe=112. Innerhalb der Strophen bleibt der Radius von Temposchwankungen klein. Trotzdem entsteht der Eindruck größerer Kontraste und Belebung als in der Vergleichsaufnahme. Das liegt sowohl an der flexiblen Handhabung von Dynamik, Phrasierung und Klangfarbe wie an der engen Verzahnung von Singstimme und Klaviersatz.

Die dritte Strophe setzt Fischer-Dieskau nicht nur durch leicht erhöhtes Grundtempo, sondern auch durch eine neue Klangschicht ab: So leise hat er im bisherigen Verlauf des Stücks noch nicht gesungen. Extreme Reduzierung der Dynamik, verbunden mit etwas schnellerem Tempo ist ein Steigerungsprinzip, das er auch bei anderen Stücken anwandte. Gerald Moore war hierbei ein kongenialer, spontan reagierender Partner. Keines von Matthissons Naturbildern nutzt Fischer-Dieskau zu deklamatorischer Ausmalung. Vielmehr folgt er auch hier dem Klaviersatz, singt antizipatorisch. Die erste Zählzeit von T. 48, wiewohl noch Bestandteil kadenzieller Bestätigung, wird keineswegs mit Blick auf Semantik gesungen, sondern wirkt durch ein winziges Crescendo als Vorbereitung auf den Septakkord des folgenden Taktes. Analog zum Crescendo des Klaviers öffnet sich der Klangraum der Stimme – nicht plötzlich, sondern vorbereitet. Umso drastischer der Kontrast zu T. 50/51, wo sich die Klangfarbe nicht erst (wie meist üblich) mit dem Verb, also am Ende der Phrase einstellt. Der Allegro-Molto-Teil fasst Staunen in Klang, wobei die Fermate (T. 69) als Scharnier dient. Naturschilderung als Kommunikationsform emotionaler Dringlichkeit kippt in eine Vision post mortem. Deren utopisches Potenzial birgt eine gesangstechnische Herausforderung: die Einheit von Kantabilität und sich steigernder, zunehmend kleinteiliger Deklamatorik. Fischer-Dieskau löst die Aufgabe im schnellen Tempo, indem er die Notenwerte so weit wie möglich mit Vokalklang füllt und Konsonanten *davor* unterbringt – eine Systematik, die schon von Johann Adam Hiller gefordert wurde, sich aber bei den Sängern der Vorkriegsgeneration kaum findet.

Der Hörer wird bei dieser Interpretation Zeuge einer Verlaufsform. Das Werk entsteht wie neu. Ausdruck erscheint als wandelbare, jedoch musikalisch jeweils genau definierte Kategorie. Artikulation und Dynamik treten dabei an Stelle von Rubati und Portamenti. Fischer-Dieskau ist kein dezenter Beobachter wie Schlusnus. Er formt als Interpret bewusst und nachdrücklich. Er macht *Adelaide* zum Anliegen seines Singens, Empfindens, Klangs. Dennoch eignet sich seine Darbietung den Tonsatz als Einheit von Singstimme und Klavier an, erstrebt als solche eine objektivierbare Werkdarstellung. Die Parameter werden dabei zunächst getrennt betrachtet, um dann neu zusammenzufinden, sich möglicherweise auch zu substituieren. Spontaneität erweist sich hierbei als eine des Erlebnishorizonts. Die Dichte kompositorischer Sachverhalte schließt vordergründig improvisatorischen Umgang mit dem Notentext aus. Das Verhältnis von Tempo und Artikulation ist grundlegend verändert.

Damit wird zumindest tendenziell Timothy Days Beobachtung gestützt, nach der Vorkriegsaufnahmen „more impulsive, vigorous, volatile, informal, vibrant" sind, „more improvisatory than we hear today and with much less attention to clarity of detail and precision".[12] Doch das Lied lehrt auch: Oft handelt es sich bei den ohrenfälligen Differenzen nicht um ein Mehr oder Weniger der genannten Kategorien, sondern um verschiedene Formen derselben. Dass diese Formen letztlich Verhaltensformen dem Notentext gegenüber sind, versteht sich von selbst.

Bezeichnenderweise hebt Adornos oben bereits zitierte Theorie den „im Text verschlossene[n]) Prozess" besonders heraus. Dieser „Prozess" sei nur durch das „Verhältnis der Einzelmomente zu einander" plausibel zu machen. So etabliert Adorno „Textur" als Zentralkategorie von Interpretation. Ein „Leben der Werke wie der Darstellung" werde kaum erreicht, wenn die „Nuance über den ganzen Sinn" entscheide. Von da aus fasst Adorno die Subjekt-Objekt-Problematik dialektisch zusammen: Objektivität sei nur „durchs Subjekt hindurch" realisierbar, genauer: „durch Tiefe der subjektiven Auffassung". Dabei stelle sich jeder leichtfertige Umgang vor das Werk: „Was man so musizieren nennt, ist im Allgemeinen nur Ich-Schwäche, das bloße sich Überlassen an Instrument und Idiom."[13] Es ist eine alles andere als zufällige Koinzidenz: Adornos Aufzeichnungen entstanden im Wesentlichen nach dem Zweiten Weltkrieg (bis 1959) – zu jener Zeit, in der Fischer-Dieskau sich durchsetzte. Wie der junge Bariton Lieder anging und was Adorno als idealtypisch entwarf, trifft sich, ohne dass dazu biografische Ingredienzien nötig wären. Die Vorstellung eines Werkes als zu belebende „Textur" (und Totalität) stößt sich ab vom parzellierenden Interpretationsstil der Vorkriegszeit.[14] Mit der Stilistik ändert sich die Kommunikationsform. Die auditive Persönlichkeit des Interpreten wendet sich mit verändertem Selbst- und Werkverständnis ans Publikum. Schlusnus trägt *Adelaide* von außen nach innen, Fischer-Dieskau von innen nach außen.

---

12 Timothy Day: A Century of Recorded Music. Listening to Musical History. New Haven/London 2000, S. 147.
13 Adorno: Zu einer Theorie, S.180 ff, 176, 158, 303.
14 „Ausdruck auf Kosten der Musik", lautet Adornos Verdikt. In: Adorno: Zu einer Theorie, S. 116.

V. L'amour de loin

Man kann solche tiefgreifenden Differenzen durch eine dritte Einspielung beleuchten, die nicht nur zeitlich zwischen den beiden bisher diskutierten entstand,
sondern auch interpretationsästhetisch eine Übergangsfunktion einnimmt.
Peter Anders (1908–1954) starb – ähnlich wie Fritz Wunderlich, mit dem er
eine frühe und intensive Aufnahmetätigkeit gemein hat – auf dem Höhepunkt
seines Ruhms. Der Tenor hatte zunächst im Buffo-Fach gesungen (Debüt 1932
in Heidelberg), sich aber über das lyrische, auch italienische Fach zu Heldente-
nor-Partien vorgearbeitet. 1948 sang er (im Studio des NDR) seinen ersten
Florestan, zwei Jahre später seinen ersten Otello, 1951 dann Walther von Stol-
zing an Londons Covent Garden. Hans Knappertsbusch hatte ihn nach Bayreuth empfohlen, der Vertrag war bereits fixiert. Für die ehrgeizige Edition
deutscher Kunstlieder, die ab 1933 beim Reichsrundfunk entstand und von
dem Pianisten Michael Raucheisen (1889–1984) initiiert und betreut wurde,
nahm Peter Anders über hundert Lieder auf. Diese Edition war als klingende
Enzyklopädie gedacht und kam schließlich auf zweieinhalbtausend Lieder. Sie
ist auf CD erschienen.

Zwei künstlerische Aspekte prägen sie generell. Erstens: Raucheisen setzte
sowohl auf arrivierte Namen wie Emmi Leisner, Willy Domgraf-Fassbaender
und Julius Patzak als auch auf junge Talente wie Elisabeth Schwarzkopf und
Hans Hotter. Lange Proben gehörten nicht zum Produktionsprinzip der Serie.
Es wird spontan musiziert, hellhörig und zupackend in Sachen Emotion, dabei
extreme Ausdruckswerte nicht scheuend. Um ausgeklügelte Interpretationen
ging es in keinem Fall. Zweitens: Zu einer wirklichen Partnerschaft zwischen
Klavier und Singstimme kam es nur, wenn Raucheisen seine Sänger lange
kannte. Ein herausfordernder, autonomer Begleiter ist er nie gewesen (auch
wenn seine Edition zweifellos Pionierarbeit war, ohne die spätere Reihen mit
Gerald Moore oder Graham Johnson undenkbar wären). Er passt sich den Sing-
stimmen bis zur Unterwerfung an (darin Franz Rupp ähnelnd), gibt ihnen die
Zeit, die sie sich nehmen, berücksichtigt bei der Dynamik eher die Lagen der
Stimme als die jeweilige Struktur des Klaviersatzes.

Die 1942 entstandene Aufnahme von *Adelaide* ähnelt derjenigen von Schlusnus in ihrer dezenten Grundhaltung. Allerdings heben Peter Anders' perfekt

hingegossene Linien das Stück über jede Volkslied-Vertrautheit ins Aristokrati-
sche. Es geht um hochherrschaftliche Minne, nicht um allgemeine oder gar
private Sehnsucht. Adelaide, so besungen, muss eine Gräfin sein. Deutlicher als
bei Schlusnus' verbindlicher Schlichtheit hört man bei Anders, dass es sich um
eine Liebe aus der Ferne handelt. Der stückinterne Kommunikationsradius ist
enger: Es könnte sein, dass die Angebetete von dieser Kundgebung gar nicht
weiß. In weiterem Zusammenhang vermittelt diese Interpretation eine fast
para-religiöse Vorstellung der Einheit von Mensch und Natur. Wäre es übertrie-
ben, aus Fischer-Dieskaus Emphase Sehnsucht nach Natur als unwiederbring-
lich Ganzem herauszuhören, einen Widerspruch zwischen Gegenwart und
verlorener Vollkommenheit, mithin eben: ein Stück Rousseau? Und artikuliert
– in diesem Hörkontext – Peter Anders nicht ganz gegenteilig so etwas wie den
Naturmythos als „ästhetischen Imperativ"?[15]

Man muss nicht so weit gehen. Fest steht: Mit Portamenti und Rubati als
Ausdrucksträger zeigt sich Anders im Stilhorizont der Vorkriegsgeneration. Interessanterweise deuten sich in seiner Interpretation aber auch Tendenzen an,
die zu einem anderen Verständnis führen. Grundsätzlich nämlich tendieren
Anders und Raucheisen zur Steigerungsdramaturgie, die sich vom sehr ruhigen
Tempo (Viertel etwa bei 63) aufbaut und in der die dritte Strophe, wie bei Fischer-Dieskau und Moore, durch leicht angehobenes Tempo eine Schlüssel-
funktion hat. Wie Fischer-Dieskau nimmt auch Anders die für das Klavier
vorgeschriebene Dynamik ernst (T. 10/11); wie dieser singt er häufig antizipatorisch, nutzt dazu die Evokation des Namens Adelaide nicht nur als zäsurie-
renden Schlusspunkt, sondern als Doppelpunkt. Die Takte 54 ff. stehen in der
dynamischen Schattierungsvielfalt Fischer-Dieskau in nichts nach. Was Anders
abgeht, ist dessen stimmtechnische Agilität sowie (damit verbunden) Schnellig-
keit und Präzision bei der Gestaltung von Details. So gelingt die dynamische
Reduktion T. 22/23 trotz verlangsamten Tempos nicht bruchlos. Verzierungen
sind Anders' Sache nicht (T. 46) und werden sogar rhythmisch umgebogen (T.
59 ff.). Bezeichnend auch die Takte 42 ff. (Gesangseinsatz der dritten Strophe):
Anders trägt zunächst in neutralem Tonfall vor, um erst mit dem abschließen-
den Verb („flüstern") deklamatorisch und farblich auf den Perspektivwechsel

---

15 Hierzu allgemein Schleuning: Die Sprache, S. 5.

des Textes zu reagieren. Fischer-Dieskau ist da ein vorausschauenderer Klangdramaturg, bezieht sich auf den Tonfall des Zwischenspiels und setzt T. 42 mit neuer Stimmfarbe und Dynamik ein.

Solche Details haben weniger mit stimmlicher Individualität zu tun als mit dem Denken in Musik. Insofern mag der hier vorgenommene, primär werkbezogene Vergleich statthaft sein, der die unterschiedlichen Stimmtypen (zu) wenig berücksichtigt: Peter Anders' Stimme ist sowohl Schlusnus wie Fischer-Dieskau an Volumen überlegen. Besonders bei hellen Vokalen erreicht sie eine Klangkonzentration und Expansionskraft, vor der die Mikrofone 1942 versagen mussten. Agilität bedeutet daher bei dieser Stimme etwas anderes als bei den Vergleichsaufnahmen. Unter interpretatorischem Aspekt, und nur um den ging es hier, erweist sich Anders als Künstler zwischen zwei Generationen, zwei Stilrichtungen, zwei Kommunikationsräumen.

Kunstgesang, das zeigt der Vergleich einmal mehr, ist ein Zeitphänomen, das mit der Idiosynkrasie des „Werkes" im Wechselverhältnis steht. „Das Kraftfeld, als welches die Interpretation die Musik je zu bestimmen hat", notiert Adorno, „ist immer zugleich das Geschichtliche – die Dialektik von Besonderem und Allgemeinem."[16] Statt einer obsoleten Diskussion um die sogenannte „Werktreue" kann sich historiografischer Anspruch deshalb nur am „Kreislauf von Produktion, Rezeption und Kommunikation"[17] orientieren. Das bleibt als Aufgabe reizvoll und schwer genug.

Die Aufnahmen:
Lieder 1927–1941, mit Erna Berger, Tiana Lemnitz, Walther Ludwig, Heinrich Schlusnus, Leo Slezak, Franz Völker u.a. Deutsche Grammophon 459 008.
Dietrich Fischer-Dieskau. Liederabende bei den Salzburger Festspielen 1957-1965, Folge V: Ludwig van Beethoven (13. August 1965); Gerald Moore, Klavier. Orfeo C 140 501 A.
Michael Raucheisen Edition, Folge 23 und 24, Lieder von Strauss und Beethoven. Membran 223079 303.

---

16 Adorno: Zu einer Theorie, S. 121.
17 Hinrichsen: *Musikwissenschaft*, S. 89.

Adelaide Larghetto

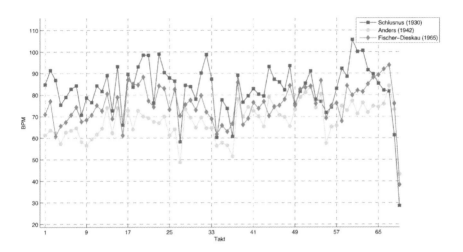

Adelaide Allegro molto

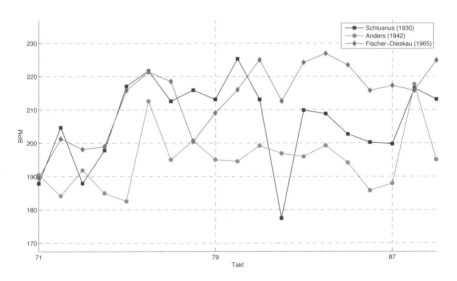

Die mit dem Sonic Visualizer erstellten Grafiken zeigen die Tempoverläufe der drei diskutierten Aufnahmen. Die Zeichen markieren den Mittelwert des jeweiligen Taktes.

Ludwig van Beethoven, Adelaide op. 46 (Auszug). Abdruck mit freundlicher Genehmigung des C.F. Peters Musikverlag.

10

Nach - ti - gal - len flö - - - ten: A - - de - la - i - - - - - de! A - bend - lüft-chen im zarten Lau-be flüstern, Sil - ber - glöckchen des Mais im Gra-se säu-seln, Wel-len rauschen und Nach-ti-gal-len flö-ten, und Nach-ti-gal-len flö-ten: A - - de - - la - i-de! A - de - - la - i - de!

Diskussion I

Mathias Spohr: Wenn man von Werktreue spricht, dann setzt man voraus, dass ein Werk etwas Lebendiges ist, denn etwas Totem kann man nicht treu sein. Das geht nicht. Man kann nur dem Lebendigen treu sein. Und deshalb ist auch das Publikum geneigt, Bilder und Opern und Melodien für lebendig zu halten, weil das Menschenwerk etwas ganz Wichtiges ist, etwas Lebendiges. Es gibt einen Unterschied zwischen „das Tote" und „der Tote". Die Toten, das sind Menschen, die zumindest nach christlicher Auffassung wieder auferweckt werden. Aber das Tote ist z.B. eine Opernfigur, der kann man nicht treu sein. Das war zumindest bis ins 18. Jahrhundert die Überzeugung.

Anselm Gerhard: Mir scheint der Hinweis sehr wichtig, dass man sich die Frage stellt nach dem Verhältnis von Treue zu Lebenden und Toten, möchte aber eine Gegenposition beziehen. Ich teile die Prämisse nicht, dass man einem Toten nicht treu bleiben kann. Es ist auch heute noch in unserer Gesellschaft selbstverständlich, auch wenn es seltener geworden ist, dass Ehepartner nach dem Tod des anderen Ehepartners sich weiter in Treue verbunden fühlen.

Bei der Frage nach der Werktreue geht es doch um Kunstwerke und nicht um Figuren. Die Figuren sind nur eine Funktion von Kunstwerken. Im dialektischen Sinne kann etwas gleichzeitig tot und lebendig sein kann. Bei dem Versuch, die historistisch geprägte Rezeption vergangener Werke zu rekonstruieren – ob diese nun lebendig oder tot sind –, erscheint es mir deshalb eine sehr wesentliche Komponente zu sein, dass diese vergangenen Kunstwerke auch etwas Totes haben, das man zwar wieder zum Leben erwecken kann, das man aber nicht dichotomisch für tot oder lebendig erklären kann.

Sieghart Döhring: Ich finde aber wichtig, die Auffassung zu betonen, die sich ab dem späten 18. Jahrhundert entwickelt hat: Wenn einem Künstler, der – im religiösen Sinne – schöpferische Kraft aufbietet, gelingt, etwas – sagen wir ruhig – Heiliges zu schaffen, das dann auch bewahrt und anerkannt werden muss.

Christian Peter Hauser: Ich möchte das Ganze reduzieren auf das Wort „Käsetoast". Wenn man über Notation spricht, muss einem bewusst sein, dass eben all unsere Notationen, die wir glauben zu erkennen, im Grunde unklar sind. Wenn ich z.B. das Wort „Käsetoast" lese, habe ich noch keine Ahnung, was für einen Toast ich bekomme. Ich kann ihn mit Graubrot kriegen oder mit Weißbrot. Ich kann ihn kriegen mit dem Käse oder dem Käse. Ich kann ihn mit Beilage kriegen oder ohne. Wir haben heute gehört, dass die ganze Problematik eigentlich damit anfing, dass Dinge aufgeschrieben wurden, dass der Text aufgeschrieben verbreitet wurde. Und ich glaube, genau das ist es. Wenn ich einen Text lese, glaube ich, ihn sofort verstanden zu haben und genau zu wissen, was der Autor wollte. Aber das weiß ich eben nicht, ich muss mir klarmachen, dass da ganz viele Interpretationsmöglichkeiten drin enthalten sind. Und daher glaube ich, dass das wirkliche Problem das ist: dass der Glaube existiert, dass man einen Text eins zu eins übersetzen kann.

Anselm Gerhard: Dem kann ich aus musikhistorischer Perspektive nur zustimmen und auch noch ein Beispiel hinzufügen, welches das Problem vielleicht noch anschaulicher macht: In den handschriftlichen Partituten venezianischere Opern aus dem 17. Jahrhunderts sind ja die Instrumente nicht vorgeschrieben und zum Teil auch nicht notiert, weil es ökonomischer war, das am Abend irgendwie zu entscheiden oder im Probenprozess zu entscheiden – und auch, weil es letztendlich nicht wichtig war. Uns ist das aber heute wichtig. Wir suchen nach Eindeutigkeit und haben gerade als Herausgeber von kritischen Ausgaben immer die größten Nöte, wenn es darum geht, ob punktierte Rhythmen, also punktierte Achtel plus Sechzehntel, den Achteltriolen angeglichen werden oder hintereinander klappern. Das ist ein großes Problem bei Aufführungen von Stücken von Schubert, aber zum Teil auch bei anderen Komponisten. Wir wollen da immer Eindeutigkeit. Aber wer weiß, vielleicht gibt es ja in fünfzig oder hundert Jahren Generationen, die sich darüber wundern, dass die Komponisten unserer Zeit in ihren Partituren nicht vorgeschrieben haben, ob da jetzt ein Steinway oder ein Bösendorfer verwendet werden soll. Das ist uns heute unwichtig. Aber angesichts der Tendenz, dass die Freiheit des Interpreten, des ausführenden Künstlers, in der Musik immer weiter eingeschränkt wird, werden zukünftig vielleicht auch

Vorschriften gemacht werden, die wir heute fast lächerlich finden, die aber ein Beispiel dafür bieten, auf was für einem Weg wir uns bewegen.

Maia Koberidze: Mir zeigt sich in diesem Phänomen eine ganz falsche Entwicklung unserer Gesellschaft. Wir versuchen, uns zunehmend in Grenzen zu bewegen, aber je mehr wir uns den Grenzen stellen, je mehr schränken wir unsere Freiheit ein. Wenn wir ins Theater kommen und meinen, die Wahrheit des Stückes zu kennen, aber dann sehen, dass es ganz andere Wahrheiten gibt, dann müssen wir das annehmen, weil das zu der Freiheit gehört, die wir einander geben müssen. Wir brauchen grundsätzlich viel mehr Freiheit im Leben. Wir haben zu viele Grenzen.

Rafael Romer: Aus postmoderner Perspektive lässt sich mit Begriffen wie „Wahrheit" vermutlich eher weniger anfangen, sie klingen anachronistisch. Trotzdem würde ich sagen, dass es eine interessante Diskussion wäre, ob man vielleicht nicht doch wieder Werte wie „Wahrheit" oder das „Absolute" auch post-postmodern akzentuieren könnte oder sollte. Wie mutet uns heute der Anspruch an, das Absolute ins Werk zu setzen oder das Absolute auf der Bühne Gestalt werden zu lassen?!

Gerhard Brunner: Ich maße mir keine endgültige Antwort dazu an, aber ich denke, dass es keine absolute Wahrheit gibt, sondern nur wechselnde Wahrheiten, subjektive Wahrheiten, die Wahrheit von gestern, von heute und gewiss auch von morgen.

Sarah Zalfen: Interpretation eines Werkes meint doch stets zweierlei. Zum einen wurde der Begriff „Interpretation" im Sinne von „Schreiben über etwas" gebraucht, zum anderen wurden Interpretationen als Reproduktionen oder Exekutionen in irgendeiner Form verstanden. Letztere steht hier eindeutig im Fokus.

Interpretationen sind aber doch gerade auch Texte jenseits der Partitur. Das fängt bei Opernführern an, die jeweils ihre Deutung des Werkes liefern und damit interpretieren. Das geht weiter beim Dramaturgen, der im Programmheft eine Interpretation des jeweiligen Stückes liefert – und endet noch lange nicht bei den historiografischen oder theaterwissenschaftlichen Schriften, die versuchen, ein Stück im Kontext der Geschichte, in der Biografie des Komponisten oder auch anhand der Selbstinterpretationen des Komponisten zu interpretieren. Es gibt also ein Konvolut an Schriftlichkeit, das in die Kategorie „Interpretation" gehört. Meine Frage an Sie ist deshalb, wie diese unterschiedlichen Elemente in das, was Sie Theaterwirklichkeit genannt haben, einfließt.

Gerhard Brunner: Ich möchte da meine Behauptung anschließen, dass die verschiedenen Schichten des Werks auch verschiedene Wertigkeiten haben, vom Notentext bis zu den szenischen Anmerkungen … Wie sieht das die Wissenschaft?

Laurenz Lütteken: Ein wesentlicher Bestandteil dessen, was wir Werk nennen, hat natürlich mit Schriftlichkeit und Textur auf sehr verschiedenen Ebenen zu tun. Ich glaube aber trotzdem, dass es eine ganze Reihe von dynamischen Prozessen ist, die zu jedem Werk dazu gehören. Ich gehe allerdings ein bisschen auf Distanz zu den Dekonstruktivisten, die sagen, dass auch die Rezeption ein genuiner Bestandteil des Werks ist, was dazu führen würde, dass das Werk nur noch in der Imagination der Rezipienten entsteht. Und das glaube ich eben nicht.

Wir haben, wenn wir es mit Personen der Vergangenheit zu tun haben, eine Verpflichtung ihnen gegenüber. Ich meine das in einem ganz hohen moralischen Sinne. Wir haben ja nichts anderes als das, was sie uns überliefert haben – und das sind unter Umständen nur Text und Noten, vielleicht auch Regieanweisungen oder Anmerkungen. Dazu gehören vielleicht auch noch bestimmte Dokumente oder Aufzeichnungen, seit es Tonträger gibt.

Was hat es aber dann mit dem integralen Anspruch dieses prozessualen Gebildes auf sich, mit dem wir angesichts der Bestände, die uns überliefert sind, konfrontiert werden? Es gibt da natürlich sehr viele Unschärfen und Aporien am Rande – und es ist die Aufgabe, sowohl des schriftlich deutenden Interpreten, wie des Musikers, wie auch des Regisseurs, da anzusetzen und zu sagen, da ist der Punkt, an dem eine Deutung möglich und notwendig ist. Das ist ein sehr verantwortungsvoller Vorgang. Es hat viel mit der Integrität dessen zu tun, was wir Werk nennen. Ich glaube also, dass der Interpret einen relativ großen Spielraum hat, weil sehr vieles da mit hineinfließt, aber nicht einen unendlich großen.

Hans-Joachim Hinrichsen: Bei der Frage nach den verschiedenen Schichten sind ja sowohl Textschichten als auch Schichten der Werkhaftigkeit – beide verbunden mit der Frage der Legitimität, die ja irgendwie auf komplizierte Weise damit zusammenhängt.

Ich habe ja über Instrumentalmusik gesprochen. Da könnte man zunächst denken, dass der Fall da einfacher liegt, weil die Gemengelage weniger komplex ist. Man soll sich aber nicht dadurch täuschen lassen. Tendenziell ist jede Interpretation eine Art Umgang mit dem Text, ob das nun dort notiert ist oder ob man das Orchester so manipuliert, dass es nur so klingt. Jetzt kommt dazu – und dann sind wir bei den Schichten –, dass bei einem Werk des Musiktheaters zu dem Notentext natürlich auch noch das Libretto dazukommt zusammen mit der Schicht, die sich wahrscheinlich sehr rudimentär in den Regieanweisungen abbildet. Das sind die Rahmenbedingungen, unter denen sich die Freiräume für den Interpreten öffnen – und die öffnen sich selbst beim fixiertesten fixierten Text, weil eben Text und Werk nicht identisch sind. Der Text wird damit zur Grundlage, aber irgendwie auch zur Begrenzung dieses Freiraums – gemäß dem Argument von Umberto Eco: „Man kann Interpretationen nicht verifizieren." Sie können also schlechterdings nicht sagen, ob eine Interpretation wahr oder richtig ist, aber sie lassen sich falsifizieren.

Texttreue ist nicht das, worum es bei der Werktreue geht, das ist klar. Das würde sonst bis zur Druckfehler-Anbetung führen. Trotzdem würde ich nicht sagen, dass Werktreue nichts mit Texttreue zu tun habe. Sie stehen in einem sehr komplizierten Verhältnis zueinander. Ins Spiel kommt da die philosophische Frage nach dem ontologischen Status eines Werks, das heißt, seiner Seins-Weise. Ein gemaltes Bild, das im Museum an der Wand hängt, hat eine andere Werkhaftigkeit und Gegenständlichkeit als ein musikalisches Werk. Wenn ich einen Botticelli, der in Frankfurt im Städel hängt, verbrenne, ist der weg. Und keine Reproduktion kann ihn wirklich ersetzen. Wenn ich meine Eulenburg-Partitur der *Eroica* verbrenne, ja, selbst wenn das Autograf verbrannt wird, ist die *Eroica* trotzdem noch da. Von vielen Werken haben wir ja keine Autografe. Die Werke sind trotzdem da. Deswegen hat Nelson Goodman die Musik nicht unter die autografen Künste einsortiert, sondern unter die allografen. Da entsteht sofort wieder die Frage, wo ist das Werk? In der Summe aller Aufführungen ist es nicht. In den Köpfen aller Hörer auch nicht. In der Partitur ist es auch nicht. Wo denn dann? Der Phänomenologe Roman Ingarden hat vorgeschlagen, das musikalische Werk habe sein „Seins-Fundament" in der Partitur. Da sind wir wieder beim Text, aber es ist nicht damit identisch. Einfach Werktreue statt Texttreue zu sagen, ist nur eine Scheinlösung.

Sarah Zalfen: Wie steht es denn um die Repertoirebildung? Bei aller Postmoderne oder Postdramatik, mit der heute inszeniert wird, wird doch immer den gleichen Werken die Treue gehalten. Deshalb meine Frage, ob sich in dem historischen Rückblick der Zusammenhang zwischen freier Entfaltung auf der einen Seite und Engführung des Repertoires auf der anderen Seite rekonstruieren lässt. Lässt sich denn historisch verorten, wann das Repertoire enger wurde und ob das mit dem jeweiligen Werkbegriff zusammenhängt?

Anselm Gerhard: Die Frage der Repertoirebildung ist eine Frage nach dem jeweiligen Stand des Historismus: In dem Moment, wo der Historismus sich durchsetzt, wird immer mehr Gegenwartskunst verdrängt und der Anteil der älteren Stücke wächst. Das dadurch entstehende Repertoire ist dann natürlich nicht besonders umfangreich, es ist aber auch nicht statisch.

Ich habe den Eindruck, dass im Moment eher eine additive Entwicklung des Repertoires über den Kern hinaus zu registrieren ist. Der Kern des Opernrepertoires wird überall gespielt, also der ganze Mozart, der ganze Verdi und der ganze Wagner und vielleicht auch noch Gounods *Faust* und Bizets *Carmen*. Aber darüber hinaus gibt es nicht nur additive Phänomene, sondern auch Austauschphänomene – Lortzing und Nicolai sind praktisch nicht mehr zu sehen, dafür aber andere wie Donizetti und Bellini.

Sieghart Döhring: Das Repertoire war niemals so groß wie heute. Wenn Sie glauben, im 19. Jahrhundert wurden mehr Werke gespielt – weit gefehlt. Am Anfang des 20. Jahrhunderts waren es Werke aus den letzten 150 Jahren Operngeschichte, die regelmäßig aufgeführt wurden. Heute umfasst das Repertoire Werke aus einem Zeitraum von 400 Jahren, also der gesamten Geschichte der

Oper, die durch eine Reihe Renaissancen vollständig gegenwärtig geworden ist. Und schon rein technisch bedeutet dies, dass natürlich das einzelne Werk, wenn so viele Stücke berücksichtigt werden müssen, nicht mehr so häufig gespielt werden kann. Das heißt, wir haben nur noch eine Handvoll Opern, vielleicht zehn oder zwölf, die ganz häufig gespielt werden. Das ist in der Tat wenig. Aber darüber hinaus gibt es viel mehr, die ab und zu gespielt werden.

Und dann kommt noch etwas hinzu: Es ist nicht mehr entscheidend, wie oft ein Werk tatsächlich auf welcher Bühne gespielt wird, wenn es durch die Medien präsent ist. Wenn an einem kleinen Haus eine Uraufführung gemacht wird, eine Uraufführung von einem alten Stück, das hundert Jahre nicht mehr aufgeführt wurde, dann kommt eine CD heraus und die wird weltweit einige tausend Mal verkauft. Versuchen Sie mal, durch Einzelaufführungen in der Provinz diese Zahl von Publikum zu erreichen. Das ist schlechthin gar nicht möglich. Das heißt, wir dürfen „das Repertoire" auch nicht mehr so definieren, wie wir es früher getan haben.

Und dann ist da noch das Problem der Sprache. Durch die Internationalisierung des Opernbetriebserscheint es praktisch kaum mehr möglich, Werke mit umfangreichen Dialogpartien zu spielen, weil die Interpreten aus aller Herren Länder sich auf eine einzige, von allen gleichermaßen beherrschte Sprechsprache einigen müssten, was sich in aller Regel als nicht realisierbar erweisen dürfte. Deshalb ist, seit die Internationalisierung den Opernbetrieb zu bestimmen begann, die Dialogoper bis auf wenige Ausnahmen verschwunden.

Gerhard Brunner: Ich wage zu behaupten, dass das, was man heute Repertoire nennen kann, sich in den 50 Jahren, seit ich Opern besuche, verdoppelt hat. Es gibt heute über den engen Kanon hinaus wahrscheinlich bereits zweihundert Operntitel, denen man mit einiger Regelmäßigkeit in den Opernhäusern der Welt begegnen kann. Wenn ich daran denke, dass man im Augenblick in St. Gallen *Alzira* von Verdi hören kann oder dass demnächst in Nürnberg *Emilia di Liverpool* von Donizetti aufgeführt wird, das nie irgendwo gespielt worden ist, oder in Saarbrücken die fragmentarische *Sakontala* von Schubert, dann ist das eine bemerkenswerte Entwicklung.

Laurenz Lütteken: Ich glaube, wir sind uns in dem Punkt einig, dass wir ein Abstraktum meinen, wenn wir den Begriff „Werk" benutzen. Ein hoch aggregiertes Abstraktum, wie man in den Sozialwissenschaften sagt. Und wir sind uns, glaube ich, auch einig, dass eine Aufführung, das musikalische Ereignis also, nicht das Werk ist. Aber was ist mit all den Details, die daraus abgeleitet werden? Was ist mit den Hinzufügungen von Bläserstimmen? Was ist mit einem Ritardando, das zwar gegebenenfalls durch bestimmte Quellen aus dem 18. Jahrhundert nachgewiesen ist, aber was ist mit dem Ritardando, das nur unserer Deutung entspringt? Das alles sind Teile der Realisierung. Und damit sind wir auf der Ebene, wo man sich immer wieder fragen muss: Darf man das – und wenn man es darf, warum?

II. Kunst

Peter Konwitschny

Was ist ein Werk? Was ist Treue?
Was Werktreue?

Werk

Etwas Neues muss es sein, etwas noch nie Dagewesenes. Eine eigentümliche geistige Schöpfung, die sich vom Alltäglichen, Landläufigen, üblicherweise Hervorgebrachten in einmaliger Weise unterscheidet. Diese Einmaligkeit muss aus der Persönlichkeit ihres Schöpfers entstehen und dadurch das Werk auch von anderen Werken eindeutig unterscheidbar machen.

Mit der Erfindung der Schrift tritt diese Problematik in eine neue Phase ein. Ein Sachverhalt, Geschichten, die Geschichte, werden fortan nicht mehr mündlich weitererzählt – wobei sie sich natürlich verändert haben –, sondern festgeschrieben. Sie werden mithin festschreibbar – am Wort überprüfbar und am Buchstaben. Zwei Möglichkeiten im Umgang mit dem Alten sind nun in der Welt: mechanisches Reproduzieren und dialektisches Aufheben.

Schon beim Lesen der *Ilias* müssen wir uns hüten, uns im Besitz eines Tatsachenberichtes zu glauben. Auch dieses Werk setzt sich aus Forterzähltem und Erfindung zusammen, erfüllt also die Kriterien der Interpretation, ist Kunst. Oder war Homer etwa dabei? Von *Elektra* gab es schon in Griechenland (mindestens) drei Versionen – Aischylos' *Die Choephoren*, dann Sophokles' *Elektra* und schließlich Euripides' *Elektra*, die nicht erhalten ist. Goethe verändert das Volksbuch *Doktor Faustus*, und Verdi formulierte zugespitzt: „Wahrheit abbilden ist gut, Wahrheit erfinden ist besser."[1] Auch Richard Wagners verändernde Eingriffe in die mythischen Vorlagen sind substanziell. Welche Differenz zwischen Eschenbachs *Parzival* und Wagners *Parsifal*! Selbst zwischen *Lohengrin* und *Parsifal* ändert Wagner ganz eigenmächtig den Aspekt, ob es Frauen im Gral gibt oder nicht. Im *Lohengrin*, 1851, lässt er Lohengrin sagen: „Mein Vater Parsifal" – und dazu gehört natürlich auch eine Mutter. Wir wissen, dass in den alten Grals-Geschich-

---

1 Verdis Brief vom 20. Oktober 1876 an Clarina Maffei, zitiert nach Anselm Gerhard/Uwe Schweikert: Verdi Handbuch. Stuttgart/Weimar 2001. Die Verdi-Briefausgabe von Hans Busch führt den Brief fälschlich unter dem 20. März 1876.

ten auch Frauen im Gral waren. Es gab auch eine Königin. Ein paar Jahre später, im *Parsifal*, sehen wir aber die Gralsritter unbeweibt, es gibt keine Frauen mehr in der Gralsburg. Nur Dummköpfe meinen, Wagner hätte da einen Fehler gemacht und es gar nicht bemerkt. Es ist höchst interessant, dass Wagner später im *Parsifal* einfach diesen Mythos ändert. Warum? Um seine Botschaft zu vermitteln, die sich im Zuge der moderner und damit extremer werdenden politischen, künstlerischen und sozialen Entwicklung, deren Teil Wagner selbst war, zu einer Ideologie verengte. So wie sich das Verhältnis zwischen Mann und Frau in der Gesellschaft verschärft, sind bei ihm auch im Gral nur noch Männer zu finden, die glauben, sie könnten nur etwas Gutes und Wichtiges in der Welt ausrichten, wenn sie sich der Frauen enthielten. Und die mit diesem Irrtum in eine Sackgasse geraten, aus der sie nicht mehr herauskommen, auch nicht mittels eines vermeintlich reinen Toren. Das war 1851 noch gar nicht im Blickfeld, es war sozusagen nicht nötig. Später aber wurde es dies und provozierte daher eine sehr gewichtige Veränderung, die Wagner in seinem eigenen Werk vorgenommen hat.

Ähnlich verhält es sich mit Brechts Bearbeitung des *Coriolan* von Shakespeare. Brecht ist 1955 in einer Diskussion mit Studenten gefragt, genauer, angegriffen worden: Das geht doch einfach nicht, den Shakespeare so zu verändern, und da sagte er: Doch, wenn man's kann.[2] Händel wiederum nahm ziemlich lax Nummern aus anderen seiner Werke in neue Werke hinein. Für den *Orest* z.B. entstand keine einzige neue Arie, er besteht zur Gänze aus dem Material anderer Werke, lediglich neu zusammengestellt von Händel. Handelt es sich dennoch um ein neues Werk? Bei Glucks *Alkestis* und Händels *Admeto* geht es um den gleichen Mythos, die beiden Werke sind jedoch sehr unterschiedlich in Form und Inhalt. Wie treu sind sie der Vorlage? Auch Offenbachs *Orpheus* weicht ziemlich von der vermeintlich so erhabenen Vorlage ab.

Deutlich ist: Nicht nur Regisseure verändern die Vorlagen, sondern schon die Autoren selbst gehen frei mit dem Vorgefundenen um, zu ihren Zwecken. Die alten Texte sind für sie Material. Also noch einmal: Dürfen die das? Ja, man darf das, wenn man es kann.

---

2 „Man darf es, wenn man es kann." – Sinngemäß zitiert nach dem Gespräch „Studium des ersten Auftritts in Shakespeares Coriolan". Bertolt Brecht: Gesammelte Werke, Bd. 16. Frankfurt a.M. 1975, S. 869.

Vor der Erfindung des Notendrucks waren die Komponisten bei der Inszenierung ihrer Werke zugegen, sie waren sozusagen selbst die Regisseure. Es gab weder den Regisseur noch eine Interpretation im heutigen Sinne. Die Interpretation hatten die Autoren vorher vorgenommen, beim Schreiben des Werkes. Die Frage der Werktreue war unter diesen Bedingungen noch nicht in der Welt. Sie war undenkbar, vor allem, weil sie unnötig war.

Erst Anfang des 19. Jahrhunderts nahm die Entfremdung zwischen den Autoren und ihren Werken bzw. der Aufführung ihrer Werke rapide zu. Die technische Reproduzierbarkeit und die vollständige und endgültige Einführung des Geldes in alle Tausch- und Warenbeziehungen schufen einen neuen Raum für ein altes Thema – die Treue und mithin auch die Werktreue. So, wie die Frau zum Objekt wird und Liebe käuflich (in einer bis dahin nicht gekannten Dimension). Das passierte zur gleichen Zeit.

Von Carl Maria von Weber zum Beispiel ist bekannt, welchen Schock es ihm versetzte zu hören, dass in Paris und London seine Werke, an denen er für eine Summe Geldes die Rechte abgetreten hatte, völlig verändert zur Aufführung kamen.[3] In der „Wolfsschlucht" im *Freischütz* komponierte er die Angst vor der teuflischen Undurchschaubarkeit der neuen ökonomischen Verhältnisse. Weber hat sich zwar furchtbar aufgeregt, war aber machtlos gegen die Eingriffe in seine Werke. Richard Wagner wiederum war einer der Ersten, die sich massiv und relativ erfolgreich gegen eine solche Behandlung seiner Werke zur Wehr setzten. Ähnlich wie später Brecht, der Modellbücher anlegen ließ, damit seine Stücke in vorbildhaften Inszenierungen an anderen Bühnen herauskamen, errichtete Wagner mit dem Bayreuther Festspielhaus eine Art bauliches Modellbuch. Er baute Bayreuth, um ein Vorbild für seine Auffassung vom Theater und für die Botschaften seiner Arbeiten zu schaffen. Als Autor verteidigte er sein Werk auch auf philosophischer Ebene auf eine neue Art und Weise. Natürlich richtete sich

---

3 „Rundschreiben an sämtliche Bühnen: Da, außer in Frankreich und England, das geistige Eigentum noch auf keine Weise gänzlich vor räuberischen Anfällen gesichert ist, diebische Kopisten und gewissenlose Musikhändler aber, wie zum Beispiel Zulehner in Mainz, selbst Bühnen vom ersten Range durch ihr Zudrängen verleitet haben, sich meine Werke auf unrechtmäßigem Wege zu verschaffen, so sehe ich mich genötigt, die Maßregel zu ergreifen. Dresden, im Januar 1826, C.M. von Weber", zitiert nach: Carl Maria von Weber: Kunstansichten. Leipzig 1975, S. 111 (siehe auch Anmerkung S. 291).

Wagners Bestehen auf dem Werktext auch gegen die Zensur. Aber er ging darüber hinaus: Ähnlich dem Bibeltext wurde der Kunstwerktext geheiligt. Wehe,
wenn die täglich nötige Exegese ausbleibt. Ohnehin sprach Wagner der Religion das Recht ab, absoluter ethischer Bezugspunkt und Wegweiser zu sein, und
propagierte, die Kunst müsse die Rolle der Religion übernehmen. Er schuf damit die Theorie des unantastbaren Gesamtkunstwerkes. Fünfzig Jahre später
bildete sich maßgeblich durch Richard Strauss zudem das Copyright heraus.
Hier ging es nicht mehr allein um die eigene Botschaft, sondern auch um die
eigenen Einkünfte. Erstmals in der Geschichte konnten Autoren als solche reich
werden – vielleicht bekamen deshalb ihre Produkte einen so bedenklichen Aspekt.

Durch diese doppelte Entwicklung hat sich der heutige Werkbegriff heraus-
gebildet: eindeutig, geschlossen, abgeschlossen, unverwechselbar, unveränder-
bar. Plötzlich war es nicht mehr selbstverständlich, sich die Werke anzueignen,
d.h. frei mit ihnen umzugehen. Ein juristisches und religiöses Tabu war entstanden.

Treue

Im Altgermanischen heißt Treue „Treow" und bedeutet Treue, Vertrauen, Wahrheit. Im englischen „true" und „truth" ist diese alte, eigentliche Bedeutung
noch heute enthalten. Hierin klingt noch die Geltung von Ehre und Überein-
kunft an – also weit mehr und anderes als in unserem engen Terminus der
„Treue". Der Inhalt des Begriffs veränderte sich mit der Wandlung des Verhält-
nisses von Mann und Frau – genauer mit der Rollenverteilung der Geschlech-
ter. Mann: Jäger; Frau: Sammlerin; Mann: Besitzer der Produktionsmittel;
Frau: Herrin des Herdes, leibliche Versorgerin der Familie; Mann: Besitzer der
Frau; Frau: Helferin, Zuarbeiterin, „Retterin des Gatten", Objekt. Der Begriff
der Treue engte sich ein und spezifizierte sich. Die Monogamie als Ableger des
Monotheismus kommt in die Welt und verändert die Welt. Was einst wahr,
zugehörig, verlässlich bedeutete, wird durch seine religiöse Aufladung umgekehrt und zum Verbot: „Du darfst nicht das Weib deines Nachbarn begehren."
Das ging einher mit der Austreibung der Liebe aus allen Verhältnissen. An ihre

Stelle trat der Besitz, der Besitzanspruch und die Not bzw. Notwendigkeit, den Besitz, auch gewaltsam, zu verteidigen: „Für immer vereint", „bis dass der Tod euch scheidet", Nibelungentreue, Kadavergehorsam sind nur einige der darauf verweisenden Formeln. „Meine Ehre ist Treue" stand in den Dolchen der SS. Der Begriff der Treue erfuhr also eine Ideologisierung, die ihm eine neue, wenngleich zweifelhafte inhaltliche Qualität hinzufügte.

Werktreue

Eine Mesalliance – wer um Gottes Willen hat diese beiden Begriffe zusammengepfercht? Dennoch ist es nicht notwendig, den Begriff der Werktreue über Bord zu werfen, macht er es doch in seiner Knappheit schwer, ins Schwafeln zu geraten. Aber es gilt natürlich zu klären, wie er definiert werden soll. Dabei bestehen zwei Möglichkeiten:

Die mechanische Definition und der mechanische Umgang mit dem Begriff. Das heißt, das Werk wird festgeschrieben und mithin all seine Ebenen – Musik, gesungener Text, Regieanweisungen – zu einem unantastbaren Gut. Dies führt jedoch unweigerlich zu musealem Theater, zu totem Theater. Wenn der Treue ihr Sinn abhanden kommt, wenn sie nur noch an und für sich eingefordert wird, schafft sie sich tote Verhältnisse, mörderische Verhältnisse. Das führt zu Totenfeiern – in der Ehe wie im Theater.

Die zweite Möglichkeit bildet der dialektische Umgang mit dem Begriff – dann erst blüht er auf. Hier kommt das Inszenieren von Stücken ins Spiel. Im Gegensatz zur bildenden Kunst und der Literatur entsteht neben dem „Original" ein zweites Werk, dessen Autor der Regisseur ist. Dies geschieht, sofern er ein Werk im Sinne des Noch-nicht-Dagewesenen schafft und es nicht etwa dabei belässt, etwas Vorhandenes zum Ausdruck zu bringen, lediglich die öffentliche bühnenmäßige Darstellung eines bereits vollendeten Werkes vorzunehmen, ohne etwas eigenschöpferisch Neues hinzuzufügen. Dieser neue Beruf – oder diese Berufung – tritt mit Wagner als dem ersten eigentlichen Regisseur erst etwa Mitte des 19. Jahrhunderts in die Welt.

Der dialektische Umgang bedeutet anstelle des Ausstellens von Antiquitäten das Eingreifen in gesellschaftliche Prozesse. Im Grunde geht es bei der theatralischen Verlebendigung eines alten Stückes um eine Übersetzung in eine andere Sprache. Brecht hat, durchaus im moralischen Sinne, postuliert, die Veränderung der Fabel sei die Voraussetzung, wenn man sie erhalten will. Das heißt, um eine alte Fabel heute verständlich zu machen, müssen Veränderungen vorgenommen werden. Einfach, weil der Kontext sich verändert, die Bildwelten, die Interaktionsweisen. Hierbei kommt uns zu Hilfe, dass ein Werk klüger ist als sein Autor. Das heißt, dadurch, dass sich der Kontext um ein Werk verändert, ist es möglich, dass es andere, neue Seiten, die in ihm stecken, preisgibt als zu seiner Entstehungszeit. Wir sagen auch: „Er ist ein anderer Mensch geworden." Wie das? In neuen Beziehungen zu anderen Menschen kommen auch andere unserer unzähligen Eigenschaften und Möglichkeiten zum Tragen. Der Kontext hat sich quasi geändert. Man ist ein anderer Mensch und doch der gleiche. Bei einem Kunstwerk geht es um die Erhaltung des Sinns, nicht des Buchstabens; einige Buchstaben *müssen* sogar verändert werden, um das Potenzial an Bedeutungen zu entdecken.

In erster Linie sind es die Regieanweisungen, die sich als veränderungswürdig erweisen, denn sie tragen am stärksten das Mal des Vergänglichen. Sie sind – bis auf Ausnahmen – Beschreibungen des Äußerlichen. Der gesungene Text muss prinzipiell nicht verändert werden, aber man muss lernen, ihn metaphorisch zu lesen, um nicht Gefahr zu laufen, ein „Solange noch die Rosen blüh'n" als operettenhaften Unsinn misszuverstehen. Der Musik aber treu zu bleiben – und das bedeutet, ihren Gestus auf immer neue, subjektive Weise zu erfassen, sie rational und emotional, geistig und körperlich zu verstehen, zu begreifen – ist der beste Garant, ein Werk und das, was es uns Heutigen noch zu sagen hat, zu erkennen. Sie ist die eigentliche Regieanweisung.

Ausblick

Mechanisches Reproduzieren oder dialektisches Aufheben bedeutet: Entweder, wir machen nur das, was im Werk steht – genauer: was wir glauben, dass im Werk steht, das, was wir fassen können. Dies hat sicherlich ein bequemes Theater zur Folge – bequem für Schauspieler, Sänger, Regisseure und Zuschauer. Die Form mag bestaunenswert sein, die Botschaft aber bleibt uns ein Buch mit sieben Siegeln. Wohin dies führen kann, verrät uns wieder Brecht: „Ein starrer Kult wäre gefährlich wie das Zeremoniell, das den byzantinischen Hofleuten verbot, die fürstlichen Personen zu berühren, so dass diese, in fürstlicher Besoffenheit in einen Teich gefallen, ohne Hilfe blieben. Um nicht zu sterben, ließen die Hofleute sie sterben."[4] Es führt zu totem Theater ohne eine Notwendigkeit und ohne einen Sinn für die Gesellschaft, ungeeignet für die Bildung von Werten und Menschen.

Oder, das ist die Alternative, wir begreifen die Stücke als Maßstab und als Aufgabe, daran zu wachsen. Dieses Theater wird ein lebendiges sein, weil die Stücke belebt werden. Belebt mit *unserem* Leben, das wir den Figuren ausleihen. Unseren Hoffnungen, unserer Erfahrung, unserem Glück, unserer Not, unserer Verzweiflung, unserem Wissen, unserer Fantasie. „Ein Kunstwerk, besonders ein Gedicht, das nichts zu erraten übrig lässt, ist kein wahres, vollwürdiges. Seine höchste Bestimmung bleibt immer, zum Nachdenken anzuregen. Und nur dadurch kann es dem Beschauer oder Leser recht lieb werden, wenn es ihn zwingt, nach eigener Sinnesweise es sich auszulegen und gleichsam ergänzend nachzuschaffen."[5] So formulierte schon Goethe an Friedrich von Müller und steht damit einer weiteren Äußerung Brechts in nichts nach, der 1948, als er in der Schweiz seine Antigone-Adaption schrieb und inszenierte, forderte: „Das Wort des Dichters ist nicht heiliger, als es wahr ist. Das Theater ist nicht Dienerin des Dichters, sondern der Gesellschaft."[6] Stücke sind dazu da, dass wir etwas an unserer Existenz verändern.

---

4 Bertolt Brecht: Gesammelte Werke. Schriften zum Theater I. Über eine nichtaristotelische Dramatik. Berlin 1982, S. 335 ff. (Heilig machende Sakrilege).
5 Goethes Gespräche Gesamtausgabe. Begründet von Woldemar Freiherr von Biedermann, Band 4: Vom Tode Karl Augusts bis zum Ende Biedermann, Leipzig 1910², S. 477.
6 Bertolt Brecht: Gesammelte Werke. Schriften zum Theater III. Zu „Die Antigone des Sophokles". Berlin 1982, S. 1218.

Peter Gülke

Wie sakrosankt ist der musikalische Text
in einer Opernaufführung?

Rund 35 Jahre lang ist Oper meine Hauptbeschäftigung gewesen, ich habe mindestens tausend Mal im Orchestergraben gestanden und nicht wenig über Opern geschrieben – und nun besuche ich die Oper kaum noch. Ich halte es nicht aus. Mir helfen Blut- und Gewaltorgien nicht zu einem vertieften Verständnis der *Entführung*, Gynäkologenstühle nicht zu besserem Verständnis der *Salome*, SA-Stiefel und gestreifte KZ-Kittel nicht zu einem besseren von *Fidelio*, und wenn der wuselige Aktionismus der Bühne beim vorletzten Bayreuther *Parsifal* auch den „Karfreitagszauber" nicht ausspart, wird mir übel – schon, bevor ich bedacht habe, dass das Stück von sich aus so viele Aspekte und Deutungsmöglichkeiten anbietet, dass man es nicht mit überflüssigem Plunder zuschütten und dem Publikum suggerieren sollte, es lohne nicht, nach Sinn und Bedeutung zu fragen.

Mir muss keiner sagen, dieses Lamento sei nicht neu, keiner muss mich belehren, dass die *Entführung* mit Gewaltanwendung, *Fidelio* mit Tyrannei zu tun habe, und ebenso wenig, dass jedes Kunstwerk offene Rechnungen präsentiere und von keiner Deutung bzw. Realisierung vollständig erreicht werde. Doch betrachte ich es als Ausübung meiner Freiheit als empfindungs- und denkfähiges Individuum, dass ich mir meinen Vers selbst mache, und halte den selbstgefundenen Vers für authentischer und wirksamer als den aufgedrungenen.

Es macht keinen Spaß, so zu reden, und mich freut die Übereinstimmung mit so unterschiedlich orientierten, altgedienten Opernhasen wie Michael Gielen und Marek Janowski nicht, die mit der Bühne nichts mehr zu tun haben wollen. Lieber suche ich die Kameradschaft mit Jüngeren – und finde sie so oft, dass ich keinen Grund habe, mich in einer im schlechten Sinne konservativ verdächtigen Ecke zu sehen, abgesehen davon, dass mir die Verbal-Nachbarschaft von Konservativität und dem mit jeglichem Kunstakt verbundenen Moment der Bewahrung nicht gefällt. Antiquiert erscheint mir eher der paranoische, Alterungsprozesse beschleunigende Wettlauf um vermeintliche Aktualität, der um Werke und werkhafte Qualitäten einen Bogen machen möchte und auch mit der Angst zu tun hat, von ihnen in die Pflicht genommen zu werden.

Zwei schwierige, die Oper betreffende Wahrheiten haben mir stets im Nacken gesessen; man dürfte sie als Allgemeinplätze nur abtun, wenn man in der künstlerischen Arbeit nicht erlebte, dass sie bei jeder Einstudierung sich neu stellen: erstens, dass der historische Wandel auf der Bühne größere, deutlicher wahrnehmbare Rechte anmeldet als bei musikalischen Texten, dass der Abstand beider samt größeren Freiheitsrechten der Szene zur Sache gehört; zweitens, dass, soweit wir von einer „eigentlichen" Realität des Kunstwerks Oper sprechen wollen, diese sich erst am Abend, in der Aufführung herstellt, jedes Mal also eine andere ist. Beruhigen darf uns das eine so wenig wie das andere; angesichts der ab ovo kompromisshaft strukturierten Kunstform Oper hält man ihr auch in Kompromissen die Treue, solange man es sich mit ihnen nicht leicht macht, etwa, indem man im Vorhinein über die Wichtigkeit der Anteile glaubt bestimmen zu können. Damit allerdings ließe sich die so schwierige wie unvermeidliche Frage umgehen, weshalb diese szenische Situation genau diese Musik brauche, diese Musik genau diese Szene.

Über die Problematik der nur im Hier und Jetzt sich ereignenden und damit je neuen und anderen Realität übrigens ist in Bezug auf Musik früher nachgedacht worden als in Bezug auf die Bühne – und offenbar gründlicher. Diesen Eindruck gewinnt man angesichts etlicher Erörterungen im Umkreis des „Performativen", die die prätentiöse Benennung der Sache mit der Lösung des Problems verwechseln. Warum z.B. sollte nicht auch für die Bühne gelten, was Musiker immer neu umtreibt: dass man, der Authentizität, des Gelingens am Abend nie im Vorhinein sicher und der Schwankungsbreiten gewiss, in Bezug auf die von der Textgrundlage garantierte Authentizität besonders pingelig ist?

Ebenso merkwürdig erscheint, dass der unter der Flagge des Performativen segelnde theoretische Überschwang an Parallelitäten und Ergebnissen der unter anderem durch Roland Barthes und Michel Foucault angestoßenen Diskussion um die Problematik der Autorschaft vorbeigesehen hat. Bei Barthes' so polemisch wie umsichtig reflektierter „écriture" und bei der dreisten Toterklärung des Autors war auch vorgedacht, inwiefern Performation und Werkverbindlichkeit sowohl miteinander hadern als auch einander bedingen. Wer den Autor für tot erklärt, kann auch den Begriff des Werkes nicht unangetastet lassen und wird, die Linie der Destruktion rückwärts verfolgend, überlegen müssen, wie tot der Autor denn sein dürfe, wo die Leichenfledderei beginne. Auf die Bühne übertragen bedeutet das zu überlegen, inwieweit das durch Spiel- und Darstellungslust allemal nachvollziehbar inspirierte Performative, wenn nahe an eine Verabsolutierung heran getrieben, mit bestimmten Werken bzw. Werkbeständen noch übereinkommen könne, bei ihnen an der falschen Adresse sei; andersherum gefragt: ob es sich, wie mittlerweile unter anderem bei der Münchener Biennale geschehen, die passenden, zum Miteinander von Produktion und Reproduktion geeigneten Autoren und Gegenstände nicht suchen müsse.

Um den Verdacht des Dogmatikers abzuwehren: Die Spiegelarie in *Hoffmanns Erzählungen* habe ich dem Sänger zuliebe manchmal transponiert spielen lassen und manchmal, ohne dass er es gemerkt hat, nicht; weil in den 6oer-Jahren das Original von Verdis *Don Carlos* nicht bekannt war, ich also nicht wusste, dass im Fontainebleau-Akt der Dankchor des Landvolks nach dem resigniert gehauchten „Ja" der Elisabeth von allmählich Herankommenden gesungen wird, das damit sich ergebende riesige Crescendo also zur Sache gehört, habe ich ihn seinerzeit, weil er mir nicht auf der Höhe der Situation schien, gestrichen und durch einen dumpfen Trommelwirbel ersetzt, woran nach einem Black-out der düster-rituelle Mönchschor anschloss; das treudeutsch-tranige, in Wunschkonzerten verschlissene „Treulich geführt" habe ich als Contretanz genommen, im *Tristan* den „Tag-und-Nacht-Strich" toleriert und mit Pina Bausch beim Ringen um wiederholte A-Teile bei Gluck zuweilen Niederlagen eingesteckt. Ohne Wenn und Aber „sakrosankt", wie im Thema gefragt, sind die musikalischen Texte also nicht gewesen; „Nachruf auf den Urtext" hieß ein echoarmes Referat auf einem Musikologenkongress.

Ohne in eine Phänomenologie des musikalischen Textes einsteigen zu wollen, staune ich über die bis zur Dichotomie getriebene, undialektische Radikalität, mit der manches Lobpreis des Performativen die Positionen „Präsenz" und „Text" auseinander dividiert, also gegenzufragen einlädt, ob Präsenz nicht eines Gegenstandes bedürfe, um präsentieren zu können, und ob dieser, was immer er sei, nicht auch durch die Präsentation zum Text qualifiziert werde. Das musikalische Werk „existiert nur als niemals definitiv Fertiges, Vollendetes", hat jüngst Albrecht Wellmer formuliert, „wie der imaginäre Fluchtpunkt eines potenziell unbeendbaren Verweisungsspiels zwischen dem Notentext und seinen Realisierungen".[1] Wie nah liegt das bei einer Ästhetik der Bühne, wie ungezwungen lassen sich zu deren aktuell diskutierten Maßgaben – Präsenz, Ereignis, Materialität, Dekonstruktion usw. – musikalische Parallelen finden! Der Fundus ästhetischer Gemeinsamkeiten ist groß, allerdings setzt seine Erschließung voraus, dass der Impetus der Distanzierung von werkhaften Verbindlichkeiten abgebremst werde. Wir sollten uns fünf Mal auf die Lippen beißen, ehe wir bei literarischen oder musikalischen Texten von „Material" sprechen; zumeist, wenn wir es tun, wissen wir nicht, wovon wir reden: „Material" liegt zu nahe bei vorderhand unstrukturiertem, zu strukturierender Zurichtung einladendem „Rohstoff", Texte aber sind bereits strukturiert.

Vor nicht langer Zeit hatte ich es frei Haus: Auf einem Symposion wurde als neue Erkenntnis offeriert, der Triumphmarsch in *Aida* sei imperialistisch, die Unterlegenen würden niedergetreten etc. pp.; wenn man *Aida* richtig aufführen wolle, müsse man das verdeutlichen und den Marsch von Dur nach Moll umschreiben. Das Erstere war mir geläufig, seitdem wir vor 60 Jahren in Weimar als besiegte, mit Lendenschurz versehene Abessinier für ein Spielgeld von 3,50 DM Ost über die Bühne des Deutschen Nationaltheaters schlurften. Das Letztere erschien mir, abgesehen von der bezweifelbaren gesellschaftskritischen Qualifikation des Moll-Geschlechts, im Bekennermut zu musikalischer Inkompetenz überraschend. Mein Einwand, das sei weder vom Tonsatz her noch mit den Instrumenten möglich, nahm sich im Umfeld des Diskutierten kleinkrämerisch aus, und der Zweifel, ob wir uns für gescheiter halten dürften als Verdi, moralinsauer. Dass die Situation greller und grässlicher verdeutlicht werde, wenn die reichsparteitaghaft auftrumpfende Musik auf der Seite der Sieger steht, blieb dann unerörtert. Da war der Weg nicht weit zu der vor Jahren anlässlich einer Münchener Aufführung gegebenen Auskunft, Unkenntnis der Musik garantiere Unvoreingenommenheit im inszenatorischen Umgang mit der Oper.

„Die Partitur ist das Regiebuch", formulierte Walter Felsenstein, bei dem Musiker die Übermacht des Szenischen seinerzeit oft bedenklich fanden; „immer wieder entscheidet der Anspruch der Musik. Das wirklich musikalische

---

1   Albrecht Wellmer: Versuch über Musik und Sprache. München 2009, S. 85.

Theatererlebnis kann vom Regisseur nur angeregt und durch Kunstgriffe der Inszenierung lediglich unterstützt werden. Getragen wird es ausschließlich vom musizierenden und darstellenden Menschen. Wenn ich inszeniere, musiziere ich mit meinen Sängern. Musik und Gesang müssen in ihrer dramatischen Funktion erkannt werden."[2] Dieses Erkennen, wie penibel immer vorprobiert, sieht dennoch jeden Abend anders aus; eben deshalb kann man sich des Ausgangspunktes nicht gewissenhaft genug versichern – das verbindet den in größeren Spielräumen agierenden Regisseur und den ungleich stärker vorgabefixierten Musiker. Eben deshalb wurde in der Komischen Oper viel Quellenarbeit getrieben, hat Felsenstein die Musik sich wieder und wieder vorspielen lassen, bis er ihrer „dramatischen Funktion" sicher zu sein meinte, und er hat sich z.B., weil ihm Sarastros „ihr werdet froh euch wiedersehn" als a-Part nicht einleuchtete, mit der Streichung des Terzetts „Soll ich dich, Teurer, nicht mehr sehn" geschunden.

Ich wäre mir als Schönredner nicht zurückholbarer Tempi passati verdächtig, könnte der Rückblick uns nicht aufmerksam machen auf Defizite, die wir als solche möglicherweise gar nicht mehr wahrnehmen können. Schlingensiefs *Parsifal* hat vielen, auch prominenten Besuchern gefallen – eines nämlich war gelungen: zu suggerieren, dass es über die Unmittelbarkeit der klingenden Musik und des optischen Überangebotes hinaus nichts zu verstehen gebe, man sich also nicht anzustrengen brauche. Sein Dramaturg hat es bestätigt: „Es geht nicht um die x-te Neuinterpretation des Stoffes, auch nicht um den zwanghaften Versuch einer tieferen intellektuellen oder ästhetischen Durchdringung des Materials oder der Entdeckung irgendeines neuen, noch nie dagewesenen Aspekts bei der Präsentation des Stoffes."[3] Worum geht es dann, und warum ist jener – offenbar von vornherein negativ konnotierte – Versuch „zwanghaft"? Es fällt schwer, nicht an die Nachbarschaft zu manchem in Deutschland gesungenen Lobpreis von Irrationalismus und Geistfeindschaft erinnert zu sein und den Protagonisten zugutezuhalten, dies sei nicht in ihrem Sinne. „Es findet sich für alles eine Erklärung, was in dieser Aufführung vorkommt" – so nochmals der

---

2　Walter Felsenstein/Götz Friedrich/Joachim Herz: Musiktheater. Beiträge zur Methodik und zu Inszenierungs-Konzeptionen. Leipzig 1970, S. 117.

3　Carl Hegemann, zitiert nach Udo Bermbach: *Anmerkungen zu Schlingensiefs Bayreuther Parsifal.* In: Wagner **spectrum** (2005), H. 1, S. 240 ff., das Zitat: S. 245.

Dramaturg, „diese Erklärungen sind aber insoweit gleichgültig, weil sich auch jeweils andere Erklärungen finden. Man kann alles hundert- oder tausendfach erklären."[4] So einfach ist das. Genießen wir also die neue, mit hochperfektioniertem szenischen Aufwand proklamierte „selbstverschuldete Unmündigkeit", lachen wir besser über primanerhafte Anwandlungen, die Friedrich Schiller von der „Bühne als moralische(r) Anstalt" reden ließen. Zu den seltsamen Privilegien des Theaters gehört, dass es seine Selbstabschaffung zelebrieren und dabei immer noch Theater sein, aus den eigenen Defiziten bühnentaugliches Kapital schlagen kann.

Nach diesem Ausflug ins Grundsätzliche mögen ein paar pragmatisch-praktische Aspekte nachgetragen sein: Musik muss, um gespielt werden zu können, fertig komponiert sein, im Orchestergraben müssen ausgeschriebene Parte auf den Pulten stehen, deren klingende Umsetzung gewiss im Tempo und der Dynamik, nicht aber im Textstand je im Augenblick verändert werden kann – in der Barockoper am ehesten noch durch wenige am Continuo beteiligte, vom Cembalo aus geführte, mit Szene und Deklamation vertraute Spieler. Mit der lediglich zuarbeitenden Handwerklichkeit des Musikers ist es also nicht so weit her, wie eine auf handhabbares „Material" versessene Ideologie es gern hätte – die unabdingbare raison d'être der „reinen" Präsenz im Hier und Jetzt bedarf des Widerlagers konsistenter Strukturen. Weshalb sonst wäre zu Zeiten, die eine halbwegs autonome Ästhetik im uns geläufigen Sinn noch nicht kannten, schon von „opus perfectum et absolutum" die Rede gewesen und von „concinnitas", als dem Begriff einer Ganzheit, der durch die Veränderung selbst des kleinsten Details geschadet wäre? Diese Dialektik gilt auch für Komponisten wie Cage, Feldman und Lachenmann und deren Intention, „die reine Materialität des Klanges zu Lasten seiner traditionellen Aufladung mit Signifikanz (…) zur Geltung zu bringen".[5]

Neben professionellen Defiziten, unter anderem der Personenführung und der Handhabung von Massenszenen, zählt zu den Folgewirkungen aktueller Entwicklungen der gelockerte Konnex von Musik und Szene, zunehmend be-

---

4 Hegemann: *Anmerkungen*, S. 250.
5 Wellmer: *Versuch*, S. 105.

günstigt durch das – teilweise verständliche – Desinteresse der Kapellmeister an den Bühnenvorgängen. Zu meinen wichtigsten Theatererfahrungen zählen der Gewinn, der aus dem – gewiss nie ohne Schwierigkeiten herstellbaren – Konsens von Regisseur und Dirigent gezogen werden konnte, und die Sicherheit, die den Darstellern daraus erwuchs, dass sie nicht zwischen deren unterschiedliche Forderungen oder in ein durch wechselseitiges Desinteresse geschaffenes Vakuum gestellt waren. Das Rollenstudium im Kapellmeisterzimmer stellt vor allem eine Chance dar: Wie viel leichter z.B. lassen sich rezitativische Dialoge im Rahmen einer dort schon angelegten Dialogregie aneignen, mit bestimmten Intentionen behaftet lernt es sich allemal leichter, als wenn zunächst mechanisch „Rohmaterial" eingepaukt wird, welches erst in der szenischen Probe zugerichtet zu „Kunst" wird.

Dies verweist auf einen Bereich, den ich bei der Nennung der Defizite unerwähnt gelassen habe – den rhetorischen. „Lasst uns immer wieder erkennen, dass es an uns liegt, wenn das Publikum uns nicht versteht" – mit dieser Empfehlung, den zitierten Maximen des Beliebigkeitstheaters entgegen, meinte Felsenstein[6] nicht nur das Opernganze, Handlungsgang und -motivationen, sondern auch das Detail, vorab die Verstehbarkeit des Textes. Dies belegt das Prinzip, nur deutsch singen zu lassen, ebenso wie die Bemühung um adäquate Übersetzungen, wobei der Hinweis nicht überflüssig erscheint, dass Mahler in Budapest seinerzeit einen ungarisch gesungenen *Ring* durchzusetzen versucht hat. Angesichts heute multinationaler Ensembles erscheint das als sträflich anachronistische Forderung, doch sollte uns zumindest bewusst sein, worauf wir verzichten: Mozarts italienische Rezitative z.B. werden hierzulande nur von einem Bruchteil des Publikums verstanden, womit eine stückprägende Komponente entfällt; wohin der wunderbare, mitkomponierte gallische Esprit? Das Argument, mit der Originalsprache würde ein Stück Authentizität gewahrt, ist kaum mehr als eine Ausrede – Authentizität kann nicht als ausschließlich auf die Materialität des Werkes bezogen verstanden werden, sie realisiert sich allein in deren Vermittlung zu denen, die zuhören und zusehen. Wie immer große Musiker auch den Klangleib der Worte mitkomponiert haben und der Verzicht hierauf schwer wiegt – noch schwerer wiegt, dass die Worte als Sinnträger nicht wahrgenom-

---

6 Wellmer: Versuch, S. 105.

men werden können. Unverstehbare Originalsprache ist Authentizität im Einmachglas; und es ist absurd, wenn gerade das Rezitativ als die in extremer Weise auf Wortverständlichkeit angelegte, nur sparsam musikalisch „gehöhte" Deklamation kaum noch verstanden wird. Nirgendwo sonst treffen die Zuständigkeiten von Kapellmeister und Regisseur so direkt aufeinander, entsprechend zeigt sich nirgendwo so deutlich wie bei allem, was Rhetorik, Deklamation etc. betrifft, wenn es beim beziehungsarmen Nebeneinander bleibt.

Anderes kommt hinzu: Wie in den entwickelten Formen der Instrumentalmusik trägt auch Opernmusik dem Umstand Rechnung, dass unterschiedliche Ausrichtungen unserer Aufmerksamkeit deren Aktivität am ehesten aufrechterhalten. Wie wir Zwischenspiele in Fugen und Modulationsgruppen in Sonatenformen anders hören als Expositionen, von denen wir wissen, dass sie etwas zur Abhandlung Anstehendes präsentieren, sind wir in Opern in handlungsträchtigen Passagen auf anderes und auf andere Weise konzentriert als in reflektierend innehaltenden. Eines hilft dem anderen – normalerweise der forttreibenden, irreversiblen Zeitlichkeit ausgeliefert sehnen wir uns nach dem über Musik zugänglichen „Verweile doch" einer gebremsten – und umgekehrt. Dieser einstmals als Wechsel von Rezitativ und Arie formalisierte „Atem" findet sich verwandelt auch in durchkomponierten Opern; wo nicht, sucht unsere Rezeption von sich aus ihre Systolen und Diastolen. Kaum einer kann über lange Zeit auf ein und denselben Gegenstand in ein und derselben Weise konzentriert sein. Dem trägt die Oper Rechnung, indem sie unsere unstete Rezeption hier stärker auf Wort und Handlung, dort mehr auf die Musik lenkt. Werden die Worte nicht verstanden, kann der erfrischende Richtungswechsel kaum noch stattfinden.

Freilich hat die Vernachlässigung rhetorischer Momente eine lange Vorgeschichte, gesprochene Dialoge z.B. galten frühzeitig, nicht immer zu Unrecht, eher als notwendiges Übel und wurden die ersten Opfer notwendiger Kürzungen. Opfer wurde dabei jedoch oft auch die Empfindlichkeit in Bezug auf die Delikatesse, mit der der Übertritt vom gesprochenen Wort in die Musik – und der umgekehrte – behandelt worden ist, geht es dabei doch um nicht weniger als einen Wechsel der ästhetischen Ebenen. Was z.B. kann nach der g-Moll-Arie der Pamina noch kommen, was könnte behutsamer zu Handlung und Dialog zurückführen als Papagenos „Siehst du, Tamino, ich kann auch schweigen, wenn's sein muss"? Roccos abgründig dumme Frage „Meinst du, ich könnte dir nicht ins Herz sehen?" wirft jeden der Beteiligten in eine je eigene Sprechunfähigkeit, sie hilft, das „tönende Schweigen" der Vortakte des *Fidelio*-Quartetts und das Paradoxon zu begründen, dass zwar jeder anderes fühlt, denkt und sagt, dies aber nur in der Disziplinierung des Kanons ausgesagt werden kann. Dass Mozart dem Bassa, der in der *Entführung* die größte, radikalste Wendung durchmacht, keine explizit eigene Musik gibt, muss unter anderem in Verbindung mit dem überlangen Vorspiel der „Martern"-Arie gesehen werden und sollte fragen lassen, inwieweit dieses nicht seine Musik sei: Nach dem unkontrollierten Wutausbruch „Martern aller Arten" hat er allen Grund, in sich zu gehen, mindestens muss er die Musik schweigend anhören und damit fast akzeptieren, ähnlich wie bei Goethe Thoas die besänftigende Abschiedsrede der Iphigenie; beide sind verdächtig, hier nur nicht sagen zu können, was sie eigentlich sagen wollen.

Dem Wechselspiel der Prioritäten von Ton und Wort kommt auch insofern besondere Bedeutung zu, als im Miteinander akustischer und optischer Eindrücke die Letzteren zu dominieren pflegen, die Musik also überwiegend als zugeordnet wahrgenommen wird. Wie der Musiker auch Verantwortung für die Szene, hat der Regisseur auch Verantwortung für die Musik. Wie viele Einwände gegen die an der Rampe absolvierte Arie immer naheliegen mögen – zumindest trägt sie der von der „Realzeit" der Handlung abgehobenen Eigenzeit der Musik Rechnung. Mozarts Sensibilität im Hinblick auf diese Differenz zeigt sich in seiner Argumentation zugunsten eines knapp gefassten Orakels im *Idomeneo* ebenso wie darin, dass er genau dort, wo die Realzeit aufs Äußerste drängt – Cherubin muss im zweiten *Figaro*-Akt möglichst rasch aus dem Zimmer verschwinden –, das ursprünglich geplante, der Realzeit angemessene Rezitativ durch das Duettino ersetzt, welches sich zur Verdeutlichung des Nicht-Zeit-Habens notwendig mehr Zeit lässt, als ein Rezitativ brauchen würde – nur eben die andere, musikeigene. Nachdem Händels Ezio erfahren hat, dass Rom brennt, muss er die Schrecken der Katastrophe und die Notwendigkeit, ihr schnellstens zu begegnen, erst in einer Arie besingen; während er singt, brennt Rom nicht weiter.

So klar geschieden freilich sind die Reviere der Zeitarten selten, überwiegend hat die Opernszene es mit einer Mixtur zu tun, welche als solche freilich kenntlich bleiben sollte: Gegen das Bündnis von Handlung, Wort und Realzeit hat es die – bildlich gesprochen – auf deren „Horizontale" senkrecht stehende musikeigene Zeitlichkeit allemal schwer. Dort aber – zwischen Rampen-Arie, *Fidelio*-Quartett und Karfreitagszauber – wird Musik am ehesten als handelndes Subjekt kenntlich. Nicht zufällig ist für einen so nachdrücklich auf realistische Plausibilität ausgehenden Regisseur wie Walter Felsenstein die Phänomenalität des singenden Menschen immer wichtiger geworden.

Wie immer wir mit guten Gründen geneigt sein mögen, den Medien in Bezug auf Veränderungen unserer Hör- und Sehgewohnheiten Schuld zu geben – zu bedenken bleibt immer, dass der aufs distanzierte Gegenüber gerichtete Sehsinn vornehmlich die rational fassbaren Informationen vermittelt, die Musik – gängigerweise einseitig als „Sprache des Gefühls" apostrophiert – stärker die emotionalen. Für eine aufs Objektivierbare ausgehende Wahrnehmung begünstigt diese Konstellation zumeist jene schon im Uralt-Streit um den Vorrang von Wort oder Ton problematisierte Zuordnung; ihr entzieht die Musik sich wenigstens partiell ins Undefinierbare emotionaler Tiefenwirkungen.

Doch genau deshalb kann sie für die Bühne Personen und Handlungsweisen plausibel machen, die ohne sie verloren wären: Wie ließe sich die Fiordiligi der Felsenarie mit der zusammenbringen, die dem Mummenschanz der Arzt und Notar mimenden Despina aufsitzt? Was bliebe von der *Freischütz*-Agathe als Handlungsträger nach dem Wegfall der Verabredung mit dem Eremiten ohne ihre großen musikalischen Szenen? Auf welche Teilnahme hätte die unverschämte Paradoxie eines in pathetischem Selbstmitleid schwelgenden Vaters Anspruch, der sich von einer Tochter verabschiedet, die er für die Mitwisserschaft an von ihm selbst begangenen Untaten bestraft – ohne „Wotans Abschied und Feuerzauber"?

Dass Musik, wegen ihrer unmittelbaren Sprechweise kaum zu Doppelbödigkeit disponiert, ein „naives" Medium ist, trifft zwar zu, ist aber nicht die ganze Erklärung. Allerdings lädt sie manchen, der mit ihr umgeht, dazu ein, sich für klüger zu halten und sie als simpel-einfältig zu denunzieren. Mag ein reservierter oder nachsichtig lächelnder Blick auf jene „Naivität" manche interessante szenische Lösung inspirieren – zu den Aufträgen der Opernregie gehört ebenso die Unterscheidung zwischen Passagen, die eher einer Parallelisierung, von solchen, die eher einer Kontrapunktierung von Musik und Szene bedürfen, wie die Wahrnehmung jener Reservate, in denen der Musik freie Bahn geschaffen werden sollte. Manche Ironisierung – ohnehin oft eher Kennern und Eingeweihten zugedacht – dünkt sich klüger, als sie ist; gemeinhin stiehlt sich die scheinbar leicht denunzierbare Naivität auf unkontrollierbaren Seitenwegen ins Theatererlebnis wieder hinein. Gewiss sitzt unsere Naivität – nicht zufällig war die Kategorie dem späten Brecht so wichtig – anderswo als bei denen, die in Lortzings *Waffenschmied* hinschmelzen; sie prinzipiell geringer zu veranschlagen indes ist – naiv. Die Naivität, die sich vom Mummenschanz im vorletzten Bayreuther *Parsifal* von allem Weiterfragen dispensiert fühlt, ist schlimmer als die, die bei jedem pathetisch gehobenen Vorhalt am Wasser gebaut ist.

Möglicherweise ist jenem Klüger-sein-Wollen und der verabsolutierten Ideologie der sich selbst genügenden, bezugslosen Präsenz eines gemeinsam: die – gegebenenfalls gar unreflektierte – Vermeidung des Eingeständnisses, dass die großen Werke uns überfordern. Vielleicht befinden wir uns nahe bei Sachverhalten, die schon vor Jahrzehnten unter der Prämisse „Wir amüsieren uns zu Tode" beschrieben worden ist[7] – wir betrachten die Werke als so selbstverständlich zu unserem Kulturbesitz gehörig, so eindeutig qua Fixierung gesichert, dass sie jederlei Behandlung bzw. Misshandlung überstehen würden. Derlei simpler Verlass auf ihre Materialität indes verkennt nicht nur, was bei ihnen Mitteilung und auf Kommunikation angewiesen ist, sondern auch ihre Funktion, um nicht zu sagen: ihre Würde als Ankergrund unserer kulturellen Identität. Handelt es sich doch weniger um untilgbar Festgeschriebenes als um eine Sprache, die, wenngleich wandelbar, nur durch die Kontinuität des Gebrauchs und des Verstehens am Leben bleibt. Textgrundlage und Realisation bzw. Interpretation sind nicht hermetisch voneinander geschieden, jede Lesart ist zugleich Teil der Überlieferung von etwas, was morgen nicht völlig unabhängig von der heutigen Lesart ganz anders gelesen werden kann. Unter der Folie ihrer materiellen Fixierung ändern sich die Werke.

Insofern gibt es auch gute Gründe dafür, dass wir immer wieder auf die „pièces de résistance" des Repertoires zurückkommen, dass wir uns an ihnen abarbeiten, vor ihnen bestehen, sie als Leuchtpunkte unseres kulturellen Ge-

---

7   Neil Postman: Wir amüsieren uns zu Tode. Urteilsbildung im Zeitalter der Unterhaltungsindustrie. Frankfurt a.M. 1985.

dächtnisses immer neu sichern müssen. Das liegt nicht weitab von der Funktion und Handhabung heiliger Texte – re-ligio, Rückbindung hier wie dort. Kulturen seien „Inseln im Ozean des Vergessens", hat Thomas Macho formuliert,[8] Jan Assmann: „Alle Kultur sei Kampf gegen das Vergessen",[9] ihnen vorangehend Nietzsche, Gesellschaft beruhe darauf, dass die Menschen „sich ein Gedächtnis machen".[10] Solange wir dies und die Parallelität zu „Festen und Riten" akzeptieren, die „im Regelmaß ihrer Wiederkehr für die Vermittlung und Weitergabe des identitätssichernden Wissens und damit für die Reproduktion der kulturellen Identität"[11] sorgen, mithin die Reichweite unserer Verantwortungen ermessen, mögen wir darüber streiten, wo das Theater der von Nietzsche eingeforderten Mnemotechnik zu- bzw. ihr entgegenarbeitet. „Alle Riten haben diesen Doppelaspekt der Wiederholung und der Vergegenwärtigung. Je strenger sie einer festgelegten Ordnung folgen, desto mehr überwiegt der Aspekt der Wiederholung. Je größere Freiheiten sie der einzelnen Begehung einräumt, desto mehr steht der Aspekt der Vergegenwärtigung im Vordergrund."[12]

Den Parallelen zu Riten nachgehend und entgegen der brillanten aufklärerischen Polemik, die der Opera seria noch für die Nachwelt das Odium erstarrter Konventionalität verschafft hat, könnte man z.B. fragen, ob der insistierende Rückgriff auf vornehmlich antike Mythologie nicht wesentlich mit Vertrauen in deren Gleichnisfähigkeit zu tun habe, einem Vertrauen auch in Möglichkeiten der – im genauen Sinne – Ver-Gegenwärtigung. Diese wiederum würde Eindringlichkeit und Authentizität in entscheidendem Maße der Übersetzungsarbeit verdanken, die die scheinbar entlegenen Stoffe dem Publikum abverlangen. Kaum vorstellbar, dass dieses sich ein rundes Jahrhundert lang mit Figuren und Konstellationen zufriedengegeben haben sollte, die ihm so abgelegen erschienen wären wie heutzutage, da zu ihrer Historizität die der Musik hinzukommt; diese war damals immerhin zeitgenössisch. Insofern wäre durch die endlos

---

8 Zitiert bei: Jan Assmann: Religion und kulturelles Gedächtnis. Zehn Studien. München 2004, S. 101.

9 Assmann: Religion, S. 101.

10 Friedrich Nietzsche: *Zur Genealogie der Moral*. In: Ders.: Sämtliche Werke. Kritische Studienausgabe (hrsg. von Giorgio Colli und Mazzino Montinari), Bd. 5. München 1980, S. 297.

11 Jan Assmann: Das kulturelle Gedächtnis. Schrift, Erinnerung und politische Identität in frühen Hochkulturen. München 1992, S. 57.

12 Assmann: Das kulturelle Gedächtnis, S. 89.

wiederholten Auferstehungen der Personnage der Quinault, Metastasio etc. weniger die Bequemlichkeit des Wiedererkennens bedient, als ein Vertrauensvorschuss geleistet worden in die Fähigkeit des Auditoriums, das Gesehene und Gehörte für sich zu übersetzen, zu aktualisieren. Zugleich aber sorgte das antike oder mittelalterliche Personal für einen Abstand, eine „Entrückung", die es als Agenten der überhöhenden Musik plausibler erscheinen ließ – Agrippina und Caesar sind Arien singend glaubhafter als Maria Theresia oder Friedrich der Große. Nicht zufällig ging es in der dezidiert auf Gegenwart setzenden Opera buffa nicht ohne, auf ihre Weise distanzierende, Typisierungen ab. Mit der Unmittelbarkeit des Hier und Jetzt darf die Opernbühne sich auch deshalb schwertun, weil sie diese in der Musik immer schon hatte.

Dass der theatralischen Vergegenwärtigung, nicht anders als der musikalischen, der sehnsüchtige Hinblick aufs Noch-nie-Dagewesene mitgegeben ist und keiner, der produktiv in Fahrt ist, gern an Ähnlichkeiten und Vorläufer erinnert wird, steht ebenso außer Zweifel wie, dass manches apologetische Festschreiben der theatralischen Präsenz jenes Vergessen begünstigt – besonders in Zeiten, da die Möglichkeiten mechanischer Datenspeicherung ohnehin die Unterscheidung von lebendigem und totem Wissen verwischen. Wie immer wir auf bestimmte Formen und Quanten des Vergessens angewiesen sein mögen – das Theater versteht sich darauf oft gar zu gut, und ein ästhetisches Geplauder, welches das offene Kunstwerk allemal interessanter findet als das hierbei uneingestanden vorausgesetzte „geschlossene", hilft zu vernachlässigen, was vorangegangen ist. Vielleicht sollten wir zu lernen versuchen, dass heutige Lösungen durch den Hinblick auf ähnliche frühere nichts von ihrem Wert verlieren. Dass Mozarts Bassa kein Sanatorium für Besserverdienende verwaltet, Blonde keine gickernde Soubrette, sondern ein Mädchen mit dem Herzen auf dem rechten Fleck, Osmin weder nur bissiger Wachhund noch ein Concierge ist, der in seiner Freizeit *Nathan der Weise* liest, war schon früher bekannt und theatralisch eingelöst; Tschaikowskis *Onegin* hat in den 8oer-Jahren in Dresden spätestens beim Kanon der Duellanten den Wahnsinn des Ehrenhandels erkannt, und seine Pistole ging versehentlich los, gerade als er zu einer versöhnenden Umarmung seines Freundes Lenski losstürzt; und grandios war sein Auftritt im Palast des Fürsten Gremin, da die zeremoniös regulierten Gruppen der Polonaise seinen Weg zur Begrüßung Tatjanas immer neu versperrten; dass Wagner den

Beckmesser, als Stadtschreiber der erste Intellektuelle der Stadt, behandelt, als habe er ihn während des Komponierens hassen gelernt, wollten wir nicht stehen lassen, auch nicht, dass er auf der Festwiese unter dröhnendem Gelächter davongejagt wird – wir haben ihn am Ende am rechten Bühnenportal postiert, am linken Sachs, in einer Konstellation mit dem Untertext „diesmal 1 : 0 für dich, doch beim nächsten Mal?"; nicht zu reden von Joachim Herz' grandiosem, heute, wenn überhaupt, vornehmlich als Antizipation von Chéreau 1976 erinnertem Leipziger *Ring*.

Die zuweilen irritierenden Jubelfeiern des Performativen stehen vor Hintergründen, welche ebenso zu Resignation einladen, wie sie sich allem simpel frontalen Argumentieren entgegenstellen. „Eine oberflächliche, zugleich umfassendere Wahrnehmung tritt an die Stelle der zentrierten, tieferen", lesen wir in einem Traktat über das postdramatische Theater, „deren Urbild die literarische Textlektüre war. Das langsamere Lesen droht, ebenso wie das umständliche und schwerfällige Theater, angesichts der einträglicheren Zirkulation bewegter Bilder seinen Status einzubüßen. (…) Theater ist kein Massenmedium mehr. Das krampfhaft zu leugnen, wird immer lächerlicher, es zu reflektieren immer dringlicher."[13] Auch diese Diagnose erscheint nicht wesentlich dadurch relativiert, dass Klagen über Beschleunigungen der Lebensabläufe, die unsere Wahrnehmungsweise verändern und einem oberflächlichen Drüberhin zutreiben, nicht neu sind – Goethe und Nietzsche sind die Kronzeugen.

Wie weit die Klagen immer sich herschreiben, wie traditionell immer sie, zudem durch enorme künstlerische Produktivität, widerlegt erscheinen, sich also als Handhabe anbieten mögen, heutige Klagelieder nicht gar zu ernst zu nehmen – mittlerweile aberwitzige Beschleunigungen lassen einen Mentalitätswandel vermuten, dessen Defizite wir nur deshalb kaum verbuchen, weil wir selbst ihm unterliegen. Das freilich entzöge dem Leiden am zeitgenössischen Regietheater die Hoffnung, einige überschwänglich erlegte Gestehungskosten könnten rückerstattet werden.

Um eine Facette herauszugreifen: Ist in den enormen Konzentrationsleistungen, die die großen Werke darstellen, nicht auch eine historische Komponente

---

13 Hans-Thies Lehmann: Postdramatisches Theater. Frankfurt a.M. 1999, S. 22.

enthalten, die es verbietet, sie, als für Außenstehende unerreichbar, lediglich inkommensurabler Genialität zuzuschreiben? Ohnmächtiges Staunen ob solcher Leistungen kann auch bequem sein. Sollten wir nicht fragen, ob bei den Hörern und Lesern nicht wenigstens asymptotisch heranreichende Konzentrationsfähigkeiten vorausgesetzt gewesen seien und dies sich in den Werkstrukturen sedimentiert habe? Dass wir unter anderem bei Schumann, Hugo Wolf oder Hölderlin von manischen Schaffensschüben wissen, nimmt der Frage nichts von ihrer Dringlichkeit. Wie war das möglich – Haydns schier unübersehbares Instrumentalwerk neben seinen Verpflichtungen in Esterházá und Eisenstadt, Mozarts oder Schuberts bei allem Vorbedacht oft handstreichartige Schaffensweise, die Resultate des Jahres 1808 beim schwer, oft langsam arbeitenden Beethoven oder die von Mahlers knapp bemessenen Ferienwochen? Vielleicht war der Abstand zwischen dem hier dokumentierten Konzentrationsvermögen der Schaffenden und dem ihres Publikums einstmals doch geringer; die gewiss triftige Auskunft, Kunst sei nie ganz und adäquat erreichbar, enthält auch ein Stück Ausrede. Wie sind klassische Sinfonien seinerzeit angehört worden von Leuten, welche wussten, dass sie das betreffende Stück möglicherweise erst nach Jahren wieder würden hören können, vielleicht sich mithilfe einer Klaviertrio-Bearbeitung darauf vorbereitet hatten? Wie ist in Salons und Lesegesellschaften vorgelesen und zugehört worden von Menschen, die sich beim Briefeschreiben ständig halbliterarisch engagierten? Wie sind Bilder im Original betrachtet worden, die man zuvor nur durch dürftige, gegebenenfalls selbst kopierte Reproduktionen kannte? Hierüber gibt die Literatur vielerlei Auskünfte – kein Anlass, guten alten Zeiten, die es so vermutlich nie gegeben hat, nachzujammern, als vielmehr zu fragen, inwiefern das Beliebigkeitstheater, an dem wir leiden, als seismografische Auskunft unserer kulturellen Befindlichkeit leider nicht beliebig und nicht beliebig korrigierbar ist. Vielleicht entziehen die Werke sich tatsächlich.

Dennoch – kulturelle Identität hat viel mit Selbstachtung zu tun; die setzen wir aufs Spiel, wenn uns der Versuch nur noch wenig gilt, den Werken auf der Augenhöhe zu begegnen, die sie von sich aus vorgeben.

Christof Loy

„Man dachte, das ist das Werk – und keiner hat es angezweifelt"

Ein Werkstattbericht zur Arbeit an *Die Entführung aus dem Serail*

Als Regisseur möchte ich zunächst gar nicht bei so großen Begriffen wie *Werk* und *Treue* oder der Frage nach dem Willen des Komponisten ansetzen. Sie gehören meiner Ansicht eher in einen privaten, emotionalen und ethischen Bereich, und es ist wegen ihres hohen Bedeutungsgehaltes riskant, sie auf den Arbeitsbereich eines Regisseurs zu beziehen. Denn eine Regiearbeit beginnt auf einer ganz anderen Ebene: Sie ist eine Aufgabe, die am ersten Probentag einer Produktion damit anfängt, dass man vor einer Besetzung steht, mit der man das Stück erarbeiten muss. Da ist die Sopranistin, die gerade an der Metropolitan Opera große Erfolge gefeiert hat; die junge russische Sängerin, die sich zum ersten Mal auf einer großen Opernbühne beweisen kann; es ist ein Sänger dabei, der im deutschen Ensembletheater groß geworden ist und schon mit allen Regiegrößen gearbeitet hat, die man in diesem Bereich hat. Wenn man an einem Stück wie Mozarts *Entführung aus dem Serail* arbeitet, auf das hier konkreter eingegangen werden soll, dann kommt außerdem ein Schauspieler dazu, der eventuell noch nie in seinem Bühnenleben auf Sänger getroffen ist. Die Aufgabe besteht plötzlich darin, Menschen aus unterschiedlichen Kulturen, Arbeitsbereichen und Sprachräumen zusammenzuführen und dahin zu bringen, gemeinsam eine Geschichte zu erzählen. Automatisch nimmt einen solch ein Ensemble dann als der „Captain" wahr, der gemeinsam mit dem Dirigenten für zweierlei sorgen soll: dafür, dass diese einander fremden Menschen Vertrauen zueinander aufbauen, und dafür, dass die verschiedenen Interpreten einen gemeinsamen Strang zur Interpretation des Stückes finden und entwickeln können.

Das funktioniert natürlich nur, wenn ich mich selbst in der Materie kundig gemacht habe, das heißt, wenn ich vor allen Dingen ein Stück sehr genau lese. Ein spezifisches Phänomen der Oper ist dabei, dass man es häufig mit so alten Werken zu tun hat. Im Fall von Monteverdis *Orfeo* ist das Stück 400 Jahre vor einer heutigen Produktion entstanden; bei der *Entführung* sind es mehr als 200 Jahre. Das heißt, es handelt sich um Stücke, die in einem bestimmten historischen Kontext entstanden sind, für ein Publikum, das ganz andere Sehgewohnheiten hatte als das heutige. Etwa die Szenenanweisungen in Richard Wagners Libretti waren für Wagner als Theatermacher selbst und auch als Theaterzuschauer ganz aktuell. Doch Sehgewohnheiten ändern sich viel schneller als Hörgewohnheiten. Ein normal gebildeter heutiger Operngänger würde vermutlich sofort sehen, ob eine Inszenierung von Günther Rennert stammt oder von Peter Konwitschny, aber er würde nicht unbedingt hören, ob Herbert von Karajan dirigiert oder Karl Böhm. Die optischen Signale sind plakativer und dadurch auch vergänglicher.

Es gilt also, einen Weg für sich zu finden, der von diesen Stücken in die Gegenwart des Arbeitsprozesses führt: Was will ich für ein Stück erzählen, was interessiert mich, und wo setze ich mich dabei auch mit mir selbst auseinander? Die Grundlage für die Arbeit an den Antworten auf diese Fragen bilden die Partitur, das Textbuch und, was für mich ebenso wichtig ist, die Aufführungsgeschichte. Ebenso wesentliche Fragen auf diesem Weg sind aber, mit welchen Interpreten auf der Bühne und welchem Partner im Orchestergraben am Pult ich es zu tun habe und für welches Publikum ich das Stück machen will. Diese verschiedenen Aspekte, die in der Regel keinen bewussten oder gar schematischen Prozess beschreiben, bilden die Basis der ganzen Arbeit.

Meine Beschäftigung mit der *Entführung aus dem Serail* geht zurück auf den Anfang der 1990er-Jahre und eine Produktion in Freiburg im Mozartjahr 1991. Wenn ich danach und heute wieder mit der *Entführung aus dem Serail* zu tun hatte und habe, handelt es sich in gewisser Weise immer um eine Weiterentwicklung dieser ersten Produktion. Es gibt Stücke, die ich mehrmals inszeniert habe, die jedes Mal ganz anders aussahen – bei der *Entführung* aber grabe ich bis heute eigentlich in derselben Richtung weiter.

Bei dem Stück ist es vor allem interessant, dass es bis heute letztendlich seiner Anerkennung nicht sicher sein kann. Viele haben noch immer die Fotos aus den Opernführern der 70er-Jahre vor Augen, mit großen Turbanen drauf und Blondchen in Pluderhosen. Selbst Leute aus dem Opernbusiness, Intendanten, auch Dramaturgen und sehr oft Sänger, hört man sagen: „Na ja, diese *Entführung* – ich hoffe irgendwie, man kann was draus machen." Die *Entführung* gilt als „nettes" Stück, das aber weder wirklich lustig ist, noch die „Tiefe" eines *Figaro* oder *Don Giovanni* erreicht. Hinzu kommen die zahlreichen gesprochenen Texte, die die meisten einfach nur schrecklich finden. Auch hier wirken Jahrzehnte einer pathetisch oder albern deklamierenden Aufführungs- und Aufnahmepraxis nach, die den meisten noch immer in den Ohren klingt.

Als ich mich zuerst mit dem Stück beschäftigt habe, musste ich feststellen, dass die meisten Produktionen und auch Schallplattenaufnahmen aus den 50er-, 60er-, noch bis in die 70er-Jahre hinein eigentlich nur eine merkwürdige Rumpffassung von dem Stück bildeten. Musiknummern wurden radikal weggelassen und die Dialoge derart zusammengestrichen, dass dieses Stück überhaupt keine dramatische Situation mehr beinhaltete. So bekam man tatsächlich das Gefühl, man müsse auch szenisch nur irgendwie schnell zur nächsten Musiknummer weiterkommen. Auch innerhalb der musikalischen Nummern hat man Abstriche gemacht, die mitunter inhaltlich eingegriffen haben. Eine gewisse Aufführungtradition hatte sich so sehr durchgesetzt, dass man dachte: das ist das Werk. Man präsentierte einen Torso und erklärte: Das ist die *Entführung aus dem Serail*! Und keiner hat es angezweifelt.

Dann folgten jedoch Erlebnisse, die eine andere *Entführung* enthüllten. An der Frankfurter Oper habe ich eine Inszenierung von Ruth Berghaus gesehen, bei der man auf einmal spürte, dass dort wirklich Ernsthaftes verhandelt wurde. In einer Aufnahme von Nikolaus Harnoncourt hörte ich auf einmal bisher unbekannte Musik. Auch erfuhr ich von einer Aufführung, die Karl-Heinz und Ursel Herrmann gemacht hatten, gemeinsam mit Harnoncourt. Obwohl ich die Aufführung bis heute nicht gesehen habe, sondern nur als Aufnahme kenne, wurde sie zu einer wichtigen Referenz. Da war irgendwie jede Zeile im Libretto sakrosankt; das Stück dauerte plötzlich ungefähr viereinhalb Stunden. Das hat mich sicher ein bisschen verstört, aber auch sehr interessiert. Mir wurde deutlich, dass es in dem Stück viel, viel mehr zu entdecken gibt, als es Generationen leichtfertig eben nicht gemacht hatten.

Vor diesem Hintergrund ging es bei mir dann erst einmal darum, am Schreibtisch den Text genau zu studieren. Und dort folgte das zündende Erlebnis: die erste Arie von Blondchen. Zum einen war da zu lesen, dass die Rolle tatsächlich „Blonde" heißt; die Verniedlichung hatte sich so eingebürgert, dass man gemeinhin gar nicht mehr von einer Frau sprach, sondern immer von einem Mädelchen. Vor allem aber wurde mir deutlich, dass eben diese Blonde in ihrer ersten Arie, die sie aus der Konfrontation mit Osmin heraus singt, unglaublich irritierende Facetten zeigt. Aus dem scheinbar so entspannten, halb betörenden Ton, in dem die junge Frau sagt, wie sie gerne verführt werden möchte, dringen da plötzlich ganz melancholische Momente hinein, in denen sich die Musik nach Moll eintrübt. Eine Figur, die bis dahin eigentlich das Klischee einer Soubrette war, bekommt also Musik, die man ihr fast immer vorenthalten hat, die aber ihre gewisse, eben auch vorhandene Traurigkeit enthüllt. Dies passiert genau bei dem Wort „Treue", also in dem Moment, als sie von der Angst spricht, untreu zu werden.

Davon ausgehend habe ich entdeckt, dass alle Figuren in diesem Stück (wie auch in allen späteren großen Mozart-Opern) über ein von Mozart tief nachempfundenes, sehr differenziertes Gefühlsleben verfügen und eine große Wahrhaftigkeit, die der Komponist seinen Figuren zugesteht. Diese Entdeckung war für mich wirklich revolutionär. Ich spürte, dass ich Blonde und ihrer komplizierten Geschichte mit Osmin eine Gerechtigkeit widerfahren lassen kann und muss. Das hieß, Blonde in ihrer Zerrissenheit, zwischen zwei Menschen zu stehen, zu zeigen. Dieser Erkenntnisprozess setzte sich fort in diesen beiden Menschen: Da ist die Figur des Pedrillo, der – auch das ergibt sich letztendlich nur durchs genaue Lesen – eigentlich fast nichts zu singen hat. Er ist eigentlich nicht greifbar durch Musik. Bei Mozart sind alle Figuren, die sich in Arien und musikalischen Nummern äußern, auch psychologisch immer genauer zu fassen, als Figuren, die sich nur im Rezitativ oder im Dialog äußern. Den eigentlichen musikalischen Partner hat Blonde jedoch in Osmin, der mitnichten so ein grober Bass-Tölpel ist. Als Allererstes singt Osmin eine unglaublich traurige Ballade, einen echten „Blues", wie jemand, der depressiv und gerade unglaublich unglücklich verliebt ist. So wird diese Figur eingeführt.

Auf diese Weise setzte sich in den ersten Arbeitsschritten ein Mosaik zusammen – jeder Takt und jedes geschriebene Wort ermöglichte, die ganze Figurenkonstellation neu zu sehen. Natürlich erfolgte dies nicht unabhängig von mir, meinem Geschmack und Bewusstsein. Ab dem Moment, in dem man sich entschieden hat, Regisseur zu werden, gibt es natürlich bestimmte Dinge, die man auf der Bühne sehen will, und bestimmte Dinge, die man nicht sehen will. Dümmliches Grinsen von sogenannten Soubretten oder ein ungeschmeidiges, undurchdachtes Laut-Sein von dicken Männern auf der Bühne finde ich persönlich alles andere als zeigenswert. Meine Entdeckung beim Lesen des Stückes hat sich mit dem gedeckt, was mich interessiert: nämlich, eine sehr differenzierte Form von menschlichem Verhalten auf der Bühne sichtbar zu machen.

Gerade die Dialoge, die vielfach für das schlechte Image der *Entführung* verantwortlich sind, haben bei mir ein unglaubliches Gewicht bekommen. Es gibt viele Regisseure, die gerade bei diesem Stück nicht an die Sprache glauben. Sie schreiben dann ihre eigene Dialogfassung, erfinden eine eigene, „moderne" Sprache, die sie für erträglicher halten. Es entstehen dann jedoch verschiedene Sprachebenen, die wiederum – zumindest bei mir – für eine gewisse Irritation sorgen. Man versucht, auf eine ungute Weise, die Sprache heutigen Ohren zugänglich zu machen, weichzuspülen. Ich bin jedoch überzeugt, dass für alles, was auf der Bühne passiert, Reibungen gut sind; Energie ist einfach lebensnotwendig. Daher gilt meine Suche den Widerständen, die man in den Darstellern mobilisieren kann, denn sie setzen letztendlich diese Energien frei. Deswegen fiel die Entscheidung, trotz der von mir modern-psychologisch gedachten Dialogpassagen die altmodische Sprache beizubehalten, so wie sie im Libretto steht (bis hin zu dem Wort „itzt" statt „jetzt"). Selbst deutschsprachige Sänger müssen sich daran abarbeiten und sich manchmal – trotz der für sie nachvollziehbaren Situation – zu dieser Sprache zwingen.

Es kostet jedes Mal wieder viel Arbeit, die Gefühls- und Gedankenprozesse dieser Textstellen zu durchlaufen und für die Darsteller abrufbar zu machen. Ich beschreibe Ihnen dabei gern zunächst den emotionalen Verlauf einer Szene, der auch als eine Art Kurve notiert werden kann. Darauf ist dann zu sehen, wie Defensivität, emotionale Hitze oder bestimmte Gedanken die Szene prägen und an welchen Stellen plötzlich ein Affekt wirkt. Es gilt dabei, immer wieder nach der Musik als Triebfeder zu suchen, das heißt, nach einer organischen Entwicklung, die zu einem Punkt führt, an dem die Musik – nach einem gesprochenen Text – den nächsten Impuls geben kann. Das Erstaunliche, was dabei passiert, ist die „Temperatur", die auf der Bühne erreicht wird, wenn eine Musiknummer beginnt. Das Komponierte und Gesungene wird als solches plötzlich ganz selbstverständlich; eine an den Dialog anschließende Arie ergibt sich wie von selbst, und es gibt keinen Absturz mehr zwischen dem Dialog und der musikalischen Sprache. Mir wurde dadurch vor allem deutlich, was für ein guter Regisseur Mozart als Komponist war, der nicht nur ein ausgeprägtes Gefühl fürs Timing zwischen Texten und musikalischen Nummern hatte, sondern vor allem die Subtexte der Sprache stets auch im Orchester zum Klingen brachte.

Zwar wurde meine Produktion nicht wie bei den Herrmanns ein Viereinhalb-Stunden-Abend, aber doch ein Stück, das mit Pausen drei Stunden und 45 Minuten dauert, was für die *Entführung* immer noch ungewöhnlich lang ist. Die Entscheidung für zwei Pausen fiel auf Grund einer inhaltlichen Fokussierung auf das, was Attila Csampai die „Entscheidung der Frauen" nennt, die im zweiten Akt stattfindet und welcher dadurch mit einer Stunde und 15 Minuten Dauer fast Wagnerianische Ausmaße erhielt. Im Zentrum steht die Situation, in der die beiden europäischen Frauen, die in einen fremden Kulturkreis gezwungen wurden, sich mit der Option konfrontiert sehen, nach Europa zurückzugehen. In dem Moment, als sie wissen, dass sie aus dem Serail befreit werden können, entdecken sie, dass sie auch etwas wieder aufgeben müssen von dem, was sie in ihrem konventionellen Umfeld gar nicht erst erlebt hätten. In der Bearbeitung des (zuvor schon von anderen Komponisten vertonten) Librettos für Mozart erhielt diese Situation der Entscheidung eine ungekannte psychologische Intensität. Für mich hat das Stück deswegen seit Kurzem einen neuen (informellen) Titel: „Die Entführung aus dem Serail oder Die Angst, nicht geliebt zu werden." Die Angst, nicht geliebt zu werden, spielt eine zentrale Rolle, weil es darum geht, dass sich ein oder zwei Liebespaare über längere Zeit nicht gesehen haben und gegen das Sich-fremd-Werden ankämpfen. Was ist die Fremdheit? Bin ich der Fremde oder ist der Andere der Fremde? Wie kommt man sich entgegen, also, wie werden die begründeten wie unbegründeten Ängste überbrückt? Das sind für mich zentrale Fragen, die in diesem vermeintlich leichtfüßigen Stoff stecken.

Dies wird bei meiner Inszenierung beispielsweise in der großen Auseinandersetzung zwischen Konstanze und dem Bassa Selim in der Mitte des Stückes deutlich: Sie zieht sich für ein Dinner mit dem Selim ein Abendkleid europäischen Schnittes an – aber mit einem Turban dazu, als Zeichen des Auf-ihn-Zugehens nach dem vorangehenden Dissens. Selim selbst wiederum hat sich einen Smoking angezogen. Doch in dem Moment, wo beide sich gegenüberstehen, kommt es sofort wieder zur Reibung, zur Aggression, die nur mit größter

Mühe unterdrückt werden kann. Auch diesen Dialog vor der Martern-Arie habe ich komplett ungestrichen gelassen und damit versucht, eine sehr reale Ausgangssituation zu bauen, in der Konstanze nicht heroisch wirkt, sondern tatsächlich darum ringt, ihrem Belmonte treu zu sein – ein Ringen ist ja nur interessant, wenn man wirklich gefährdet ist. Ohne diese tiefe Verunsicherung müsste man auch nicht, wie es Mozart getan hat, einem solchen Zustand plötzlich ganze zehn Minuten Musik schenken. Die Martern-Arie steht nun konsequent am Ende eines psychischen Konflikts von Konstanze, der sich in dem vorangehenden Dialog intensiviert und dann durch die Arie gleichsam entlädt.

Der erste und dritte Akt wurden in meiner Arbeit gewissermaßen zu Rahmenakten. Der Erste, die Exposition, erzählt die Perspektive des jungen Mannes Belmonte, der in einen fremden, exotischen Bereich kommt. Dabei wollte ich aber die „Türkenoper", die Klischees und Fantasiekostüme, nur dort benutzen, wo es wirklich der entsprechenden Situation Sinn verleiht. Etwa in Belmontes Arie „Oh wie ängstlich …", in der er sich vorstellt, wie Konstanze wohl lebt, und bei den Visionen von ihr wörtlich anfängt zu schwanken und zu zittern. Da habe ich ganz bewusst für einen Moment so eine Fata Morgana von Konstanze entworfen, in einem 1001-Nacht-Sheherazade-mäßigen Kostüm. Eigentlich erfahren wir etwas über den Europäer und seine Vorstellung von einem Harem, die mit der Realität nicht viel zu tun hat. Vielleicht habe ich durch diesen visuellen Effekt auch den einen oder anderen Zuschauer abgeholt, der sich die *Entführung* anders vorgestellt hat und der sich nun – gewissermaßen gemeinsam mit Belmonte – mit einer anderen Realität auseinandersetzen muss. Belmonte lernt in dem Moment, als er tatsächlich der Konstanze gegenübersteht, dass das, was er sieht, mit seinen Vorstellungen und Träumen gar nichts zu tun hat. Ich glaube, dass es dies war, was auch Mozart interessiert hat – letztendlich nicht eine Oper darüber zu schreiben, wie eigentümlich die Türken sind und wie gut erzogen die Europäer, sondern über Konflikte, die übernational und überregional sind.

Bei allen Entdeckungen, die in den ersten zwei Akten auftauchten, bin ich doch beim Lesen des Librettos im dritten Akt plötzlich abgestürzt. Auf einmal ging es tatsächlich um diese Entführung an sich. Hier kamen die zur Form des Wiener Singspiels gehörenden Kuriositäten zum Zuge, wie der Stumme, der nicht sprechen kann, aber die Entführung letztendlich verrät. In vielen Aufführungen versucht man, dies zudem noch besonders komisch zu inszenieren: Leitern werden an Fenster gestellt, und Konstanze, die man bis dahin als intelligente Person kennengelernt hat, kommt da auf einmal mit 15 Koffern herunter, obwohl es um eine wirklich lebensnotwendige Flucht geht. Ich spürte, dass diese Szenen zu der Geschichte, die ich bis dahin szenisch aufbauen wollte, nichts beitragen, sondern vielmehr die über den Abend gewonnene Intensität zerstören würden. Daher habe ich mich entschlossen, im dritten Akt radikale Striche zu machen und mich von großen Passagen zu verabschieden. In der Aufführung selbst, während des Ständchens, das Pedrillo als Signal für die Entführung gibt, geht darüber hinaus langsam komplett das Licht aus – die Entführung selbst findet im Dunkeln statt und man hört sie nur. Für anderthalb Minuten ist das Stück ein Hörspiel; dann geht das Licht wieder an und man sieht die beiden Paare bereits verhaftet.

Es ist verbürgt, dass Mozart gesagt hat, die Entführungssituation selbst als Ensemble zu komponieren, interessiere ihn nicht (und das, obwohl es solche Entführungsensembles durchaus gibt, beispielsweise im *Barbier von Sevilla*, wo die Rosina entführt wird). Aber Mozart hat die Entführung als Handlungsvorgang, der in Musik umzusetzen wäre, offenbar nicht gereizt – insofern habe ich gewissermaßen nur nachgeholfen und das verwirklicht, was Mozart meiner Ansicht selbst dachte.

Die Fragen nach der Werktreue und dem Willen des Komponisten existieren für mich also nur eingebettet in alle Arbeitsschritte einer Opernproduktion. Als Regisseur bin ich ein Vermittler des Autors. Und kein Autor weiß – Gott sei Dank – so genau, was er macht. Das bedingt das große Geheimnis in einem kreativen Prozess; man ist sich nicht aller Dinge bewusst, die man da hervorbringt. Doch entscheidend ist, sich selbst auch die Freiheit zu gönnen, als Regisseur einen Stoff zu seinem eigenen zu machen. Natürlich soll man immer wieder überprüfen, wo Noten oder Text einen immer wieder neu inspirieren und begleiten. Doch in diesem Prozess kann und muss man vielleicht sogar vergessen, dass es einmal jemanden gab, der sie notiert hat. Den Sängerinnen und Sängern verdeutliche ich daher, dass mich ihre Darstellung erst interessiert, wenn sie das Gefühl vermittelt, sie sei von ihnen selbst erfunden und nicht irgendwo einmal aufgeschrieben worden. Ich empfinde alles, was schriftlich fixiert ist, als die Verpflichtung zur ganz eigenen künstlerischen Kreativität.

Der heute gängige Kanon setzt sich mehrheitlich aus Werken zusammen, welche das Publikum von einst zunächst verwirrt haben: Es steht in der Regel nicht ständig die *Schlacht von Legnano* von Verdi, sondern wir spielen die *Traviata*, mit der die Leute ursprünglich, nämlich bei der Uraufführung, nicht viel anfangen konnten. Als Regisseur versuche ich immer wieder, dieses Moment der Verstörung wiederzubeleben. Um sie in der aktuellen Gegenwart stattfinden zu lassen, muss jedoch auf vielen Ebenen gearbeitet werden. Viele Menschen denken, Regie setze sich nur zusammen aus dem Bühnenbild und den Kostümen – plus Arrangement. Dabei besteht die eigentliche Aufgabe darin, es hinzubekommen, dass die Darsteller ein sehr diffiziles Gefühlskarussell immer wieder neu herstellen können. Nur damit kann auch ein aktueller emotionaler Bezug zum Publikum hergestellt werden. Das mag nicht immer gelingen, aber ich weiß, dass mir auf Grund der am Beispiel der *Entführung* dargestellten Vorgehensweise häufig mehr gelingt als vielen anderen. Ein Einbruch bei dieser Arbeitsweise, die sehr viel mit der von mir bei den Proben kreierten Atmosphäre zu tun hat, ist entsprechend ganz deutlich zu sehen, wenn ich, was bei Wiederaufnahmen meiner Produktionen oft der Fall ist, nicht selbst mit einem Darsteller gearbeitet habe. Hier beanspruche ich tatsächlich eine eigene Autorenschaft. Wenn bei einer Inszenierung, z.B. bei der Besetzung, etwas verändert wird, dann ist das nicht mehr die Aufführung, die ich kreiert habe. Nach in dieser Hinsicht schmerzlichen Erfahrungen bleibt letztendlich nur die Konsequenz, den deutschen Repertoire-Betrieb zu meiden. An Stagione-Häusern gibt es vielleicht nur fünf Aufführungen nach der Premiere, aber die bleiben konstant so, wie ich sie für das vergängliche Hier und Heute erarbeitet habe.

Die Unantastbarkeit des Werks ist kein Rezept, das immer befolgt werden muss, doch es ist schwer zu benennen, wo das Recht als Regisseur beginnt und wo es endet. Die Rechtfertigung dafür kann eigentlich nur immer eine Aufführung selbst geben. Es kann und es darf kein Gesetz geben, welches das regelt. Es verbietet sich nicht, irgendwelche Eingriffe vorzunehmen, denn jede Aufführung ist ein Eingriff an sich. Eine Inszenierung ist eine Werkstatt – und das muss auch so bleiben.

Tatjana Gürbaca

Ausblick auf eine nachrückende Regie-Generation

Dieser Beitrag soll weniger ein Bericht über die eigene Regiearbeit und ihr Verhältnis zu Werk und Treue sein, als vielmehr einen Ausblick auf künftige Regie-Generationen gewähren. Den Hintergrund bilden zunächst Gespräche mit Studierenden der Regieklasse an der Hochschule für Musik (HfM) Hanns Eisler in Berlin, die im Rahmen eines Lehrauftrages von mir stattfanden. Die spannende Erfahrung, was und wie viel sich seit meiner eigenen Studienzeit getan hat, brannte noch lange nach und ließ die Idee reifen, das bereits in verschiedenen Seminaren Diskutierte durch gezielte Interviews zu vertiefen.[1] Der Eindruck, dass gerade an der „Hanns Eisler" in letzter Zeit einiges an der Geisteshaltung der Studierenden, aber auch der Dozierenden in Bewegung geraten ist und dort sehr entschiedene Haltungen der Studenten, die vielleicht auch von der Tradition der Schule und den Dozenten herrühren, anzutreffen waren, stärkte die Idee.

Das Alter der interviewten Studenten lag zwischen 23 und 28 Jahren, ein einziger Student war über 30, fast alle haben ihr Vordiplom und erste eigene kleine Inszenierungen bereits hinter sich, alle haben zumindest beim Assistieren schon Erfahrungen mit dem Opernbetrieb gesammelt. Dabei haben sie mitunter sehr klare Ansichten und Forderungen und Ansprüche, nicht nur an die eigene Arbeit, sondern auch an den Markt entwickelt. Es handelt sich also hier um junge Regisseure, die teilweise schon die Möglichkeit hatten, in die Realitäten eines künftigen Berufslebens hineinzuschnuppern, andererseits aber von diesen noch nicht so abgeschliffen sind, keine eigenen Visionen mehr zu haben, wie Oper auch gehen könnte. Sie bilden damit zum Teil bereits einen reizvollen Kontrast mit den in diesem Band versammelten Positionen.

---

1 Die mehrstündigen Interviews wurden im Frühjahr 2010 mit sieben Studierenden und dem Studiengangsleiter Claus Unzen der Regieklasse der HfM in Berlin und einer Studentin der Münchener Regieklasse an der „Bayerischen Theaterakademie August Everding" geführt.

Die Fragen

Der Interviewkatalog beinhaltete Fragen, die biografischer Natur waren, die die Ausbildung betrafen, Vorbilder sowie die Vision eines eigenen künstlerischen Weges erkunden sollten, aber auch allgemeinere Fragen zur eigenen Generation und Umwelt, zum Theater und zu seinem Apparat. Es kristallisierte sich schnell heraus, dass die Regiesprachen und -haltungen so unterschiedlich waren wie die Studenten selbst und sich kaum über einen Kamm scheren lassen würden. Über konkrete eigene Ästhetiken sollte daher nicht gesprochen werden.

Folgende Fragen dienten als Leitfaden durch die Gespräche:

- Was ist dein Motiv, überhaupt Oper zu machen? Was interessiert dich speziell an dieser Gattung?
- Welches Anliegen verfolgst du beim Opernmachen? Was soll eine Inszenierung können? Was ist dein Anspruch an dich selbst?
- Interessiert es dich, eine Geschichte zu erzählen? Wenn ja: Wie wichtig ist dir der lineare Verlauf derselben? Wenn nein: Was tritt an die Stelle der Geschichte?
- Wie würdest du deine Arbeit an einer Oper beschreiben: Gehst du eher mit archäologischem Interesse an ein Werk, als jemand, der Dinge entdeckt und freilegt? Oder würdest du den schöpferischen Anteil höher bewerten: Ist der Opernregisseur eher Erfinder, Ergänzer?
- Willst du mit deiner Arbeit emotional berühren oder ist dir wichtiger, was an Denkarbeit in den Köpfen der Zuschauer ausgelöst wird?
- Wie viel Naturalismus, wie viel Abstraktion braucht das Theater/die Oper?
- Wie wichtig sind für dich Text, Musik, Sujet, Werkgeschichte, Gattungsgeschichte, die Zeit, aus der ein Werk stammt? Welches dieser Dinge wird in deinen Arbeiten primär reflektiert?
- In welchem Verhältnis stehen Text und Szene/Musik und Szene zueinander?
- Welche Rolle spielt für dich die Aufführungstradition? Gibt es Stücke, bei denen sie wichtiger ist als bei anderen?
- Gibt es für dich Unterschiede zwischen Oper und Schauspiel? Wie würdest du die benennen?
- Im Wagner-Seminar, das ich vor einigen Semestern an der HfM „Hanns-

Eisler" gegeben habe, kamen immer wieder Schwierigkeiten, mit Chören umzugehen/umgehen zu wollen, zum Ausdruck. Wie verhältst du dich zu dem Phänomen der singenden Masse?

- Wie würdest du beschreiben, was sich in den letzten paar Jahren in der Oper verändert hat? Welche Positionen sind für dich interessant? Und wo siehst du dich selbst?
- Gibt es etwas, das du als spezifisches Merkmal für deine Generation bezeichnen würdest? Nicht nur auf Oper bezogen.
- Wo findest du Anregungen für deine Arbeit?
- Gibt es Vorbilder/Regie-Vorbilder? Wer oder was hat dich geprägt und inwiefern?
- Inwieweit beeinflussen dich andere Kunstformen und/oder heutige Medien: Kino, Fernsehen, Internet etc.?
- Kannst du beschreiben, welche Ästhetik du dir für deine Stücke wünschst? Wer sind die Bühnen- und Kostümbildner, mit denen du arbeitest? Welche Medien finden in deiner Arbeit Verwendung? Wie wichtig ist die Suche nach einer Form? Denkst du selbst eher in Vorgängen oder in Bildern?
- Hat sich vielleicht auch die Wahrnehmung der Zuschauer verändert? Muss man darauf Rücksicht nehmen?
- Wie verhältst du dich zu dem Begriff „Werktreue"? Oder begreifst du ein Werk als Material, mit dem umgegangen werden muss? Wie verhält es sich mit dem Umdichten von Stücken (z.B., wenn in Bieitos *Madama Butterfly* am Ende nicht sie selbst stirbt, sondern das Kind stattdessen umgebracht wird, damit sie an eine Green Card kommt)? Welche Methoden der Dekonstruktion oder Collage hast du in eigenen Arbeiten schon eingesetzt? Gerne anhand konkreter Beispiele.
- Gibt es Grenzen des Erlaubten? Oder was sind im Falle einer Dekonstruktion die Kriterien einer Auswahl?
- Wenn inzwischen mit einem Werk freier umgegangen wird, wie verhält es sich dann überhaupt mit dem Orchester?
- Hat deine Haltung auch mit deinem Verhältnis zum Repertoire zu tun? Würdest du mit einer Uraufführung anders umgehen als mit einem Stück des klassischen Repertoires? Gibt es zu wenig neue Stücke? Sind die Möglichkeiten der Interpretation der immer gleichen Stücke erschöpft?

- Gibt es bestimmte Stücke, die du unbedingt inszenieren wollen würdest, oder andere, die sich komplett ausschließen? Und warum?
- Wie oft gehst du selbst in die Oper? Nach welchen Kriterien suchst du die Abende aus, in die du gehst?
- Wie siehst du deinen Weg ins Berufsleben? Was muss sich an dem Apparat Oper, an den Opernhäusern verändern, damit Oper eine Zukunft hat? Brauchen wir neue Produktionsformen? Wie müssten die aussehen?
- Glaubst du, dass man mit Theater gesellschaftlich etwas bewegen kann?
- Welche Funktion erfüllt die Oper heute? Welche sollte sie erfüllen?
- Befindet sich die Oper in einer Krise? Und wenn ja: Wo würdest du Wege aus der Krise sehen? Wie siehst du die Zukunft der Oper? Wo geht es hin?
- Finden sich neue Wege der Produktion tendenziell im Off-Bereich? Oder sind die Unterschiede nicht so groß, wie sie zunächst scheinen?
- Was erwartest du von einem Zuschauer? Sollte er Vorkenntnisse über ein Stück besitzen?
- Ist Oper heute vielleicht sowieso nur noch für ein Fachpublikum nachvollziehbar? Haben sich die Regisseure schon zu weit von ihrem Publikum entfernt? Kann/soll man ein Publikum erziehen? Wie kann man neues Publikum gewinnen? Welchen Schritt müssen die Künstler oder die Häuser auf ihr Publikum zu tun, wo sind wir in der Pflicht?

Im Folgenden werden die Antworten Studierenden immer wieder – oft auch über längere Passagen – im Original zitiert, da gerade der Wortlaut des Gesagten oft einen besseren Einblick in die Haltung der Interviewten bietet, als eine rein inhaltliche Zusammenfassung das könnte. Die Antworten werden in mehreren Problemfeldern gebündelt.

Die Generation

Die meisten der Studierenden kommen aus Familien, in denen Oper „gemacht" oder zumindest viel gesehen wird. Ihre Eltern sind Sänger, Komponisten oder Musiker, sie waren selbst im Kinderchor oder -ballett, in der Kinderstatisterie etc., haben teilweise schon früh Proben beigewohnt und sind vor allem vor dem

Studium viel in die Oper gegangen. Die meisten machen aktiv Musik und bezeichnen diese häufig als ersten Anreiz, überhaupt Oper inszenieren zu wollen. Die Mehrzahl geht allerdings inzwischen kaum noch in die Oper, weil sie trotz ihres Studiums und ihrer offensichtlichen Leidenschaft für die Gattung der Meinung ist, dass in der Oper keine Dinge stattfinden, die für sie interessant oder relevant wären. Stattdessen gehen sie ins Schauspiel (viele der Studenten sehen ihre künstlerischen Vorbilder in Regisseuren wie Christoph Schlingensief und René Pollesch), viel ins Kino, in wenigen Fällen ins Musical.

Die Studenten selbst bezeichnen sich als „Generation Facebook". Neue Medien und das Internet, das gleichzeitige „Sich-Vernetzen", dabei aber „Immer-isoliert-Bleiben", das permanente „Posten" von Texten, Videos und Bildern strukturieren das Leben und die Wahrnehmung der jungen Künstler maßgeblich. „Die Medienüberpräsenz ist unsere Generation, die Schnelllebigkeit, der gläserne Mensch. Unsere Generation ist ungeduldig und verzeiht keine Fehler. Vielleicht ist das auch eine Chance fürs Theater", erklärt ein Student und eine Kommilitonin ergänzt: „Alles wird immer lauter, immer schneller, immer oberflächlicher. Die neuen Medien haben uns in eine Vereinzelung geführt. Man setzt sich immer weniger mit anderen Menschen auseinander." Geprägt von dem Tempo und der Verfügbarkeit von Information, aber auch dem antilinearen Arbeiten im Internet (das möglicherweise die Art zu denken verändert und damit auch zu neuen Erzählformen führt), handelt es sich um eine Generation, die es gewohnt ist, mit starken Effekten konfrontiert zu werden, und gelernt hat, Bildern zu misstrauen.

Dadurch, dass jedes Ereignis auf der Welt auch gleich als medial verarbeitet und als Bild verfügbar gemacht und in diversen Groups und Blogs kommentiert wird, geht das Gefühl für die Authentizität der Ereignisse verloren. Eine starke Subjektivierung findet statt. Jeder ist immer mehr auf sich selbst zurückgeworfen und verbringt seine Zeit alleine vor dem Bildschirm des Computers. Dabei entsteht parallel das Gefühl, es gehe nicht mehr um „das Eigentliche" und die Sehnsucht nach „echten", „in diesem Moment und live" stattfindenden Erlebnissen und nach einer nicht-virtuellen Gemeinschaft wächst: „Ich glaube, es gibt sehr viele Ängste, Orientierungslosigkeit. Man hat wenig, woran man sich verbindlich halten kann. Jetzt stehe ich da mit meinem abgeschlossenen Studium und bin auf mich selber zurückgeworfen. Ein gemeinsames Miteinander ist trotz des Internets schwer herzustellen. Jeder ist für sich alleine und soll das Spezielle an sich behaupten. Die Leute verbringen viel Zeit damit, sich Dinge im Internet hin- und herzuposten. Aber es gibt wenige Diskussionen um wirklich Relevantes. Oder Menschen, die sich für etwas einsetzen, trotz der Möglichkeiten, sich miteinander zu verbinden."

Kritik an der Oper

In einem Punkt stimmten die Studenten miteinander überein: Oper sei zu elitär und daher in der Krise. Sie reagiere nicht ausreichend (weder formal noch inhaltlich) auf die Gegenwart. Neue Stücke seien einem Publikum nicht zugänglich. Es herrsche Austauscharmut zwischen Häusern und Zuschauern, zwischen den Häusern untereinander, zwischen der Oper und verwandten Gattungen (wie etwa dem Schauspiel) und anderen Bereichen des Lebens.

Oper sei in den meisten Fällen nicht unterhaltsam genug, die Sänger häufig bei Weitem nicht in der Lage und manchmal auch nicht willens, ihre Rollen glaubhaft zu verkörpern. Der Oper wird vorgeworfen, ihre Funktion in unserer Zeit beschränke sich darauf, dass sie einer Gesellschaft Raum biete, sich selbst zu bestätigen: „Die Leute stellen ihr Auto ab, gehen in die Oper und sehen zu, wie Medea ihre Kinder abschlachtet. Und wenn man die Ouvertüre nicht streicht, schlafen die Leute ein. …Vielleicht muss es Oper als Museum auch geben, so wie eine bestimmte Bevölkerungsschicht das sehen möchte. Da bekommen die Leute, was sie erwarten. Aber ist doch schlimm, dass die schon wissen, was sie erwartet, dass die sich nur bestätigt sehen wollen." Wer in die Oper gehe, betreibe Weltflucht. Es fände keine wirkliche Emotionalisierung statt, stattdessen erzeuge das hochbürgerliche, teure System mit seiner Trickkiste an Effekten nichts als eine Art Nihilismus, bei dem nur noch die Wirkung zähle. „Es ist schade, wenn Theater sich komplett erklärt und die Mittel so inflationär behandelt werden. Nichts bedeutet mehr etwas."

Zentraler Aspekt der Kritik ist das Primat der Wirtschaftlichkeit gegenüber der Kunst: „In der Oper geht es zurzeit immer mehr nur um entweder ‚Erfolg gleich Wirtschaftlichkeit' und ‚Kunsthandwerk' oder Kreativität und Jugendlichkeit gleich bedeutungslos und irgendwo im Kellertheater. Die Ausnahmen sind rar, und die Bahnen, die Konwitschny und Konsorten in den 8oern gebrochen haben, scheinen sich fast reziprok zu verkehren. Oper ist tendenziell nur noch als High-Society-Produkt oder Pop-Event vermarktbar. Und das alles gestützt von einer (aus meiner Perspektive) Elterngeneration, die in den fetten Jahren der Kultursubventionen und Sorglosigkeit groß geworden ist, wo Opernhäuser dreimal so viel Geld hatten wie heute, die sich damals auch ihre Jugendlichkeit und Avantgarde leisten konnte. Das sind die Leute, an deren Türen wir jetzt klopfen müssen und von denen man rausgeschmissen wird, wenn man nicht in den Businessplan passt."

Und weiter heißt es: „Die fetten Jahre sind vorbei', muss ja wirklich nicht als allgemeiner Suizidaufruf verstanden werden, aber es muss viel stärker diskutiert werden, neue Formen erprobt werden und auch bewusst gemacht werden, dass Oper und Musiktheater ein integrativer Bestandteil unserer Kultur sind und waren – ich glaub zumindest dran –, dass man in Deutschland aber auf dem besten Weg dahin ist, diesen Anker zu verlieren und in ein Musical-artiges gleichgeschaltetes Kunsthandwerk auf der einen Seite, eine sicherlich kreative aber inzestuöse, weil austauscharme, bedeutungslose, selbstgefällige Offszene andererseits abzudriften. Es geht also um den Spagat, ein Theatersystem zu fordern, das genau aus dem Extrem zwischen gesellschaftlicher Mitte und kreativer Bandbreite seine Nahrung erhält.

Wieso funktioniert es anscheinend nur so selten, die Mischform Oper zwischen bildnerischen Elementen, Theater, Orchesterwesen als stetig kreativ wachsendes Biotop wahrzunehmen und zu nutzen? Wieso scheint das Experiment und damit eine überschäumende Entdeckungslust oft schon so ausgeschlossen aus dem Opernbetrieb?"

Die Off-Szene erscheint den Absolventen aus Berlin dabei nicht als Alternative, sie wird als sehr eng zielgruppenorientiert und bedeutungslos wahrgenommen. Aus der Off-Szene scheint kein Weg ins Stadt- oder Staatstheater zu führen. Ein Student berichtet: „Ich habe ein großes Problem mit der Off-Szene, obwohl ich selber viel hingehe. Aber es gibt eine Szene, wo immer die gleichen Leute hingehen. Es findet kein Austausch mehr statt bei zwei gegeneinander eng geführten Systemen."

Ein weiterer Student formuliert eine mögliche Schlussfolgerung: „...Vielleicht brauchen wir auch wirklich nur noch Aktionen und keine Oper mehr."

Trotz allem Oper?

Trotz der Schnelllebigkeit der Zeit lautet die Forderung der jungen Künstler an das Theater nicht, ebenfalls kurz und schnell zu sein, im Gegenteil: Theater solle vielmehr eine Alternative zu der alltäglichen Wirklichkeit schaffen. Es müsse authentisch sein und im Hier und Jetzt verankert; es lebe davon, emotional zu berühren und einen Raum zu schaffen für das Aufeinandertreffen von Menschen. „Oper ist wie Kirche", stellt ein Student fest. „Es müssen viele unterschiedliche Leute darangehen, damit das funktioniert. Das ist reizvoll. Die Vielschichtigkeit der Formen. Die Oper hat eine Kraft, die das Schauspiel nicht hat. Alleine durch die Musik und den Gesang ist eine fantastische Komponente darin. Es ist emotional und nicht so kognitiv." Eine Studentin fügt hinzu: „In der Verknüpfung von Text, Musik, Szene berührt Oper so sehr, wie kein anderes Medium es vermag."

Die Musik scheint fast allen Studenten interessanter und wichtiger als Handlung und Text: „Oper ist ja schon alles, Oper verfügt über alle Mittel und die Vermischung bereichert alle." Die Interviewten träumen von einer Oper, die an allen möglichen Orten und zu allen möglichen Zeiten stattfinden kann. Gerade deswegen scheint Theater für diese Generation wieder als Ort der Begegnung und des gesellschaftlichen Diskurses wichtig zu werden. „Man hat die Möglichkeit, für viele Leute eine Geschichte zu erzählen. Das ist dann immer auch politisch. Oper kann eine gesellschaftlich relevante Dimension haben", heißt es etwa. „Der Darsteller ist zentral. Es geht nicht ums schöne Singen, sondern um Wahrhaftigkeit."

Die Länge der meisten Opern wird – trotz der Schnelllebigkeit der Zeit – allerdings von einem großen Teil der Studenten nicht als Problem gesehen. Im Gegenteil begrüßen einige der Interviewten die Entschleunigung, die das Theater generell mit sich bringt: „Es gibt ja auch Leute, die sich in einer Nacht alle *Herr-der-Ringe*-Filme hintereinander angucken. Es muss nur interessant genug gemacht sein."

Die Utopien

Das Experiment müsse als integraler Bestandteil der Oper selbst begriffen werden. Erst dann sei für ein Publikum auch jedes Mal neu und spannend, was auf der Bühne geschehe. Für manche liegt diese Aufgabe eher in der künstlerischen Arbeit, etwa wenn der Vorschlag gemacht wird, „man sollte Wagner-Opern kürzen. Oder aus Stücken rausgehen können und wieder rein – wie zur Zeit der Opera seria, da wäre was los, man könnte sofort diskutieren darüber". Andere sehen die Erfüllung in einer Auflösung der klassischen Rahmenbedingungen der Oper. Ihr Ziel ist: „Oper muss jedem zugänglich sein", denn eigentlich wäre die Oper durchaus „massentauglich". Eine Studentin erzählt daher: „Ich träume von einem Tourneetheater, mit dem man überall hinfährt, weil mich die großen Theater so abschrecken. Die erwecken den Anschein eines Clubs, zu dem nur bestimmte Leute gehören."

Vor allem aber bleibt die Utopie der jungen Regisseure ein Primat der Kunst gegenüber dem der Wirtschaftlichkeit, das heißt, die eigene Arbeit nicht bedingungslos ökonomischen und institutionellen Kalkulationen unterordnen zu müssen. „Wenn ein Intendant mir sagt: „Schaun's: Wenn i so a Olga Neuwirth-Stück moch, dann muass i halt auch a *My Fair Lady* mochn, sonst geht sie des ned aus …", dann nehme ich das als Realität, die mir ein erfahrener Theatermann mitteilt zur Kenntnis, aber wenn man genauer nachdenkt: Heißt das denn, jedes Experiment oder etwas außerhalb der Norm stehende Theaterereignis ist eigentlich nicht vorgesehen und muss durch anderes erst wirtschaftlich machbar gemacht werden? Muss ich quasi immer darauf hoffen, dass jemand für mich ein Musical macht, damit ich leistbar werde, und stimmt denn das überhaupt? Könnte es nicht auch der Anspruch sein, dass man den Menschen zutraut, ein Olga-Neuwirth-Stück so erlebbar machen zu können, dass es gleich viel bringt wie *My Fair Lady*? Ich glaub schon, dass das für unsere Generation der Knackpunkt sein wird, wie gehen wir mit dem Leistungs-, Wirtschaftlichkeits- und Machbarkeitsanspruch um, ohne zu versinken, in der eigenen Suppe zu kochen. Ich meine, ich will ja trotzdem Menschen erreichen und ihnen etwas bringen. Egal, wo sie herkommen."

Alte Stücke/Neue Stücke

Überraschend erscheint die fast einheitlich vorherrschende Meinung, man brauche die alten Stücke. Heutige zeitgenössische Opern wurden als häufig nicht gut genug, spannend genug, heutig genug kritisiert. Sie scheinen keine Alternative zu den alten Werken darzustellen. Einige der Interviewpartner äußerten den Verdacht, dass heutige Komponisten sich der Gattung entfremdet haben und sie nur noch benutzen, um mediale Aufmerksamkeit zu gewinnen.

Das Problem, dass die Interpretationsmöglichkeiten der immer gleichen Stücke erschöpft sein könnten, stellt sich dieser Generation nicht, da der Regisseur in ihren Augen selbst zunehmend zum Autor, Erfinder und Neuschöpfer wird. „Es ist besser, die alten Stücke zu bearbeiten, als neue Stücke zu spielen, die nicht berühren." Ein Stück wird als Material aufgefasst, mit dem alles gemacht werden kann, das nach ganz subjektiven Kriterien genutzt werden und auch durch weiteres Material ergänzt werden darf. Es gilt: Alles ist erlaubt.

Dabei wird das Erzählen einer Geschichte nicht grundsätzlich abgelehnt; die Geschichte wird aber nicht unbedingt gesucht und schon gar nicht muss sie linear erzählt werden. Bestimmend erscheint in der Regel der Probenprozess, in dem sich die Interpretation entwickelt, in dem verschiedene Dinge, Ansichten, Themen aufeinanderprallen. Die Arbeit verläuft häufig assoziativ. Das Team um den Regisseur (Dirigent, Dramaturg, Ausstatter, auch die Sänger) wird durch den Prozess des Um- und Neuschreibens wichtiger, als es je war, und zum Mitgestalter des Stückes.

Werktreue

In diesem Zusammenhang betrachtet, wird deutlich, dass und warum der Begriff „Werktreue" für diese Generation von Studenten keine Relevanz mehr besitzt. Er kommt zwar im Studium vor, für die Studenten ist aber klar, dass man von einem „Werk" in den meisten Fällen gar nicht mehr sprechen kann und dass auch nicht zu klären ist, was Treue gegenüber einem Werk eigentlich bedeuten soll. „Treue. Werktreue. Das ist ein Begriff, der für mich negativ konnotiert ist. Das klingt so nach Ehre und Moral. Ich finde, dass grundsätzlich alles möglich sein sollte. Ohne uns würde es ja auch nicht leben."

Ihnen erscheint es heute als selbstverständlich, dass Werke häufig viel weniger vollständig und vollkommen sind, als man denkt, und dass jede Aufführung eines geschriebenen oder gedruckten Textes bereits eine Interpretation ist. „Ich habe zu diesem Begriff nie einen Bezug gefunden", erklärt eine Studentin, „Werktreue gibt es nicht. Wir wissen nicht, wie ein Werk gemeint war, wie es aufgeführt wurde. Wir denken heute anders, fühlen anders, singen anders, die Instrumente klingen anders. Und ich kann das Stück überhaupt nicht machen, wie es jemals gemeint war. Ich weiß nicht, was jemand meint, was er gefühlt hat, als er das Stück geschrieben hat, ich weiß nicht, wie die Menschen sich damals gefühlt haben, die das Stück bei der Uraufführung erlebt haben. Das kann man nicht wissen, das weiß man nicht. Der Regisseur ist in dem Moment, in dem er das Stück liest und hört, sogleich Erfinder, da er es liest, wie eben er es liest. Dabei interpretiert man bereits und ist somit Erfinder einer Lesart, eines Zugangs."

Was ist Werktreue: Treue dem Text gegenüber, der Musik, den Regieanweisungen dazu, einer Aufführungstradition, dem Geist eines Werkes? Ein Student stellte die Gegenfrage: „Ist Werktreue die Überführung der Emotion ins Heutige? Ähnliche Publikumsreaktionen heraufzubeschwören?" Ein Kollege ergänzt: „Werktreue heißt, das Stück ernst zu nehmen, das heißt, es gut zu kennen, bevor man alles damit machen darf, um neue Aspekte zu erschließen."

Der Regisseur: Erfinder oder Entdecker?

Die Grundhaltung dieser Regie-Generation scheint deutlich: Erlaubt ist, was gefällt. Umschreiben der Handlung, Kürzen, Hinzufügen, Umstellen, mehrfaches Spielen, Parallelmontagen mit Film oder anderen Genres, andere Besetzungen (Schauspieler statt Sänger beispielsweise) und auch andere Instrumentierungen sind denkbar. Die Mehrheit der Befragten meinte, es müsste sogar normal sein, alles bei jedem Stück neu zu überdenken, um die Erwartungshaltung eines Publikums von Anfang an zu unterlaufen; Oper sollte per se immer überraschend sein. Genrevermischungen seien interessant und im Kern der Gattung Oper angelegt. „Teilweise wird ein Stück durch Improvisation wieder lebendig und direkt. Das Neu-Erfinden mit Schauspielern/Sängern ist spannend, ein Stück dabei zu entdecken."

Die erste Frage an ein Stück lautete bei den meisten der Interviewten: Was interessiert mich heute an dem Werk? „Eine Geschichte kann sich ergeben oder auch nicht. Ich glaube, diese Frage muss man sich nicht mehr stellen. Ich schaue, was mich thematisch interessiert, dann kann im Probenprozess alles Mögliche passieren. Manchmal gibt es einen bestimmten Ausgangspunkt, aber die Arbeit verläuft dann sehr assoziativ. Und die Dinge, die mich gerade beschäftigen, fließen in die Arbeit mit ein. Das entsteht teilweise schon am Schreibtisch, teilweise auf den Proben."

Schnell wird aber auch klar, welche Schwierigkeiten beim Neuschöpfen von Stücken bestehen und dass gut zu dekonstruieren nicht leicht ist, insbesondere da deutlich ist, dass es den Studenten nicht um die reine Provokation geht. „Man will ja ein Stück nicht ab-bauen, sondern im Gegenteil etwas schaffen, auf-bauen", heißt es. Ein Student berichtete von den daraus resultierenden Problemen: „Ich habe ein Angebot bekommen von Freiburg, Barbara Mundl, und sie hat uns alle Freiheiten gegeben. Dann hat sie uns den Orpheus-Stoff vorgeschlagen. Wir dürfen musikalisch in die Operette auch andere Stücke einfließen lassen. Aber ich stelle in der Vorbereitung fest, dass man sich plötzlich sehr ans Werk krallt und an die Geschichte. Ich habe auch alle Freiheiten in der Besetzung. Es muss nur gut geplant sein. Und ich habe Zeit – es braucht auch eine lange Vorbereitungszeit."

Die Stücke werden meist äußerst gründlich vorbereitet. Eine Studentin erklärt: „Mich interessiert es ab dem Punkt nicht mehr, wo ich das Gefühl habe, es ist beliebig. Es muss einen roten Faden geben. Ich muss die Figuren wiederfinden." Vor allem der historische Kontext, aus dem ein Werk stammt, und die Analogien zu der eigenen Zeit stehen dabei im Fokus der Studierenden. Andere waren aber auch der Meinung, dass die Sekundärliteratur den Blick auf das Werk verstelle. Der erste Eindruck sei das Entscheidende, weil er häufig auch den Blick des unbedarften Zuschauers widerspiegele.

Die Forderungen an den Apparat Oper

Resümierend und übereinstimmend wurde von den Studenten festgestellt: Oper ist in der Krise. Dabei sind sie sich einig, die Oper werde nicht am Geld scheitern, nicht am Mangel an prächtigen Kostümen oder einer teuren Bühne, sondern dann, wenn die Bereitschaft, sich zu verjüngen und von innen heraus zu erneuern, abhandenkäme. Daraus folgen die Fragen: Kann die Krise nutzbar gemacht werden? Brauchen wir neue Produktionsformen, neue Formate?

Die Antworten und auch Forderungen der Interviewten lauteten einstimmig: Die Erneuerung der Oper müsse von den Machern kommen. Oper müsse attraktiver werden, lebendiger, überraschender. Ihre Ästhetik solle eine heutige sein, Oper muss sich am Leben orientieren. Dazu gehört jedoch nicht nur die künstlerische Erneuerung, sondern auch die institutionelle. Erneuerung von innen heraus könne derzeit kaum stattfinden, weil die Institutionen zu wenig durchlässig seien und sich einer jungen Generation gegenüber zu wenig öffneten – anders als z.B. im Schauspiel, wo es mehr kleine Formate gebe, die dem Nachwuchs den Einstieg erleichterten. „Die Oper wird sich nicht so schnell ändern: Leute wie Neuenfels haben Aufträge bis 2014/15. Die Leute (die Intendanten, T.G.) haben so viel Angst, sie müssen politisch begründen, woher sie Gelder kriegen. In den nächsten zehn Jahren wird sich nichts ändern im Opernbetrieb", stellt ein Student resigniert fest. Ein anderer schildert, wie wenig Chance dieser Betrieb der Arbeit der nachwachsenden Generation bietet: „Die Oper als Institution muss aufgelöst werden. (…) An Opernhäusern darf man ein Werk nur sehr intelligent brechen mit Heiner-Müller-Texten. An anderen Orten ist man entspannter und hat eine andere Erwartung und wird wieder mehr berührt. Das Singen wird dann authentischer und wieder beeindruckend. Im Opernhaus ist alles unantastbar, allein durch den Graben ist alles weit weg. Damit Oper lebendig bleibt, müsste man für jedes Stück neu überlegen, wo man es spielt, wie man es instrumentiert, was man von dem Stück will. Bühnenbild und Ausstattung ist überschätzt. Es beeindruckt, aber ich brauche es nicht, um berührt zu sein."

Einige Studenten gehen so weit, die Zerschlagung der Kollektive herbeizusehnen, Orchester- und Chorapparat sollten beispielsweise abgebaut und für jedes Stück neu zusammengecastet werden. Dem Team solle anstelle der Kollektive eine größere Bedeutung zukommen. „Wir müssen die Chance in der Krise sehen, die Kollektive abschaffen und die Teams stärken. Das Ensemble ist wichtig, Solisten, mit denen man auf eine längere Zeit eine gemeinsame Sprache entwickeln kann. Künstlerisch muss alles möglich sein." Eine Studentin fügt hinzu: „Natürlich unterliegt ein Opernhaus auch ökonomischen Zwängen. Aber der ganze Apparat hat mit künstlerischer Freiheit wenig zu tun, und als

Regisseur ist man gewissermaßen Dienstleister. Der Betrieb korrumpiert die Kunst."

Gleichzeitig müsse Oper mehr vom Sänger ausgehen, begreifen, dass der Darsteller zentral sei. Die Sängerausbildung sei noch nicht gut genug, kritisieren die Studenten. Selbst im Musical würden die Darsteller körperlicher denken und agieren. Eine wahrhaftige Darstellung sei Grundlage für ein ernst zu nehmendes Musiktheater. Eine Studentin äußert sich zu ihren Erfahrungen in der Ausbildung: „Ich habe bei fast allen Produktionen die Erfahrung gemacht, dass Schauspieler und Sänger sich gegenseitig bereichern können. Oft verbieten die Lehrer ihren Studenten Dinge. Beide Seiten sollten stattdessen offen sein."

Dialog mit dem Publikum

Einige Studenten räumen ein, dass Oper elitär sei, dennoch dürfe sie sich nicht noch elitärer machen wollen, sondern solle durchaus versuchen, mit anderen Medien und Formaten, wie etwa dem Film, zu konkurrieren. Oper müsse mehr an die Leute herantreten, es solle mehr Werbung gemacht werden – auch im Kino und Internet. Die Opernhäuser sollten mehr herausstellen, wie besonders die Tatsache ist, dass das Publikum im Theater Menschen live auf der Bühne erleben kann. Ein Zuschauer solle über keine Vorkenntnisse verfügen müssen, um Oper zu genießen. Er solle nur offen sein, müsse vielmehr „mitgenommen" werden. Die Hemmschwelle, in die Oper zu gehen, müsse sinken. „Ich würde mir ein junges Publikum wünschen, das von der Emotionalität her noch nicht abgestumpft ist. Türkische Jugendliche in Neukölln, aber keine Ahnung, wie man die in die Opern bekommt."

Das Problem seien keinesfalls mangelnde Einführungsveranstaltungen, von denen gebe es genug – nur würden dorthin genau die falschen Leute kommen. Es gebe ein „verbildetes" Publikum, eines, das schon mit bestimmten Erwartungen komme, die es erfüllt sehen möchte. „Der Zuschauer darf nicht mit der Sicherheit ins Theater kommen, zu wissen, was passiert. Er muss überrascht werden und den Ausgang nicht kennen – wie im Kino." Oper solle sich aber verstärkt einem Zuschauerkreis zuwenden, der unbelastet, offen und neugierig an die Sache herantrete. Hier sei auch die Gesellschaft in der Pflicht, jungen

Menschen eine musikalische Grundausbildung (ausreichender und anregender Musikunterricht in den Schulen, Möglichkeiten, eine Musikschule zu besuchen usw.) zu ermöglichen und nicht jegliches Interesse von vornherein zu ersticken.

Ausblick

Die Gespräche haben den Eindruck hinterlassen, dass die Oper bei so vielen engagierten, leidenschaftlichen, gut ausgebildeten, die Oper liebenden, kreativen und unruhigen Menschen unbedingt eine Zukunft haben wird. Sie machten aber auch deutlich, dass diese Zukunft unter Umständen anders aussehen könnte, als die meisten von uns sich das im Moment vorstellen. Manche der geäußerten Meinungen mögen einem auf den ersten Blick naiv erscheinen. Dennoch erscheinen sie gerade in einer Zeit, in der immer wieder von der Krise der Oper die Rede ist, als hörens- und bedenkenswert. Die Studenten machen sich Gedanken und erleben sehr direkt, dass sie die Generation sind, die mit einer neuen Art von Leistungs-, Wirtschaftlichkeits- und Machbarkeitsdruck konfrontiert sein wird. „Seid menschlich. Seid mutig!", lautet der Aufruf eines interviewten Studenten an seine Mitstreiter, liegt die Zukunft der Gattung Oper doch gerade in den Händen dieser Menschen.

Diskussion II

Gerhard Brunner: Ich möchte eine ganz praktische Frage an Peter Konwitschny richten, die seine Zusammenarbeit mit den Dirigenten betrifft: Wie macht ein Regisseur seine Interpretation oder seine Bedürfnisse dem betreffenden Dirigenten plausibel?

Peter Konwitschny: Natürlich mit der Musik! Nehmen wir mal das Ende von *Don Giovanni*, wie ich es in Berlin inszeniert habe. Er ist in die Hölle geschickt – und das, was dann musikalisch kommt, ist eher dürftig; es hat den Charme und den Widerspruch verloren – und das ist grandios von Mozart in Töne gefasst, dass da was fehlt. Mir ging es nun darum, dass der Zuschauer begreift, was Mozart da gemacht hat. Deshalb bin ich auf die erstmal fernliegende Idee gekommen, dass die Sänger aufhören zu singen – und gegen Ende hört einer von den Sechsen auf. Und dann zwei Takte später der Nächste und so weiter. Und auch im Orchester hören immer mehr Musiker auf, der Dirigent dirigiert aber immer weiter, bis dann gar nichts mehr zu hören ist, aber der Dirigent dirigiert immer noch weiter. Das war die Absicht, ganz simpel, dass die Zuschauer merken: „Irgendwas fehlt jetzt hier, die Musik hört auf."

Es gibt ohne Zweifel Dirigenten, die sagen: „Nein, das geht nicht. Ich bin hier die Notbremse, ich verantworte, was der Komponist gemacht hat, und ich muss das schützen vor den Aktivitäten des Regisseurs." Wenn das passiert, dann bin ich geliefert. Aber es gibt auch andere Dirigenten, die mehr interessiert sind an der Wahrheit der Stücke und nicht an dem Durchexerzieren der Noten, die da stehen. Das ist dann ein dialektischer Umgang mit Werktreue.

Bei den *Meistersingern* in Hamburg war die Sache allerdings noch anders: Da stammte die Idee vom Dirigenten Ingo Metzmacher. Er fand es unmöglich, Formulierungen wie „welscher Tand" und „deutsch ist echt und gut" und so weiter ungebrochen zu präsentieren. Ich habe mir die Passagen angeguckt und fand sie zunächst auch viel zu nationalistisch-chauvinistisch. Dann habe ich aber bemerkt, dass das nicht chauvinistisch ist, sondern dass Wagner durchaus recht hat: Das war „welscher Tand", wenn die deutschen Fürsten nur noch

Französisch gesprochen haben. Das kennen wir doch auch als sprachliche Überfremdung. Wir verlieren unsere Identität, wenn wir die sprachliche Identität verlieren. Wir haben also versucht, eine Form zu finden, um klarzumachen, dass das von Wagner gar nicht chauvinistisch gemeint ist.

Aber wie sollten wir die Aufgabe lösen? Man kann während des Gesangs eine Tafel aus dem Schnürboden herunterlassen: „Das hat Wagner nicht so gemeint!" Das wäre eine Möglichkeit. Oder einer tritt vor den Vorhang und erklärt den Zusammenhang. Auch nicht gut. Wir hatten einfach keine witzige Idee. Dann hat Metzmacher vorgeschlagen, dass wir unterbrechen. Ich fand die Idee gut, weil eine Unterbrechung bewirkt, dass man den Atem anhält. In der Oper darf eigentlich nicht unterbrochen werden – und dadurch bleibt die eingeschobene Diskussion umso mehr im Gedächtnis hängen. Aber das Bedauerliche an dem Vorgang war, dass die meisten, die das gesehen und gehört haben, geglaubt haben, dass wir zeigen wollten, wie chauvinistisch Wagner ist. Die haben nicht mitgekriegt, dass wir genau das Gegenteil versucht haben.

Christine Lemke-Matwey: Es besteht ja diese Diskrepanz zwischen der Freiheit der Szene und der „Begrenztheit" oder „Unantastbarkeit" der Musik im Gegensatz zur hochgradigen Antastbarkeit der Szene, das ist ein Problem, das wir vielleicht haben, wenn es denn eines ist.

Peter Gülke: Wenn wir auch noch an die Partituren herangehen – was tauschen wir dafür ein? Dann gehen wir an die Heiligtümer unserer eigenen Kultur. Und ich weiß nicht, ob wir das aufs Spiel setzen sollten. Ganz Europa hat sich mit Recht darüber aufgeregt, dass die Taliban diese Heiligtümer zerschossen haben. Ich finde das ein kleines bisschen scheinheilig, denn wir zerschießen unsere Heiligtümer ja auch. *Die Entführung aus dem Serail* ist in der Komischen Oper zerschossen worden. Da wird ein Übergewicht des Optischen hergestellt, das immer zu Lasten der Musik geht. Das sollten wir lieber lassen. So groß wie die großen Werke sind wir noch lange nicht.

Jochen Strauch: Das eigentlich Neue an diesen Regisseuren ist ja, dass sie sich auch die Tonspur vornehmen, die ja im Gesamtkunstwerk Oper meist überraschend unverändert bleibt. Die veränderte Interpretation liegt immer aufseiten der Regie, also immer auf die Bildspur. Da herrscht eine große Diskrepanz, und solange die bestehen bleibt, das heißt, die Dirigenten sich nicht auch trauen, mit dem Werk, mit der Partitur so eigenständig umzugehen, wie die Regisseure das tun, wird das konservative Element der Oper immer wieder Futter bekommen.

Mathias Spohr: Ich denke, die Rolle des Regisseurs ist unter ihren jeweiligen gesellschaftlichen Bedingungen zu sehen. Es stimmt, dass im 19. Jahrhundert der Regisseur der Aufpasser war. Er musste schauen, dass nicht auf den Bühnenboden gespuckt wurde und die Frauen nicht belästigt wurden. Das waren die festgeschriebenen Aufgaben des Regisseurs, er musste schauen, dass die Schauspieler irgendwie in Schach gehalten werden. Und heute ist der Regisseur der feinsinnige Realisator, der Gestalter von Sachen. Heute sind die Sänger die disziplinierten, die einfach gut singen und richtig singen möchten. Und der Regisseur zwingt sie, sich im Schlamm zu wälzen – dieser böse Mensch, der die braven Darsteller zur Freiheit zwingt. Das ist einfach ein Spiel, glaube ich. Ein Spiel mit Rollen.

Maia Koberidze: Es ist doch angesichts der heutigen Kulturlandschaft absolut unmöglich, Experimentelles im Bereich Musik – also auf der Tonspur – zu leisten, weil sich zwar der Regisseur ein Jahr auf die Inszenierung vorbereiten kann, aber die Musiker im Normalfall nur vier Orchesterproben haben. Deswegen kann man vielleicht bei Festspielen viel Neues entwickeln, aber im normalen Theaterbetrieb, in den kleinen Häusern ist das fast unmöglich. Man kann 80 Leute im Orchester nicht plötzlich mit vier Proben die Welt neu entdecken lassen, das geht nicht.

Anselm Gerhard: Ein Problem unseres aktuellen Operngeschäfts ist, dass Rezitative kaum noch ernst genommen werden. Man hat als Zuschauer das Gefühl: Augen zu und durch, und je schneller das hier vorbei ist, desto besser, dann gibt es endlich wieder Musik. Das ist wirklich sehr ärgerlich. Und es ist ein relativ junges Forschungsresultat – nicht bei uns an der Universität, aber an der Musikhochschule in Bern –, dass es eine völlig eindeutige Evidenz gibt, dass spätestens seit 1810, vereinzelt schon seit 1780, Rezitative nicht mehr mit Tasteninstrument begleitet worden sind. Das hat sich leider noch nicht herumgesprochen, das ist aber ganz offensichtlich aus zeitgenössischen Quellen, aus Violoncello-Schulen und Besoldunglisten, dass man eben da kein Cembalo mehr hatte, weil das sowieso veraltet war, eben auch kein Hammerklavier – was in dem Musikmarkt immer noch als Weisheit letzter Schluss gilt –, sondern ein Cello und einen Kontrabass. Der Kontrabass hat den Basston angerissen und das Cello hat melodisch improvisiert in dialogischer Gegenüberstellung mit der Sängerin oder dem Sänger, auch mit sehr langen Passagen. Und da kann man wunderbar die Tonspur aufrauen und macht nicht einmal etwas gegen den Text, sondern nimmt den Text zusammen mit dem Wissen, was wir rekonstruieren können von historischen Aufführungspraktiken, wahr, und es kostet nicht mal eine zusätzliche Bühnen-Orchester-Probe.

Sieghart Döhring: Meine Anmerkungen beziehen sich auf die ganz nüchterne Frage: Wer bezahlt das alles? Natürlich wird jedem jungen Künstler das Recht gegeben, sich selbst einzubringen – was soll er auch sonst einbringen –, aber für das, was er einbringt, muss eben die ganze Gesellschaft aufkommen. Operninszenierungen sind hoch dotierte Unternehmungen, die Kosten sind in Deutschland so hoch wie nirgendwo sonst. Kein anderes Land leistet sich einen solchen Opernbetrieb wie wir. Deswegen kommen ja auch die Leute aus der ganzen Welt hierher. Und deswegen gibt es hier ein relativ hohes Niveau. Aber die Frage danach, ob das so bleiben kann, hängt doch davon ab, wie überzeugend die nächste Generation von Regisseuren sich einbringen wird – ob es ihnen gelingt, ein großes Publikum tatsächlich von ihrem Tun so zu überzeugen, dass die Investitionsbereitschaft erhalten bleibt. Ich sehe aber die Gefahr, dass viele der jungen Regisseure selbst schon ein Produkt der Bildungskatastrophe sind.

Reinhard Fatke: Es wurde der Terminus „Werktreue" als ein Kampfbegriff in Stellung gebracht gegen das, was genau so unscharf „Regietheater" genannt wird. Der zukünftige Opernintendant in Zürich, Andreas Homoki, hat jüngst in einem Zeitungsinterview gesagt: „Regietheater ist genauso ein unsinniger Begriff wie ‚Musiziermusik'. Man kann nicht Theater machen, ohne dass man Regie führt." Meine Frage ist daher: Es gibt ja Regietheater – ich verwende jetzt mal den Begriff –, das realisiert wird von den Regisseuren mit den großen Namen: Neuenfels, Konwitschny. Und es gibt auch ein anderes Regietheater, realisiert von Leuten, die von Musik nicht die Bohne verstehen und das Libretto dann so inszenieren, wie sie sich das vorstellen. Ich denke da an Loriot oder an die Filmregisseure, die heutzutage ja gerne von den Intendanten engagiert werden. Und dann kommt dabei häufig ein Quark heraus, gegen den sich der öffentliche Aufschrei dann richtet. Es geht also vielleicht gar nicht um den Unterschied „junge Regisseure – alte Regisseure", sondern: gutes Regietheater und schlechtes Regietheater.

Christine Lemke-Matwey: Es gibt natürlich immer gutes und schlechtes Theater, da haben Sie zweifellos recht. Ich glaube aber, die Presse hat beispielsweise die Arbeiten von Herrn Eichinger oder Frau Dörrie vor allem deshalb kritisiert, weil sie im Grunde wieder einen Griff in Opas Mottenkiste darstellen, weil da in wahnsinnig teuren Bühnenbildern wahnsinnig teure Sänger wahnsinnig lange an der Rampe rumstehen.

Das hängt auch zusammen mit einer Handwerklichkeit des Theaters, die man sieht und die man spürt. Die hat nicht nur mit Personenregie zu tun und damit, dass ich als Zuschauerin erkenne, jemand kann so einen Raum wie eine Bühne auch mit Menschen bespielen, sondern das hat auch wirklich was mit einer Qualität der „Machartlichkeit" zu tun: Wie ist so ein Bühnenbild gemacht? Wie sind Kostüme geschneidert? War denn da jemand am Werk, der noch Schnitte zeichnen kann und weiß, wie man etwas machen muss, damit es einen bestimmten Effekt hat? Ich glaube, da geht wahnsinnig viel verloren. Und ohne dass das Publikum das im Einzelnen benennen könnte, ergibt das im Draufschauen eine Summe, die einem sagt, das ist irgendwie schlampig, das sieht nicht gut aus.

Die Not der Intendanten, die ja offenkundig herrscht, treibt sie dazu, sich immer wieder der Frage zu stellen: Wem geben wir denn dieses Stück jetzt? Welchen Regisseur nehmen wir denn nur? Dieses Forschen nach der allein selig machenden, ganz wahnsinnig tollen und konkurrenzlosen Besetzung führt dazu, dass häufig Quereinsteiger oder Leute, die einfach überhaupt nichts von dem Fach verstehen, ausgewählt werden. Die *Cosi-fan-Tutte*-Aufführung von Doris Dörrie war ganz nett, war ganz lustig, aber mehr ist es dann einfach nicht.

Christian Peter Hauser: Es war ja sehr lange Tradition, dass man alle Stücke auf Deutsch gemacht hat. Im Schauspiel ist es ja ganz normal, dass ich einen Shakespeare nehme und ihn heute neu übersetze. Und das vermisse ich in der Oper ein bisschen. Im Regiebereich erneuert man so viel, viel zu selten aber geht man an den Text neu ran.

Sieghart Döhring: Die Komische Oper Berlin macht das regelmäßig und die English National Opera in London. Es wird ja immer geglaubt, diese Tendenz zur Originalsprache zurück, seit 1955 ziemlich genau, habe etwas mit unseren Ansprüchen an Authentizität und Urtext zu tun. Aber daran glaube ich nicht mehr. Sie hat schlicht und einfach mit Casting-Fragen zu tun; damit, dass man in einem globalisierten Sängermarkt Stücke nicht mehr besetzen kann, wenn man sie nicht in einer Standardsprache macht. Das ist wohl eine nicht mehr zurückdrehbare Entwicklung, die man aber durchaus bedauern kann.

Peter Konwitschny: Aber an der Übersetzungsproblematik wird unser Thema sehr deutlich. Schlegel-Tieck, das waren lange die „richtigen" Shakespeare-Übersetzungen, die einzigen Übersetzungen. Inzwischen wissen wir, dass sie ziemliche Entstellungen des Originals waren. Aber jede Zeit eignet sich das an – und mit Recht –, so, wie sie es versteht und braucht. Die Engländer sagen ja, und das finde ich wunderbar: Ihr Deutschen habt's gut, Ihr könnt den Shakespeare immer neu übersetzen.

Klaus Zehelein: Traditore, traduttore – verraten und übersetzen. Das gilt für Texte ebenso wie für das Übersetzen einer Notation in einen Klang. Eine Übersetzung ist Verrat und ist gleichzeitig das Leben.

Gerhard Brunner: Wie wichtig ist die Bewahrung von gesprochenem Text in musikalischen Werken?

Hans-Joachim Hinrichsen: Ich würde sagen, dass das, was wir den Text nennen können, ein hohes Maß an Verbindlichkeit hat. Die Frage, wie man mit Textbearbeitungen und Textstrichen umgeht, ist eine Frage, die sich im Zweifelsfalle an bestimmten Realitäten entscheidet. Aber die Eingriffe in den Text sind immer heikel. Deshalb würde ich sagen, dass der Text ein relativ hohes Maß an Verpflichtung verdient hat – nach wie vor. Selbst in der historischen Brechung. Einen Text kann man nicht modernisieren, das ist ein Unsinn, den man in der Musik ja auch nicht macht.

Christof Loy: Ich habe mit Absicht beispielsweise bei einer Inszenierung sogar das „itzt", das heute immer in „jetzt" verwandelt wird oder in „nun" umgewandelt wird, gelassen. Das ist in der heutigen Theaterpraxis höchst ungewöhnlich. Aber ich habe es nicht gemacht, weil mir der Text heilig ist, sondern weil ich wusste, dass ich damit etwas zum Leben bringen kann.

Ich wage nicht zu sagen, dass es ein Rezept sein sollte für alle Kollegen von mir. Es gibt auch andere Beispiele. Ich habe z.B. eine *Pique Dame* gemacht, wo ich, glaube ich, gemeinsam mit dem Dirigenten ein Drittel der Musik gestrichen habe und sehr große Eingriffe vorgenommen habe. Ich kann nicht abstrakt bestimmen, wo mein Recht als Regisseur liegt, sowas zu tun. Rechtfertigung kann eigentlich nur immer eine Aufführung selbst geben. Es kann nicht, ich glaube, dass man sagt, nein, das und das hat man nicht zu tun. Es darf kein Gesetz geben, dass es verbietet, irgendwie Eingriffe vorzunehmen. Jede Aufführung an sich ist ein Eingriff.

Hans-Joachim Hinrichsen: Aber würden Sie nicht interessanterweise auch ein Integritätsargument verteidigen? Sehen Sie die Inszenierung als Ihr Werk? Und möchten Sie Ihr Opus als Autor dieser Inszenierung auch unbehelligt und unangetastet sehen – also möglichst integral? Der Betrieb lässt das ja oft nicht zu, sondern zerstört diese Integrität.

Christof Loy: Tatsächlich habe ich da schmerzliche Erfahrungen gemacht. Und letztendlich ist die Konsequenz, dass ich mich in den letzten zwei, drei Jahren aus dem deutschen Repertoire-Betrieb zurückgezogen habe. Ich arbeite an Stagione-Häusern, wo es dann vielleicht nur fünf Aufführungen gibt. Aber das ist mir lieber, als dass ich fünf Jahre nach einer Premiere an ein Haus komme, wo die Produktion noch immer unter meinem Namen läuft. Das ist dann aber nicht mehr die Aufführung, die ich kreiert habe.

Daniel Ris: Ich wehre mich auch dagegen, dass ich mir als Regisseur die Frage stellen muss: Darf ich das? Ich glaube im Gegenteil, ich muss es und ich tue es immer. Jede Aufführung ist ein Eingriff in das Werk, aber im positiven Sinn. Ich möchte gerne ein Zitat von Michael Thalheimer vorlesen, das die Sache auf den Punkt bringt: „Werktreue ist ein oft missverstandener Begriff. Mir ist darum die Unterscheidung zwischen Werktreue und Texttreue wichtig. Das muss man klar trennen. Das eine hat mit dem anderen gar nichts zu tun. Ich empfinde Werktreue, wenn man einen Klassiker inszeniert, als unabdingbar. Es geht mir dabei um das eigentliche Anliegen des Autors. Was ist seine Wunde gewesen, was seine Not, was ist der Schmerz, aus dem heraus das Stück entstanden ist? Erst wenn es dem Regisseur gelingt, die Wunde des Autors aufzureißen, die hinter der Geschichte liegt, dann kann man von Werktreue sprechen. Dann ist es auch egal, welche Spielweise oder welche Ästhetik er wählt und ob er dabei texttreu ist. Es geht stattdessen darum, sein eigenes Anliegen zu finden, und zwar durch den Autor, den man inszeniert. Nur so kann man sich auf dem Theater davon befreien zu lügen. Werktreue wird von einigen Regisseuren vorgeschoben, um ihre eigene Fantasielosigkeit zu verstecken und ihr fehlendes Anliegen zu kaschieren. Das heißt auf dem Theater: lügen. Es ist ein Irrglaube, dass eine Geschichte ausreicht, wenn man sich texttreu an ihr entlanghangelt. Das genügt nicht."

Sarah Zalfen: Ich finde es merkwürdig, dass wir jetzt plötzlich wieder dabei sind, ein Werk als ein sakrosanktes Objekt zu betrachten, wo wir doch eigentlich im historischen Rückblick gehört haben, dass die Stücke teilweise zu einem Zeitpunkt entstanden sind, als man die Partitur noch nicht fixiert hat und die Flexibilität und Interpretation sui generis dazu gehört hat. Wenn wie in den letzten Jahren an diesem Punkt wieder angesetzt wird, ist das durchaus legitim. Es geht ja nicht darum, den Triumphmarsch aus *Aida* umzukomponieren, sondern zum Beispiel. in den Rezitativen improvisierend tätig zu werden. Ich denke da an Sebastian Baumgartens *Orest* an der komischen Opter mit zwei improvisierenden Schifferklavieren an das Monteverdi-Projekt *VSPRS* von Alain Platel – da ist die Orchesterzusammenstellung ohnehin nicht eindeutig. Deswegen stört es da vielleicht auch gar nicht, wenn das Saxophon seine eigenen Melodielinien improvisiert. Es gibt also nicht nur das Schwarz und Weiß der heilen oder der zerstörten Partitur, sondern wir haben den historischen Prozess zu berücksichtigen, wenn wir den konstruktiven Charakter der Partituren ernst nehmen wollen.

Anselm Gerhard: Mir scheint es nach wie vor ein Problem zu sein, dass das Werk als Konkretum, als Realie verstanden wird. Für den weiteren Verlauf der Diskussion scheint es mir deshalb wichtig zu sein, dass wir uns das noch mal klarmachen, dass wir gar nicht wissen, was das Werk ist. Ob das Werk jetzt die Summe aller möglichen Aufführungen ist, die Summe von bestimmten Aufführungen oder die Summe der potenziellen Rezeptionsmöglichkeiten – das ist nach wie vor strittig. Auf jeden Fall kann der Text, der ja ein Substrat ist, für eine Kunst, die sich erst in der Zeit realisiert, meiner Ansicht nach nicht das Werk sein.

Sieghart Döhring: Zum Werk gehört ganz wesentlich außer den fixierten Fakten die Evidenz. Das Werk ist so etwas wie eine Person. Der historische Rückblick zeigt, dass es die Leute in den ersten beiden Jahrhunderten der Oper nicht sehr interessiert hat, was ein Werk ist. Dann kam ein Gefühl, ein Bewusstsein für das Werk ins Spiel. Trotzdem hieß das nicht – und das haben auch die Komponisten nicht so gemeint –, dass nun alles sakrosankt sei. Man kann eine Arie durch eine andere ersetzen oder an einer anderen Stelle eine hinzufügen. Das kann man machen, solange man das Charakteristische des Werks, seine Struktur, seine Evidenz eben erhält.

Zur Regie: Das sollte man auch mal nüchtern sagen, Regie ist auch ein Handwerk. Wenn ein Sänger einfach so kommen würde und sagen, ja, ich empfinde da was und ich versuche, das mal jetzt zu singen – ihn würden sie gar nicht hören gegenüber dem Orchester. Er muss erst mal Technik entwickeln, dass die Stimme trägt und dass sie wahrgenommen wird. Auch wenn Sie ein Instrument spielen, ist viel Handwerk die Voraussetzung, und das sollte auch bei der Regie dabei sein. Aber eins muss auch deutlich bleiben: Das ganze Phänomen, das wir hier diskutieren, ist ein hochgradig deutsches. In weiten Teilen der Welt ist das kein Problem. Es würde einem Chinesen oder einem Amerikaner nie einfallen, überhaupt nur zu erwarten, dass er sich persönlich einbringen könnte in eine Aufführung. Das gibt es dort nicht.

Rainer Simon: Ich denke, dass die Qualität des Eingreifens sich nicht daran bemisst, ob das tatsächlich die Realisation eines in einer anderen Zeit geschaffenen Werkes darstellt, sondern es bemisst sich daran, ob die Aufführung gelingt oder nicht. Wie singen die Sänger? Was für Bedeutungen entstehen in der Aufführung und welche nicht? Mir scheint es für die Diskussion wichtig zu sein, darauf hinzuweisen, dass die Eigenständigkeit und die Wichtigkeit einer Aufführung sich auf das Hier und Jetzt bezieht und nicht gleichzusetzen ist mit einer Realisation eines in einer anderen Zeit verfassten Textes.

Christof Loy: Jede Aufführung wird allerdings immer so sein, dass sie für den einen gelungen ist und für den anderen vielleicht nicht. Das ist sehr subjektiv. Das Gelingen als Gradmesser anzugeben, ist deshalb nicht unproblematisch.

Christian Peter Hauser: Lassen Sie mich die Sache aus der Sicht eines Theatermachers erläutern. Nehmen wir an, es gibt da eine alte Geschichte, die ist zweihundert Jahre alt, die ist aus den und den Gründen geschrieben worden und da gibt es vielleicht auch mehrere Fassungen davon – und ich glaube, dass ich die meinem Publikum näherbringen möchte, weil ich sie persönlich als Intendant gut finde. Und jetzt überlege ich mir, wer soll diese Geschichte erzählen? Dann suche ich mir nicht jemanden, der den Stoff über fünfzig Jahre erforscht hat, sondern ich suche mir jemanden, der mir die Geschichte so erzählen kann, dass ich sie spannend finde. So einen Regisseur suche ich mir. Und es gibt zum Glück sehr viele, und der eine erzählt es mir so, der andere erzählt es mir so – und das macht Theater aus. Das macht Theater im Gegensatz zum Fernsehabend aus, dass es live ist, dass es überraschend ist, dass es jeden Tag anders ist. Daher finde ich die Diskussion wie gesagt für mich ein bisschen mühsam: Was ist Werk, was ist Treue? Ich finde, jeden Abend möchte ich anders neu überrascht werden. Und wenn ich ein bestimmtes Werk sehen will, dann habe ich heutzutage die Möglichkeit, eine Aufführung zu finden – und gegebenenfalls ein paar Kilometer weiter noch eine andere. Und die eine gefällt mir und die andere gefällt mir nicht, aber nicht deshalb, weil da jemand ein Wort gestrichen hat.

Rainer Simon: Mich interessiert besonders die Frage nach der Authentizität. Was hat es mit der Sehnsucht nach Unmittelbarkeit auf sich? Und was heißt das jetzt für die junge Regiegeneration?

Tatjana Gürbaca: Die Frage nach dem „Authentischen" verbindet sich ja heute ganz stark mit dem Kino, dem Musikvideo oder dem Fernsehen. Da werden Szenen gezeigt, die sind aufgezeichnet und können beliebig oft abgespielt werden. Die Zuschauer sind nicht in dem Moment dabei, wo etwas entsteht. Wir bekommen eigentlich alle Informationen über unsere Umwelt immer nur noch aus zweiter und dritter Hand. Dadurch geht Authentizität verloren.

Susanne Vill: Die neuen Medien verändern allerdings auch die musikalische Qualität der Aufführungen. Wir verfügen heute über unglaubliche optische Datenbanken, die Material aus aller Welt zur Verfügung stellen und Sehgewohnheiten ganz neuer Art schaffen. Insofern kann man natürlich versuchen, eine Oper musikalisch so werktreu wie möglich aufzuführen, aber die Bühnenbilder, die unseren heutigen visuellen Erfahrungen entsprechen, schaffen visuelle Erlebnisse, die auch das Hörerlebnis entsprechend verändern. Inzwischen gibt es Software, mit der man das alles einspielen kann. Und die Komponisten spielen ja heutzutage teilweise ganze Partituren ihrer Werke selbst ein. Das ist so perfekt, dass der akustische Output praktisch nicht mehr zu unterscheiden ist. Es ist kaum zu identifizieren, ob das eingespielte Instrument die Oboe ist, die der Komponist selbst am Keyboard eingespielt hat, oder eine echte. Dadurch entstehen völlig andere Möglichkeiten, eine Orchesterpartitur herzustellen, auch so herzustellen, dass sie in zehn Jahren noch genauso klingt wie heute. Das stellt vor allem die Sänger vor völlig neue Herausforderungen, weil sie dann so singen müssen, wie das Playback funktioniert. Es gibt Theatersparten, in denen das heute schon so realisiert wird.

Tatjana Gürbaca: Ich habe meinen Studenten die Frage gestellt, ob angesichts des Umstands, dass die Zeit immer schnelllebiger wird und das Publikum vielleicht auch nicht mehr so konzentrationsfähig ist, die Stücke gekürzt werden müssen. Die Antwort lautete ganz einstimmig: Nein. Gerade die Länge mancher Inszenierungen wird als Chance eines besonderen Erlebnisses empfunden.

Meine persönliche Vorstellung von Authentizität verbindet sich dagegen gerade mit dem Wunsch, dass ein Sänger oder ein Darsteller unbedingt seine eigene Persönlichkeit und seine eigenen Ecken und Kanten in die Rolle, die er spielt, einfließen lassen soll. Das ist es doch gerade, was uns an dem Darsteller interessiert. Und auch die Authentizität eines Sängers hängt doch ganz stark zusammen mit den Emotionen, die da transportiert werden. Ich meine, „authentisch" ist der Sänger, der sich wirklich in die Rolle hineinbegibt und sich nicht auf schöne Posen beschränkt. Meine Studenten haben das ähnlich formuliert und gesagt, dass das Interessante für sie die Schnittstelle ist, wo sie etwas von der Persönlichkeit des Sängers spüren oder für einen Moment das Gefühl haben, richtiges Leben zu erfahren.

III. Öffentlichkeit

Christine Lemke-Matwey

Ich und Wagner, ich und Verdi

Von der Werktreue-Diskussion nach 1968 bis zur Autorenregie.
Beobachtungen am eigenen Leib

Was ist Werk? Was Treue?

Die erste Frage ist ebenso leicht wie leichtfertig zu beantworten, und spätestens seit Wagner, Brecht und Schlingensief dürften wir uns darauf wohl verständigt haben: Das Werk ist nicht die Partitur oder der Librettotext oder die kritische Ausgabe von beidem; das Werk ist ebenso wenig die Summe aus Regiebuch, Ausstattungsentwürfen und Lichtkonzept. Das Werk ist die Aufführung inklusive ihrer aktuellen Rezeption und Rezeptionsgeschichte. Lebendige Darsteller, wechselnde Besetzungen, der Druck der Agenten, die Macht des Marktes, Kräche zwischen Intendant, Regisseur und Dirigent, Intrigen, Fotos, Videos, Making-ofs, Live-Streamings im Internet – all das gehört dazu. Und Kritiken, ja, die auch, ganz altmodisch auf Papier gedruckt, für den berühmten Fisch, den der Zuschauer und Leser am nächsten Morgen darin einwickelt, mal mehr, mal weniger verächtlich.

Die zweite Frage ist noch leichter und leichtfertiger zu beantworten. Die Treue eines Künstlers kann ästhetisch motiviert sein oder politisch oder gesellschaftlich, erotisch, sexuell, ideologisch oder sonst wie: Sie funktioniert immer nur als Treue zu sich selbst. Nur derjenige, der sich selbst die Treue hält, der seine Ansprüche, Ideale und Bedürfnisse nicht verrät, kann anderen und anderem gegenüber treu sein. Das gilt übrigens auch für Kritiker und bedeutet: Wir alle müssen in Erfahrung bringen, wer wir sind. Wir müssen Ich sagen lernen und auch Ich meinen. Keine leichte Aufgabe.

Zwei Debatten haben das intellektuelle und gesellschaftspolitische Geschehen in Deutschland unlängst bestimmt, und ich finde, diese beiden Debatten haben viel mit den Begriffen „Werk"/„Treue" und „Werktreue" zu tun – ohne sie explizit zu benutzen:

Die eine dreht sich um die mittlerweile 18-jährige Helene Hegemann, deren autobiografischer Debütroman *Axolotl Roadkill* die Grundfesten unseres Werkbegriffs, die Grundfesten von Copyright und Urheberrecht, von Autorschaft und Intertextualität erschüttert zu haben scheint. Auf sechs Seiten netto (von insgesamt 208) – das haben Verlag und Autorin nach ersten Vorwürfen eilig eingeräumt – hat Hegemann unerlaubt zitiert, geklaut, sich bedient, munter drauf los kopiert und kolportiert und parodiert und plagiiert. Den Blogger-Roman *Strobo*, Texte u.a. von Rainald Goetz und David Foster Wallace, Popsongs und jede Menge Theorie. Ihr Vater, Carl Hegemann, ist schließlich nicht umsonst Schlingensief-Vordenker und langjähriger Volksbühnen-Dramaturg in Berlin. Der Befund ist klar: geistiger Diebstahl, ja, schlimmer noch: geistiger Diebstahl ohne Reue. Und das ist das eigentlich Interessante an der Sache. Man muss das weder ironisch noch moralisch meinen, auch wenn es ein wenig tantenhaft klingt, aber Hegemann gehört einer Generation an, die es nicht anders kennt. Die greift, wonach sie greifen kann. Die frisst, was sich fressen lässt. Dass Inhalte etwas kosten – geistig wie pekuniär –, dass Inhalte einen Preis haben, auch einen der Verletzlichkeit, der Antastbarkeit, das kommt ihr gar nicht in den Sinn. Die Generation Internet ist immer nur einen Mausklick von fremdem Eigentum und der Intimsphäre des anderen, der anderen entfernt. Sie muss keine bibliothekarischen Schlagwortkataloge mehr bemühen, sie hat den Umgang mit Quellen nicht gelernt, sie kennt auch, was ein Vorteil sein kann, aber nicht sein muss, keine Genre-Schranken. Wo alles eine einzige, riesige, permanent blubbernde Quelle ist, wieso sich dann noch mit Einzelnachweisen plagen, mit Bezügen, wozu dann noch fragen: Darf ich oder darf ich nicht?

Einerseits ist Helene Hegemann natürlich viel zu intelligent, um das alles nicht zu wissen und zu reflektieren. Unter anderem davon handelt ja ihr Roman. Andererseits aber – und das bringt mich zum Theater zurück, zur Bühne – hat ihr Fall deswegen Schockwirkung, weil der Kunstbetrieb plötzlich realisiert, dass die Zukunft mitnichten die einer gleichgültigen und also friedlichen Koexistenz sein wird: hier die Hegemann-Kids, die nicht mehr, wie die derzeit Mächtigen, vor dem Fernseher groß geworden sind, sondern vor dem Rechner, und die sich ihr Leben aus den diversen, sich aktuell im Angebot befindlichen Virtualitäten zusammenzimmern (u.a. eben auch aus geistigem Diebesgut, lat. plagium = Menschenraub); dass dabei an Drastik, an einschlägigen Körpersäften und Gewalt nicht gespart wird, versteht sich von selbst – vielleicht kann nur der über Blut schreiben, der noch nie Blut gesehen hat. Und da, auf der anderen Seite, die Altvorderen, die Theatergänger und Konzertbesucher, die Zeitungsleser (auf Papier), die Bildungsbürger, die Walsers und Grass', immer noch und immer wieder für die eine oder andere kleine Erregung gut, für Nachrichten aus ihrer eigenen Biografie und ruhmreichen Vergangenheit, als man noch „politisch" war, Wahlkampf machte oder sich mit einflussreichen Kritikern stritt. Dazwischen aber, zwischen der Generation 20 und der Generation 60+ oder 70+, gähnt ein schwarzes Loch. Darin sitzen, ziemlich schlecht gelaunt, all die Epigonen und Erben, die Funktionierer und Vollstrecker, die Kunstform-Erfüller, die Postmodernisten und Post-68er – und übrigens auch die in Ehren angegrauten Pop-Literaten vom Schlage eines Benjamin von Stuckrad-Barre oder Christian Kracht, die zur aktuellen Debatte so argwöhnisch wie neidisch wie vielsagend schweigen. Hegemanns Fauxpas bestand ja darin, aus dem gesellschaftlich, medientheoretisch verordneten Ghetto ausgebrochen zu sein und die Diskurshoheiten verletzt zu haben. Das hat man nicht gern. Im Gegensatz zum Blogger Airen aber, den Hegemann so fleißig geschröpft hat, erreicht sie damit den Literaturbetrieb und den herrschenden ästhetischen Diskurs.

Im Theater haben wir einen ganz ähnlichen Befund. Dass die jungen Regisseure, die wirklich jungen, durchweg älter sind als Helene Hegemann, mag einerseits mit deren Frühreife zu erklären sein und andererseits mit dem Stand der Ausbildung. Noch nie wurde auf dem Sektor der Kunsthochschulen so gut und so profund ausgebildet wie heute. An den Musikhochschulen ist das schon länger der Fall. Das handwerkliche und technische Niveau, auf dem ein Geiger, Pianist oder Sänger heute seine Aufnahmeprüfung ablegt, hätte vor 20, 30 Jahren für einen glänzenden Abschluss gereicht. Aber auch die Regie- und Bühnenbild-Studenten zwischen Berlin und München, Hamburg und Graz sind heute so firm wie noch nie: im Partitur-Lesen, im Vom-Blatt-Spielen, im Repertoire und im Jonglieren mit den sogenannten neuen Medien. Das Ganze mag ein Reflex sein: darauf, dass in der Praxis durch die Praxis allein ein vergleichbares Wissen und kombiniertes Können oft nicht mehr zu erlangen ist; und auch darauf, dass in vielen Elternhäusern kein selbstverständlicher Umgang mit Theater, mit Kunst mehr gepflegt wird. Die Hochschulen haben also stärker zu kompensieren. Am Ergebnis aber, am handwerklich hohen Niveau, ändert das zunächst nichts.

Die Aufführungen allerdings, die dieser Virtuosität entspringen, sehen vielfach aus, als habe man nichts anderes als Hegemanns *Axolotl Roadkill* auf die Bühne geworfen – und das ganz wörtlich, denn der Axolotl ist ein im Wasser lebender mexikanischer Schwanzlurch aus der Familie der Querzahnmolche, ein freundlich aussehendes, amorphes Lebewesen; und „roadkill" nennt die englische Sprache all jene armen, angefahrenen oder überfahrenen Tiere, die anonym am Straßenrand verenden. Theater als Unfall, als böser Zufall, als Karambolage, was für eine Metapher. Somit erinnert Hegemanns Ästhetik uns an etwas, das wir zwar längst kennen, aber so noch nicht formuliert haben – zweifellos ein Verdienst. Was früher, mit und nach 68, einmal Regietheater hieß und dann vielleicht Dekonstruktion und danach vielleicht Bildertheater und dann vielleicht Ekeltheater und irgendwann vielleicht nur noch Trash, das erscheint heute als mehr oder weniger lose Verkettung performativer Elemente, als Assoziationsreigen und -regen, als Parallel-Installation, als Ausdruck einer ebenso artifiziellen wie humorlosen Effekthascherei. Wenn Michael von zur Mühlen in seinem heftig umstrittenen Leipziger *Holländer* der Titelfigur Flügel anheftet, weil die Oper nun einmal *Der fliegende Holländer* heißt, wenn über dem Geschehen ein paar brutale Videosequenzen ablaufen (Hunde, die sich ineinander verbeißen, Tiere beim Schlachter) oder wenn die Handlung, die als solche übrigens durchaus zu erkennen ist, sich nicht nur in den Saal ergießt, sondern per Video in die Stadt, in den öffentlichen Raum hinein und hinaus, dann spielt die Regie auf dieser Klaviatur. Alles ist möglich, alles ist erlaubt, nie waren die Mittel so reich wie heute. Alles: nur bitte keine einheitliche Ästhetik, keine „Form", nichts Ganzes. Wobei von zur Mühlen an Wirkung oder Erfolg durchaus interessiert ist und so etwas besitzt wie eine Intuition für Zugeständnisse, Zugeständnisse an das Publikum. Andere haben das nicht mehr.

„Wahrheit existiert nicht mehr", unter diesem Titel hat die Regisseurin und Hochschullehrerin Barbara Beyer im vergangenen Jahr eine Art Werkstattbericht von ihrer Arbeit mit Studierenden in der „Opernwelt" veröffentlicht.[1] Und manches davon war in den vergangenen Jahren bei den sogenannten „K.O."-Projekten in Zusammenarbeit der Berliner Hochschulen mit der Komischen Oper Berlin auch zu beobachten. Beyers Thesen:

---

1 Barbara Beyer: *Wahrheit existiert nicht mehr.* In: Opernwelt (2009), H. 8.

„1. Ein Kennzeichen „junger Inszenierungen" ist oft die Verweigerung eindeutiger Aussagen. Sie haben keinen Fokus und denken nicht in dramatischen Situationen oder Vorgängen. Dabei dominiert die Einsicht, dass ein anderer Umgang mit Theatermitteln (und nicht die tausendunderste Deutung eines Stoffes) die Grundvoraussetzung ist, um überhaupt an neue Erfahrungen heranzukommen.

2. Was junge Künstler an performativen Prozessen anspricht, ist vor allem der Umstand, dass dabei Dinge, die von bestimmten Versuchsanordnungen her ihren Ausgang nehmen, sich ins Ungewisse, Zufällige weiterentwickeln, ohne gedanklich (konzeptuell) festgelegt oder strategisch kalkuliert zu werden. Die Formel von Joseph Beuys, nach der „die Ursache in der Zukunft" liegt, bringt diese Haltung auf den Punkt. Der Ereignischarakter, das Einmalige, Unwiederholbare eines Vorgangs, der Schock, den Vorgänge auf der Bühne auslösen können ... das alles fasziniert und gibt den Mittzwanzigern das Gefühl, neue Türen aufzustoßen.

3. Die jungen Menschen wollen keine Aussagen, Bedeutungen oder Botschaften vermitteln, die nicht unmittelbar mit ihnen und ihrem Leben zu tun haben. (...) Aus einer großen Wahrheit ergeben sich viele kleine, die einzeln nicht unbedingt den breiten Konsens erfordern. Dahinter steckt ein im Kern bescheidener Anspruch. Zumindest ist ihnen der Absolutheitsanspruch fremd, der mit der Interpretation eines Werkes häufig einhergeht."

Mit anderen Worten: Wo dem Theater selbst keine Relevanz, keine Wirkung mehr zukommt, da wird diese auch in den Texten nicht mehr aufgesucht und gesucht. Das ist logisch, aber bedauerlich und wahrscheinlich sogar falsch: Die meisten Texte nämlich stammen aus jenen Zeiten, in denen das Theater, die Oper, der Tanz das Bewusstsein, wenn nicht verändert, so doch maßgeblich geprägt haben. Interpretieren, deuten, übersetzen, „umtopfen" lässt sich auf der Bühne viel, das haben wir seit den Initialerlebnissen des Regietheaters, seit Peter Steins Bremer *Torquato Tasso* (1969) oder Klaus Michael Grübers Berliner *Bakchen* (1974) erfahren, gelernt und in den dünneren und dünnsten Ausflüssen dieser bemerkenswert deutschen Entwicklung sicher auch erlitten. Der Point of no Return allerdings ist erreicht, wenn nicht mehr gedeutet, interpretiert werden kann oder werden will. Wenn die hierarchisch-romantische Überzeugung fehlt, dass der Text, die Partitur, das Kunstwerk „größer" ist als das Stück Welt- und Selbsterkenntnis, das ich ihm inszenierend, dirigierend, singend, zuschauend, kritisierend abgewinne; größer als das Stückchen (eigene) Realität, das ich ihm implantiere und als repräsentativ erkläre. Ein Beispiel: Wenn Michael Haneke Mozarts *Don Giovanni* in einer Konzernetage spielen lässt und Calixto Bieito Mozarts *Entführung* im Bordell, dann sind das Setzungen, Behauptungen, denen ich als Zuschauer Folge leisten kann oder nicht und die in ihrer Identifizierbarkeit, auch um wieder gebrochen, wieder außer Kraft gesetzt werden zu können, einer gewissen Optik gehorchen müssen. Konzernetagen wie Bordelle verfügen nun einmal über bestimmte räumliche Repertoires, das wusste schon der alte Aristoteles in seiner Poetik – will man seine „Einheit des Ortes" wirklich so weit auslegen.

Wenn ich Realität allerdings nur mehr abbilde und à la Hegemann remixe, wenn die Fragmente meiner Wahrnehmung das Bühnengeschehen jederzeit stärker dominieren als jede Dramaturgie, wenn sich alles immerzu gleichzeitig ereignet, wenn ich behaupte, der Text, die Partitur, das Kunstwerk ist bloß Material, ein virtueller Steinbruch, ein Pixelchen in einem Meer von potenziell gleichrangigen anderen Pixels, dann verändert sich etwas. Zum Guten, zum Bösen, zum Schlechteren, zum Besseren? Ich möchte nicht werten – und habe natürlich, schon von meiner Generation (40+) und Prägung her, ein Problem damit, dass das Theater der Zukunft sich keinen Kunst- und Ausdruckswillen mehr unterstellen lassen möchte. Und auch von meiner Profession als Kritikerin her habe ich ein Problem, denn die Musik, im Falle der Oper, sagt per se etwas anderes. Mozart, Verdi, Wagner haben nicht ohne Ordnung, Form gearbeitet, sondern stets mit der Form gegen die Form. Wobei man nicht sagen kann, dass *Axolotl Roadkill* keine Form hat. Video-clip-Ästhetik hätte man das vor ein paar Jahren genannt und noch früher wohl: Collage, Kolportage. Das hat sicher seine Berechtigung und bewegt sich auf der Höhe einer Zeit, die sich in immer schnelleren Schnitten und immer radikaleren Nischenbildungen gefällt, im unvermittelten Nebeneinander von Existenz und Existenzen. Nur der Verdacht stört mich, dass die Form als Unform alles zulässt und jederzeit auch ganz anders aussehen könnte. Die formale Beliebigkeit und Willkür, die Widerstandslosigkeit, bei aller persönlichen Verausgabung, mit der sich hier Welt einpressen lässt, die empfinde ich als unschön, die macht mich misstrauisch. Aber vielleicht geht es ja um nichts anderes, vielleicht ist genau das der Punkt.

Gleichwohl: Man könnte die diversen Techniken des Remixens, nennen wir es so allgemein, auch als konsequente Reaktion auf die Offenheit des Kunstwerks verstehen. Wenn eine Partitur alles fasst – warum dann nicht auch die Zerstückelung von Welt, ihre Undurchsichtigkeit, die Gleichwertigkeit und Gleichzeitigkeit von allem? Warum soll das Theater mehr sehen, klarer sehen als die Wirklichkeit, die es hervorbringt?

Was aber heißt dann eigentlich noch „Werk", was „Treue"?

Den Versuch einer Antwort liefert die Vogelperspektive. Bislang und seit den 1970er-Jahren war es doch so: Um sich zu dem jeweiligen Autor oder Komponisten ins Verhältnis setzen zu können, entkleidete der Regisseur diesen aller bildungsbürgerlich-rezeptionsästhetischen Weihen. Weg mit dem alten Bärenfell und husch, husch, die Rampe geräumt! Das konnte ebenso kathartisch wie herzergreifend sein, geschah mal klüger, mal musikalischer, mal aber auch bloß blindwütig und spektakulös. Das Ziel war, so romantisch wie naiv, die „Wahrheit", war Bedeutung, eine Aussage, auch und gerade in der Dekonstruktion von tradierten Sinnzusammenhängen. Das vorläufige Ende dieser Fahnenstange markierten eine Zeit lang Inszenierungen von Sebastian Baumgarten, Stefan Herheim und anderen: Ein bisschen Rezeptions-Trash und Volksbühnenwurstigkeit gehörte zwischen Stuttgart und Berlin, Freiburg und Amsterdam in den letzten Jahren des 20. und den ersten des 21. Jahrhunderts einfach zum guten Ton – wobei die scheinbare Mühelosigkeit des Hergestellten alsbald auch ermüdete. Viel Déjà-vu, viel Reflex, viele Selbstläufer, wenig Eigenes. Eine uniformierte Ästhetik, zwangsläufig.

Hatten sich die Titanen der Musiktheater-Regie vom Schlage einer Ruth Berghaus, eines Patrice Chéreau, Hans Neuenfels oder Peter Konwitschny in ihren Lesarten und Interpretationen an gesellschaftlichen Widerständen abgearbeitet und Bilderstürme entfacht, so sorgen sich ihre Enkel und Urenkel also vornehmlich um das subjektive Weltgefühl, ihre subjektiven Weltgefühle. Die Alten haben Verdi, Wagner & Co. vom Sockel geholt respektive die rezeptionsästhetischen Auswüchse und Nebelschwaden kenntlich gemacht, die deren Statuen lange umwaberten; die Jungen der Generation Internet stellen sich lieber selbst auf einen Sockel, und sei dieser auch nur ein kleiner. Meine Befindlichkeit, meine Lektüre, meine Kunst. Das Ich im Schattenriss vor einem ewig flimmernden Monitor. Wagner baut im *Ring des Nibelungen* ein schaurig schicksalhaftes Ganzes? Ich setze meines dagegen, das keins mehr ist! Mozarts *Zauberflöte* als Salzburger Puppenkiste? Streichen wir all die Figuren und Arien, die mir nichts sagen, mit denen ich nichts anfangen kann – und zwar radikal! Treue ist Treue zu mir selbst und sonst gar nichts!

Aber gibt es ihn dann überhaupt noch, den (unversehrten, unantastbaren) Werkkörper – und gibt es überhaupt noch eine Differenz, eine Ordnung, eine Hierarchie zwischen Autor und Interpret, schöpferischem und nachschöpferischem Künstler? Was heißt überhaupt noch „Werk", wenn das Textganze nicht mehr respektiert wird und die Gesetze der Form nicht mehr gelten? Unangenehme, heikle, schräge Fragen. Der Reflex jedenfalls, die jungen Regisseure sollten sich besser ihre eigenen Opern und Stücke schreiben, hilft hier nicht weiter. Er ist so alt wie das sogenannte Regietheater.

Die Anmaßung (wenn es denn eine ist), dass Autor und Interpret, toter Autor und lebender Interpret sich gleichberechtigt zu begegnen haben, wird als Haltung oder Notdurft derzeit mehr an den Kunsthochschulen ausgebrütet, als dass sie sich in der theatralen Öffentlichkeit bereits manifestiert. Wer weiß: Vielleicht kommt es ja nie so weit. Vielleicht stoßen sich die Jungen ihre Hörner vorher ab (was ich weder glaube noch hoffe); vielleicht erstirbt unser Repertoire vorher (was ich auch nicht hoffe oder glaube). Man sollte die Praxis jedenfalls nicht unterschätzen. Die Differenz aber ist eklatant: Wenn Peter Konwitschny Wagners *Meistersinger* auf der Festwiese bei „Ehrt Eure deutschen Meister" anhält oder in Mozarts *Don Giovanni* einen Brief Mozarts an seinen Vater verlesen lässt, dann ist das kein performativer Akt zur allgemeinen Auflockerung und auch kein improvisatorischer Versuchsballon, sondern Absicht, Konzept, die Konsequenz aus einem ganzen Abend, einer ganzen Inszenierung – hermeneutische Zielführung, wenn man so will. Und selbstverständlich auch eine Verletzung des Werkkörpers. Nur dass diese Verletzung den Körper als Unversehrtes, Ganzes betont und im selben Atemzug wieder heilt – und nicht von Anfang an negiert, aus Angst oder Überforderung, aus was auch immer. Mit Konwitschny umzugehen, das haben wir gelernt; jenes andere dürfte uns über 40-Jährigen fremd sein und auch ein Stück weit egal.

Nun darf man sich freilich nicht einbilden, dass das Publikum mit den Konwitschnys und Bieitos dieser Welt seinen Frieden geschlossen hätte. Im Gegenteil. So wie die Werktreue-Debatte uns sinuskurvenartig immer wieder beglückt und beehrt, ohne dass sich an den einschlägigen Positionen etwas verändert hätte oder je verändern würde, so kriechen, sobald eine sogenannte Skandal-Inszenierung ruchbar wird, die immer gleichen Larven und Lemuren aus ihren Löchern, gerne von der Boulevardpresse angefeuert. Ins Theater, in die Oper gehen die alle längst nicht mehr, die Argumente aber werden vererbt wie einst ein gutes Abonnement. Fortschritt gleich null – es sei denn, ein Theater setzt sich mit seinem Publikum aktiv und ernsthaft auseinander, dann stellt sich erfahrungsgemäß Bewegung ein. Den Weg in die inneren Windungen des kollektiven Gedächtnisses aber findet diese Arbeit so leicht nicht.

Dass Figuren des öffentlichen (Medien-)Lebens sich in Sachen Hochkultur einmischen, ist allerdings neu und hat rasch ein Klima der moralinsauren, gönnerhaften Beckmesserei kreiert. Wo Ulrich Wickert den ob seiner SS-Mitgliedschaft zerknirschten Günter Grass zur zweitbesten Sendezeit am Nasenring spazieren führt, da wandelt Elke Heidenreich für die Deutsche Bahn auf Mozarts Spuren; und wo Günther Jauch nicht müde wird, den Bildungszerberus der TV-Nation zu spielen, da ist es wiederum Heidenreich, die anlässlich eines Glyndebourne-Besuchs in der „F.A.Z." jene Tugenden des deutschen Opernbetriebs geißelt, die das Feuilleton des Blattes jahrzehntelang mit den Errungenschaften der Frankfurter Schule unterfütterte und nährte. „Zum Teufel mit all dem", schreibt Heidenreich, zum Teufel mit der Dauermäkelei, dem „unseligen Adorno", mit „Nacktheit, Blut, Sperma, Nazistiefeln" auf offener Bühne: „Lasst uns doch alle zusammen im dunklen Opernhalbrund sitzen, ohne Verachtung füreinander, nur mit dieser Freude, der Musik zuzuhören."[2]

Dass es eine Freude ist, eine Freude sein kann, in der Oper zu sitzen und der Musik zu lauschen, wird kaum jemand bezweifeln; aber warum soll es so offenkundig keine Freude bedeuten, Nacktheit, Blut, Sperma und Nazistiefel auf der Bühne zu sehen und Adorno gelesen zu haben? Woher dieser unverbrämte Intellektuellenhass? Es wird ein ästhetischer Kanon formuliert, sagt Heidenreich, den das Publikum nicht will. Und weiß es selbst natürlich besser, formuliert flugs selbst einen, wenigstens ex negativo: keine Nacktheiten, keine Nazistiefel – und schon tönt die Musik noch einmal so schön in unseren Ohren.

---

2 Elke Heidenreich: *Ein Reiseziel, aufs innigste zu wünschen*. In: FAZ, 25.8.2006.

Ganz so naiv freilich lässt sich die ästhetische Schraube gottlob nicht zurück-drehen. Operngeschichte ist Rezeptionsgeschichte. Wer Chéreaus Jahrhundert-*Ring* in Bayreuth erlebt hat, der kann vor Tankred Dorst nur davonrennen; und wer Christof Nels Frankfurter *Salome* kennt, der tut sich für den Rest seines Lebens schwer mit jedem triefend abgeschlagenen Haupt des Jochanaan. Auch Partituren und Texte haben ein Gedächtnis, nicht nur die Zuschauer. Und es gibt gültige, ihre Zeit überdauernde Aufführungen. Aufführungen wie Heiner Müllers Bayreuther *Tristan* zum Beispiel, der binnen kürzester Zeit vom Skan-dal zum Kult avancierte. Ein kleines Augenzwinkern überm Lesebrillengold-rand macht all das nicht vergessen. Dass die „Zeit" Heidenreichs *Zornesrausch* 2006 wesentlich mit zum Anlass nimmt, um den alten Werktreue-Streit in die x-te Runde zu schicken, spricht allerdings auch für sich.[3]

Die jüngsten Prominenten, die sich diese Debatte haben ans Revers heften lassen, aus freieren oder unfreieren Stücken, heißen Daniel Kehlmann und Al-bert Ostermaier. Ein junger Schriftsteller und ein ebenfalls noch ziemlich jun-ger Dramatiker. Ein Schriftsteller, der so das Erbe seines Vaters zu retten ver-suchte, eines offenkundig erfolglosen Theaterregisseurs, und ein Dramatiker, der einer deutschen Nachrichtenagentur ein Interview gibt, das aller begriffli-chen Unschärfe zum Trotz seine Wirkung nicht verfehlt. Ostermaier sagt: „Alles, was man auf die Bühne bringt, ist immer Interpretation, eine Überset-zung. Der Begriff der Werktreue ist ein Kampfbegriff, der nichts mit der Reali-tät zu tun hat. Und er ist auch völlig ahistorisch."[4] Beide Male übrigens steht hier die Festspielstadt Salzburg Pate. Kehlmann darf seine Äußerungen zur feierlichen Eröffnung der Sommerfestspiele 2009 tätigen, und Ostermaier be-zieht sich auf den designierten Osterfestspielchef Peter Alward, der mit Blick auf das sogenannte Regietheater recht keck von „öffentlicher Masturbation" gesprochen hatte. Das Publikum aus der Getreidegasse hat er damit auf seiner Seite und an allen anderen dürfte er als Brite und Musiker ohnehin nicht son-derlich interessiert sein.

---

3   Claus Spahn: *Kein Weg zurück in die Gemütlichkeit*. In: Die Zeit, Nr. 39, 21.9.2006; daran entzündete sich in den nachfolgenden Ausgaben des Wochenblattes eine rege Debatte mit zahl-reichen prominenten Entgegnungen und Stellungnahmen.

4   Albert Ostermaier im Gespräch mit der Nachrichtenagentur ddp am 20.2.2010: „Werktreue ist ein Kampfbegriff".

Aber noch einmal zurück zur sogenannten Autorenregie. Denn so oder so ähnlich wird man sich die Zukunft vorzustellen haben. Der Regisseur als Autor aus Ratlosigkeit, Unsicherheit, Bescheidenheit. Man mag dieses Profil hybrid finden, ketzerisch oder armselig – unehrlich ist es nicht. Denn wie überhaupt zu den letzten Dingen auf der Bühne vordringen, wenn man meint, selbst darin gar nicht mehr vorzukommen?

Einen Künstler allerdings hatte die Theaterwelt, der existenziell war und nie etwas anderes wollte, nie nur Kunst machen wollte: Christoph Schlingensief und seine sich zum Schluss immer merkwürdiger aufplusternden Welttheatereien erfüllten seit jeher eine signifikante Gelenkfunktion. Er markierte so etwas wie die offene Mitte zwischen den kritische Exegese treibenden Großvätern und den in Autorenarbeit versunkenen Enkelkindern, er war Vater und Sohn in einer Person, Guru, Zauberer, immer schon sein eigener Priester. Man kann sich fragen, was aus Schlingensiefs Theaterarbeit nach seinem Bayreuther „Parsifal" geworden wäre, wenn er nicht an Lungenkrebs erkrankt wäre (den Ausbruch des Krebses datierten die Ärzte bekanntlich auf die Bayreuther Probenzeit im Sommer 2004). Wäre es so weitergegangen mit der Suche nach neuen Mythen und einer neuen Authentizität, mit der Arbeit mit Neo-Nazis, Arbeitslosen und Behinderten? Um es makaber auszudrücken: Künstlerisch ist Schlingensiefs lebensbedrohliche Krankheit wohl so etwas wie ein Glücksfall gewesen und seine vorläufige Rettung. Denn sie hat ihm und uns gezeigt, wie unerhört viel und unerhört wenig zugleich es braucht, um auf der Bühne existenzielle Dinge zu verhandeln – und was für ein archaisches Geschäft das Theater doch ist. Schlingensiefs *Heilige Johanna* an der Deutschen Oper Berlin, seine *Kirche der Angst* bei der Ruhrtriennale, das waren Aufführungen, die alles andere, was daneben stattfand, regelrecht disqualifiziert haben. Hier ging es tatsächlich um Leben und Tod. Sein Bayreuther *Parsifal* kannte diese Qualität, diesen offensiven Umgang mit dem eigenen Schmerz noch nicht. Da wurde zwar jede Menge Zeichenmaterial und Mythenmüll herbeigekarrt und aufgehäuft, als wäre es ein Stück von Joseph Beuys und als wollte sich hier in erster Linie unser aller Unverständnis vor dem Wagnerschen Bühnenweihfestspiel manifestieren, welches ja ein ganz reales, handfestes Unverständnis ist; das Ganze blieb aber auch illustrativ, schmückte und bediente gewisse (von Schlingensief selbst) provozierte Oberflächenreize. In seinen Arbeiten nach der Erkrankung war das anders, zwangsläufig. Indem Schlingensief das Theater als Therapeutikum einsetzte, musste er definieren, wo das Übel sitzt, das geheilt werden soll: Er musste auf die Wunde zeigen, um beim *Parsifal* zu bleiben, er musste Ich sagen. Und das genau ist die Schnittstelle zwischen den Autorenregisseuren, die Ich sagen, weil ihnen jedes Wir zu unübersichtlich ist und zu schwerwiegend, und den Regietheater-Regisseuren, die durchaus für sich in Anspruch nehmen, repräsentativ zu sprechen oder wenigstens im pluralis majestatis. Dass Christoph Schlingensief sein Heil zuletzt in Afrika gesucht hat, ist auch aus dieser Schnittstelle heraus zu verstehen: Afrika, der unentfremdete Kontinent.

Umgekehrt gilt die Gleichung übrigens auch: Die Krankheit ist nicht nur künstlerisch lange Schlingensiefs Rettung gewesen, nur durch die Kunst scheint er das Leben in Krankheit überhaupt bewältigt haben zu können. Krankheit als Entwurf, was für eine Metapher.

Christoph Schlingensief ist ein tiefgläubiger Mensch gewesen, das hat er zum Schluss immer stärker betont.

Das Theater ist, wie wir wissen, aus der Kirche hervorgegangen.

Damit komme ich kurz zur zweiten Debatte, die anhaltend in Deutschland die Gemüter erhitzt. Denn auch der sexuelle Missbrauch in der katholischen Kirche hat, wie ich finde, auf eine geradezu gespenstische Weise mit den Begriffen „Werk" und „Treue" zu tun. Ohne dass ich mich hier in die Details einer über weite Strecken immer noch verlogenen Debatte verlieren will: Mit den bekannt gewordenen Missbrauchsfällen ist auch und vor allem die sogenannte Reformpädagogik in Verruf geraten. Der mit und nach 1968 initiierte Versuch, das Verhältnis zwischen Lehrern und Schülern zu enthierarchisieren und aus dem darwinistischen Prinzip des Stärkeren, der immer Recht hat, zu erlösen, kurz: das Verhältnis zu vermenschlichen, dieser Versuch wird nun für den erfolgten Missbrauch wesentlich mit verantwortlich gemacht. Die Körper unserer Kinder, heißt es, konnten überhaupt nur in dieser eklatanten und massenhaften Weise unsittlich berührt werden, weil zuvor Grenzen eingerissen und Ordnungen aufgekündigt wurden. Mit anderen Worten: Die Liberalisierung im Umgang mit dem menschlichen Körper, die sexuelle Revolution, die Emanzipation, 68 ist an allem schuld. Abgesehen davon, dass 68 durchaus an so einigem schuld sein könnte und es nicht nur in der katholischen Kirche Missbrauch gibt, sollte man sich vor derlei Pauschalisierungen wohl hüten.

Mich jedenfalls erinnert diese ganze Argumentation fatal daran, wie mit dem Kampfbegriff Werktreue dem bösen Regietheater der Garaus bereitet werden sollte. Auch hier geht es – nicht nur sprachlich – um Missbrauch und Schändung, um verletzte Körper und um Macht, um Menschen, Künstler, die ihre Obsessionen auf Kosten anderer ausleben. Wie sich die Diskurse gleichen? Der Priester, Vater, Onkel, Lehrer oder Nachbar berührt den Körper des ihm anvertrauten Kindes und zerstört womöglich fürs Leben dessen Seele; der Regisseur schändet – ob durch Interpretation oder Installation – das ihm anvertraute Werk, den Text. So jedenfalls sähen es die Wertkonservativen und Populisten gern. Einzige (illusionäre) Konsequenz aus ihrer Sicht: eine beherzte Rolle rückwärts hinter alle Errungenschaften und Befreiungsschläge der vergangenen zwei oder vier oder fünf Jahrzehnte. Besinnung nennt man das gerne oder Rückbesinnung. Als wäre dem „Werk" je durch das neue Setzen alter Grenzen die „Treue" zu halten. Als wäre dann endlich alles wieder gut.

Das ist natürlich heller Unsinn. Auch und gerade die Jungen von heute geben uns das zu verstehen, die Autorenregisseure, wenn sie so etwas wie Augenhöhe suchen zu den Werken und Schöpfern, wenn sie erneut nach neuen, freien, unabhängigen Verhältnissen suchen. In dieser Suche sollten wir sie trotz allem bestärken.

Claus Spahn

Werktreue – die große Scheindebatte

Die Überschrift zu diesem Beitrag klingt provozierender, als sie eigentlich gemeint ist. Es geht mir nicht darum, all das, was hier an Standpunkten und Analysen zusammengetragen wurde, als scheinhaft zu entlarven. Ich möchte nur eine Ergänzung zu dem Werktreue-Debattenkomplex beitragen, indem ich versuche, den Vorhang ein bisschen weiter aufzuziehen und den Hintergrund zu beleuchten, vor dem die Diskussionen um die Werktreue in der Oper meiner Meinung nach geführt werden.

Ich habe den Eindruck, dass die Werktreue-Debatte *deshalb* eine Scheindebatte ist, weil es denjenigen, die Werktreue so vehement einklagen, oft gar nicht um die Sache an sich geht, also um ein konkretes Werk und die Fragen seiner Umsetzung auf der Bühne, sondern um viel Allgemeineres und Grundsätzlicheres. Den hartnäckig auf die Werktreue Pochenden passt die ganze Richtung der gegenwärtigen Opernproduktion nicht.

Das Schlagwort „Werktreue" wird gegen alles Mögliche ins Feld geführt, weit über die, mal mehr und mal weniger berechtigte Kritik an einzelnen Inszenierungen hinaus. Mehr noch, meine These ist: „Werktreue" ist der Kampfbegriff, mit dem ein immer offensiver auftretender Kulturkonservatismus die ganze Kunstform Oper zähmen will.

Wogegen sich dieser Kulturkonservatismus wendet, hat paradigmatisch vor vier Jahren die Autorin und ehemalige Fernseh-Buchkritikerin Elke Heidenreich in einem Artikel für die Frankfurter Allgemeine Zeitung niedergelegt, als sie nach einem Besuch der Opernfestspiele von Glyndebourne sehr grundsätzlich Gift und Galle gegen den deutschen Opernbetrieb spuckte: Sie wetterte gegen die „Interpretationswut" in der Oper hierzulande und gegen die ewige „Stückeseziererei" auf den Bühnen. Wir hätten uns angewöhnt, alles auseinanderzunehmen und misstrauisch zu beäugen und zu hinterfragen, schrieb sie, und dabei verlernt, zu fühlen und unser Herz zu öffnen. Die Kritiker trügen mit ihrem Gemäkel nichts dazu bei, die Begeisterung für die Oper zu schüren, und im Publikum säßen halbgebildete Intellektuelle, die sich (im Gegensatz zu den lebenslustigen Engländern und Italienern) vor der Hingabe an die Musik fürchteten.[1]

Wo Werktreue angemahnt wird, ist solcher Elke-Heidenreich-Groll meist nicht weit. Und immer klingt da die Grundsatzkritik mit an einem hochgerüsteten Befragungs- und Chiffrierapparat, durch den die Protagonisten des sogenannten Regietheaters die Stücke immerzu drehen und sie damit vermeintlich malträtieren. Die Kritik wird verbunden mit der Sehnsucht nach Einfachheit, nach Verstehbarkeit, nach einer genießerischen, unkomplizierten Schönheit. Die Forderungen, die gerne daraus abgeleitet werden, lauten dann auf banale Formeln gebracht: Bitte weniger Regie und mehr Musik! Oder: Bitte weniger denken in der Oper und mehr empfinden! Als ob die Kraft kluger Inszenierungsgedanken dem Kunstwerk Oper abträglich statt zuträglich wären.

Doch geht die Faszination der Gattung Oper nicht genau davon aus, dass sie den Intellekt und die Emotionen gleichermaßen stark anzusprechen vermag? Das eine gegen das andere ausspielen zu wollen, erscheint dann als ein völlig abwegiger Gedanke. Ebenso wie die in den Werktreue-Sehnsüchten zum Ausdruck kommende Vorstellung vom Werk „an sich", das idealerweise darauf wartet, in seiner hehren Reinheit geschaut zu werden. Als brauchte der Opernbesucher nur aus dem verwirrenden Spiegelkabinett der Reflexionen und Subtexte, in das er von den Regisseuren wider Willen gesperrt wird, herauszutreten und das Werk würde sich in seiner unverstellten, von allem Inszenierungsschmutz gereinigten Schönheit offenbaren.

Deutlich ist, dass das, was das ominöse Werk ist, sich schwer ausmachen lässt, dass es über die Partitur und das Libretto hinaus alle Schichten des Stoffes, Stil- und Gattungsfragen, die Rezeptionsgeschichte und die Aufführungssituation in der Gegenwart einbeziehend, eine Gleichung mit vielen Variablen ist, die es in jeder Produktion neu zu lösen gilt. Die Beiträge in diesem Band illustrieren dies vielfältig. Mir geht es um die Werk-Reinheitsfantasien, die an verschiedensten Stellen zutage treten: Sei es, dass der ehemalige Hamburger Bürgermeister Klaus von Dohnanyi – allerdings bei einer *Liliom*-Produktion im Schauspiel – dazwischenruft: Dies ist ein anständiges Stück! Oder dass der Schriftsteller Daniel Kehlmann in seiner Eröffnungsrede bei den Salzburger

---

1 F.A.Z. vom 10.8.2006.

Festspielen das Regietheater attackiert. Der Literaturwissenschaftler Hans Ulrich Gumbrecht etwa proklamierte in einem Gedenkartikel zum Mozart-Jahr 2006 in der Frankfurter Allgemeinen Sonntagszeitung den reinen Blick auf Mozart, jenseits aller interpretatorischen und inszenatorischen Aktualisierung. Er träumte von der reinen „Anmut des Seins" bei Mozart.[2] Und schließlich ist da der Dirigent Christian Thielemann, der vor seinem Bayreuther *Ring* in der Regie von Tankred Dorst den unvergessenen Ausspruch tat: Er wolle von Brüchen und Kontroversen in Richard Wagners Werken nichts mehr hören: „Lasst uns doch einfach mal genießen!"[3] Thielemann ist – obwohl als Theoretiker einer Bewegung denkbar ungeeignet – zur Gallionsfigur des Opernkonservatismus unserer Tage geworden. Er sammelt die Werktreue-Verfechter und Regietheaterverächter hinter sich und predigt den gleichen Anti-Intellektualismus wie die eingangs erwähnte Elke Heidenreich. Auch er will die Werke vor dem Unguten der Moderne schützen, vor der allgegenwärtigen Reflexionswut und den zersetzenden Strategien des ewigen Ausinterpretierens. Er präsentiert sich als Gralshüter des kunstreligiösen Heils in der Musik. Er, der Dirigent, der die Partitur vor sich liegen hat, ist am nahesten dran am heiligen Werk. Er vor allem vermag es – in aller Demut – aus der unberührten Schöpferhöhe unverfälscht herabzureichen an die Zuhörer.

Der Werktreue-Diskurs lässt sich, wie man nicht nur bei Christian Thielemann lernen kann, wunderbar kurzschließen mit dem Starkult um die Dirigenten. Auch das gehört für mich zu dem, was ich mit Scheindebatte meine: Mancher Maestro spricht von Werktreue, meint aber eigentlich vor allem sich selbst.

Dass ein opernkonservatives Denken auf dem Vormarsch ist, wird zum Beispiel auch in Hamburg sichtbar. Die dortige Staatsoper funktioniert unter der Leitung von Simone Young zurzeit auch nach der platten Formel: Wir machen jetzt weniger Regie und mehr Musik. Fast durchweg belanglos sind die Inszenierungen, die ich dort in den letzten Jahren gesehen habe. Der kulinarisch schöne Abend soll die intellektuellen Herausforderungen ersetzen, die mit der vorangegangenen Ära von Ingo Metzmacher und den Regiearbeiten von Peter

---

2 F.A.S. vom 1.1.2006.
3 Vgl. Die Zeit vom 3.8.2006.

Konwitschny einhergingen. Da kommt auch ein Hang zum Betriebspragmatismus zum Tragen, der meiner Meinung nach die Opernszene seit einiger Zeit immer stärker prägt. Der ansprechende Abend, gut gesungen und gespielt und dekorativ ausgestattet bei guter Platzauslastung, scheint das vorrangige Ziel vieler Verantwortlicher an den Opernbühnen zu sein. Der Managertyp unter den Intendanten scheint sowieso nicht mehr so recht für die Stückexegese zu brennen, er hat mehr die Zahlen im Kopf, und der kulturpolitische Spardruck fordert ja tatsächlich allenthalben Kompromisse. Die Werktreue dient hier nicht selten als Legitimationstitel für das Abgemilderte und dem Publikumsgeschmack rundgelutscht Entgegenkommende. Das Ergebnis ist dann der mittelgute, aber dafür unumstrittene Opernabend.

Vielleicht ist es zu pessimistisch, aber meine subjektive Wahrnehmung als Feuilletonredakteur und Opernkritiker ist die, dass die Spielpläne der Opernhäuser insgesamt gesehen mutloser geworden sind. Dass die Versuche zaghafter werden, das Repertoire zu erweitern, von der beklagenswerten Nichtpräsenz zeitgenössischer Musik ganz zu schweigen. Abgesehen von den Ausnahmen, die es natürlich glücklicherweise nach wie vor gibt.

Als ich jünger war und irgendwie noch optimistischer enflammiert für die Sache der Oper, glaubte ich, im Opernbetrieb etwas grundsätzlich Voranschreitendes zu erkennen: dass der Weg langsam und gewiss mit vielen Rückschritten in immer neue Gefilde führt. Dass das Repertoire größer wird und ins spannend Unbekannte ausgreift. Dass der Graben zur Gegenwart hin überwunden werden kann und das Verständnis für die Werke des 20. Jahrhunderts langsam aber sicher wächst. Auch, dass in der Interpretation der Stücke etwas Prozessuales geschieht: ein spiralartiges Umkreisen der Werke durch immer neue Lesarten, die neue Erkenntnis zutage fördern. Aber im Augenblick kommt mir der Opernbetrieb eher statisch vor – ein Drehen im Kreis, ein Feststecken in allzu bewährten Fahrrinnen, ein Ausgelaugt-Sein vieler Stücke. Vielleicht ist die Beobachtung ganz falsch, und es ist nur meine persönliche „deformation professionelle", die diesen Eindruck hervorruft. Vielleicht habe ich als Kritiker zu viel gesehen und gehört, vielleicht sehe und höre ich auch zu wenig, bin an den falschen Orten und in den falschen Premieren. Doch die Beobachtung bleibt und soll zumindest als eine Momentaufnahme zur Kenntnis gegeben werden.

Wer das sogenannte Regietheater verteidigen und gegen konservative Kritik in Schutz nehmen will, kommt redlicherweise nicht umhin, auf die Verschleißerscheinungen hinzuweisen, denen es ausgesetzt ist, und auf die vielen schlechten Inszenierungen, die allenthalben mit dem Anspruch, ambitioniertes Musiktheater zu sein, auf die Bühne kommen. Wo die konservative Kritik entnervt den Kopf schüttelt über oberflächlich auf aktuell Dekoriertes, hat sie ja sehr wohl recht. Es gibt den unerträglichen modischen Regietheater-Mummenschanz, die Provokationen ohne Sinn und ohne Ziel, das Andersmachen um des Andersmachens willen, den Murks, der aus zu viel dramaturgischer Gedankenverknotung und zu wenig theatralischer Klarheit erwächst. Manche Strategien der Stückbefragung, seien sie psychologischer, sozialkritischer oder politischer Art, werden mitunter allzu bewährt und routiniert auf die immer gleichen Stücke angewandt. Manche Opern kommen mir inzwischen vor wie eine sulzige Skipiste, auf der alle Regisseure an der gleichen Stelle aufkanten und ihren Schwung ansetzen, bis sich braune ausgeaperte Stellen bilden. Vielleicht müsste man manche Stücke mal eine Weile für den Saisonbetrieb sperren und warten, bis frischer Schnee darauf gefallen ist und die Piste wieder griffig ist.

Am eklatantesten empfinde ich die Überstrapazierung eines Werks zurzeit bei Richard Wagners *Ring des Nibelungen*. Ohne Mühe ließen sich mehr als ein Dutzend Opernhäuser aufzählen, die zurzeit gerade einen *Ring* produzieren oder vorbereiten. So groß war die Gier der Intendanten nach Wagners Tetralogie wohl selten. Es scheint da vor allem ums Prestige zu gehen und weniger um Perspektiven der Kunst.

Die Verschleißerscheinungen sind unbestreitbar und die Angriffsflächen, die das sogenannte Regietheater für die konservative Kritik bietet, sind groß. Es lässt sich trefflich streiten, und es wird ja auch kräftig gestritten. Aber ist der stückkritische Diskurs für den Werktreue-Verfechter nicht schon ein Schritt in die falsche Richtung? Will er das Werk nicht genau jenem Relativismus der Meinungen entziehen? Der Überdruss gilt nicht nur den Exzessen des Regietheaters, sondern dem Diskursiven an sich und der Crux der Ausdifferenzierung und der Überkomplexität, die die Moderne entfacht hat. Das Mitzudenkende wächst und wächst in der Kunst wie in der Politik, das ist das Dilemma der Moderne. Demgegenüber wird die Vorstellung vom ursprünglichen, ewigen, unveränderlichen Werk immer verlockender. Ein Werk, das von seinen Kontexten und Gegenwartsbezügen gelöst ist, sich über die Zumutungen der Zeit erhebt und nur noch – um den Begriff von Gumbrecht aufzugreifen – in seiner „Anmut des Seins" strahlt.

Kürzlich hat ein Politikredakteur in der Blattkritik unserer wöchentlichen Redaktionskonferenz erklärt, vom Feuilleton, also von der Kultur, erwarte er sich vor allem Trost angesichts der schwierigen Zeitläufe, in denen wir uns bewegen. Ist das nicht auch ein Horizont, vor dem die große Sehnsucht nach Werktreue flimmert wie eine Fata Morgana? Dass wenigstens in der Kunst das Positive zum Ausdruck gebracht werde? Dass wenigstens sie erbaulichen Halt biete, wenn uns schon die großen Dinge zu entgleiten drohen? Die Weltprobleme sind zu komplex, um noch beherrschbar zu sein. Das lehrt uns die Klimakatastrophe, auf die wir zusteuern, das haben wir in der globalen Finanzkrise erfahren müssen. Das zeigt sich in der Geopolitik wie im sozialen Auseinanderdriften der deutschen Konsensgesellschaft – da soll die Kunst zur Wärmestube in den Frösten der Spätmoderne werden.

Das Repräsentative der Oper darf dann ruhig wieder in den Vordergrund treten und leuchten, und das Netrebko-Sensationelle steht nicht mehr unter dem Verdacht des Inhaltsfernen, es ist einfach nur zum Liebhaben glamourös. Eine neubürgerliche Ehrfurchtshaltung vor den alten Werten und dem Wahren, Guten, Schönen kehrt zurück. Das Gebot der Stunde lautet: Bewahren statt Hinterfragen und Bewundern statt Kritisieren!

Nur leider sind es die Stücke selbst, die nicht so recht in die vorgefertigten Goldrahmen passen wollen. Sie erweisen sich als vielschichtiger, bedrohlicher, ambivalenter, als es der bürgerliche Connaisseur wahrhaben will. Mozarts *Cosi fan tutte* etwa ist eben kein arglos anmutiges Engelsgeflatter von verwirrten Liebenden – das hat uns die Schule des Hörens und Sehens des Regietheaters gelehrt –, sondern ein sarkastisches Lehrstück über das Scheitern von Beziehungen. In Webers *Freischütz* wirkt bei aller Trachtenjanker-Gemütlichkeit höchst Unbehagliches: dumpf-deutsche Enge, Gewaltbereitschaft, Obrigkeitsgläubigkeit, die ätzende Chorhäme des „He, he, he, was traf er denn?" Überhaupt meinen ja viele nur die liebgewonnenen Klischees der Aufführungsgeschichte, wenn sie auf Werktreue pochen. So liefern denn auch die Produktionen, die unter dem Banner wahrer Werktreue über die Bühne gehen, keine wirklich guten Argumente: Die meisten sind sterbenslangweilig. Der Impuls der Mäßigung bei den Inszenierungen und die Besinnung auf das Buchstäbliche laufen ins Leere.

Dies ist der Hintergrund, warum ich so skeptisch bin, wenn in der Öffentlichkeit mit großem Getöse Werktreue eingeklagt wird – und meist doch nur Scheindebatten geführt werden. Was nicht heißen soll, dass ich die Frage, was das Werk und was werktreu ist, im konkreten Fall nicht ernst nehme. Voraussetzung für jedwede Antwort ist für mich die möglichst genaue Kenntnis des Materials, sprich: des Stücks und seiner Implikationen, aber ebenso die Bereitschaft, im Augenblick der Aufführung alles hinter mir lassen zu können, was ich an Stückerfahrungen mit mir herumschleppe. Was das Werk und was werktreu ist, kann sich nur aus den Koordinaten jedes einzelnen Abends ergeben: dass eine Premiere genau dieses Stücks an diesem Ort mit diesen Sängern, diesem Dirigenten und diesem Regisseur über die Bühne geht. Darauf muss man sich einlassen. Und dafür muss das Blatt Papier weiß sein. Es wird jedes Mal wieder neu beschrieben.

Pavel B. Jiracek

Werktreue und kulturelles Gedächtnis

Der allabendliche Aufschrei all jener Fundamentalisten, die verlangen, die uns tradierten Texte nach dem Buchstaben, nicht aber nach dem Geist zu lesen, erklingt laut und deutlich und scheint immer öfter auch das Gehör einer wankelmütigen Kulturpolitik zu finden. Es gehört somit zur existenziellen Notwendigkeit einer Kunstadministration, in der Gretchenfrage nach der Werktreue firm argumentieren zu können und stetig für einen lebendigen Kunstbegriff zu werben. Bei Werktreue geht es um Grundsätzliches – nämlich in Essenz um die Frage, wie wir Lebenden unserer Toten gedenken. Ein Feld also, das herausfordert zum Ringen um Wahrheit, um Deutungshoheit und um Macht.

Dabei sollte zuallererst wohl bemerkt werden, dass der Werktreue-Debatte, die wir in unseren Breitengraden führen, eine sehr spezifische Ausgangssituation zugrunde liegt. Sie kann nicht verbergen, dass ihr Blick ein eurozentristischer ist und sich – um es noch weiter einzugrenzen – zumeist auf das deutsche bzw. deutschsprachige Stadttheatersystem bezieht. Außerhalb dieses regionalen und institutionellen Rahmens wird die Debatte anders und oft unbeschwerter (oder gar nicht) geführt. Und selbst innerhalb des deutschen Stadttheatersystems sind Differenzierungen vorzunehmen in Bezug auf seine einzelnen „Sparten". Dass oft gerade im Musiktheater die Emotionen hochzukochen scheinen, wenn es um den vermeintlich richtigen Umgang mit Werken geht, mag nicht zuletzt an den historisch gewachsenen Publikumserwartungen an die Oper sowie den vielfachen Setzungen einer Partitur liegen.

Trotz all dieser Einschränkungen des Applikationsradius' einer Werktreue-Debatte möchte ich dazu hier einige allgemeinere und überwiegend mit Blick auf die Oper gefasste Gedankengänge formulieren und mich dabei beziehen auf die Forschung Aleida Assmanns zu Erinnerungsräumen und den Mechanismen des kulturellen Gedächtnisses.[1]

---

1 Aleida Assmann: Erinnerungsräume. Formen und Wandlungen des kulturellen Gedächtnisses. München 1999.

Anthropologisch wird der Ursprung des kulturellen Gedächtnisses in dem Gedenken an unsere Toten verortet. Als „Pietas" wird die Pflicht der Nachkommen bezeichnet, sich der Toten zu erinnern und sie dadurch am Leben zu erhalten. Dies manifestierte sich – und manifestiert sich noch immer – im Verewigen der Namen von Verstorbenen, im Rezitieren von Totenmessen beispielsweise oder auf Grabinschriften. Die enge Beziehung zu unseren Toten hat jedoch in den vergangenen Jahrhunderten verschiedene Wandlungen durchlaufen, die von einem immer mehr schwindenden Machteinfluss der Toten über die Lebenden zeugen:

> „Die Vorstellung von der Gegenwart der Toten, d.h. vom rechtlichen und sozialen Status der Toten in der Memoria der Lebenden, tritt vor allem im Lauf des 18. Jahrhunderts zurück (…). In der Tat gibt es in der Moderne, im Gegensatz zu den vormodernen Epochen, kein Totenrecht mehr. Die Toten sind nicht mehr Rechtssubjekte. Nach dem modernen Recht ist die Rechtspersönlichkeit mit dem Tode erloschen."[2]

Die steigende Emanzipation der Lebenden von den Toten ist laut Assmann nicht die einzige Veränderung, die auf das kulturelle Gedächtnis Einfluss nimmt. Das Aufkommen elektronischer Speichermedien und die damit einhergehende Verfügbarkeit von Wissen immer, überall und zu jeder Zeit haben paradoxerweise zu einem dramatischen Gedächtnisschwund beigetragen – zu einem „Outsourcing" von Wissen vom eigenen Gedächtnis hin zu Google und vergleichbaren Plattformen. Dieser Gedächtnisschwund scheint sich exponentiell zu verschärfen, je leistungsfähiger unsere digitalen Speichermedien werden:

> „Die Möglichkeit, mehr niederzuschreiben, als das menschliche Gedächtnis behalten kann, hat zu einer Durchbrechung des Gleichgewichts im Haushalt des kulturellen Gedächtnisses geführt. Gedächtnisumfang und Erinnerungsbedarf sind auseinander getreten (…), weshalb nicht mehr die Bewahrung des Gedächtnisses sondern die Auswahl und Pflege des Erinnernswertens im Mittelpunkt steht und

---

2 Joachim Wollasch: *Toten- und Armensorge*, zit. in Assmann: Erinnerungsräume, S. 35.

die Diskrepanz zwischen bewohnten und unbewohnten Erinnerungsräumen verschärft."[3]

Die überwältigende Fülle an von uns heute produzierten Texten trägt dazu bei, dass die Schere zwischen unserem Erinnerungsvermögen und unserem Erinnerungsbedarf immer weiter auseinander klafft – eine Tatsache, die einem Verlust von Wissen gleichkommt. Wissen aber ist eine wichtige Verständigungsgrundlage. Es bedeutet ein kulturelles Fundament, das es ermöglicht, Dinge – wie Kunst – zu dechiffrieren und in ihrer Intertextualität zu begreifen. Vielleicht ist es die steigende Angst vor dem Verlust von Wissen im Zeitalter medialer Transformation, die dazu führt, dass Institutionen wie das Opernhaus verstärkt als Orte verstanden werden, die Erinnerung zu sichern haben, anstatt für eine lebendige Fortführung der Gattung Oper zu sorgen. Diese Orte strahlen eine große symbolische Anziehungskraft aus und „verkörpern (…) eine Kontinuität der Dauer, die die vergleichsweise kurzphasige Erinnerung von Individuen (…) übersteigt".[4] In ihnen wird Erinnerung bewahrt, die für die Gesellschaft verteidigt werden muss.

Für ein Opernhaus entsteht so eine leicht schizophrene Aufgabe: Auf der einen Seite sind die durch sie tradierten Werke dazu angehalten, sich als Teil des kulturellen Gedächtnisses weiter zu kanonisieren – ein Gedächtnis, das sich durch rituelle Wiederholungen aufbaut. Auf der anderen Seite steht die Forderung nach einer lebendigen Kunstform, die durch ihren Bezug zum Heute eine politische Funktion übernehmen soll, nämlich die Funktion eines Korrektivs, eines Hofnarrens der Gesellschaft.

Sollte die Institution Oper in Zukunft immer mehr zu einer Hüterin des kulturellen Gedächtnisses werden, wird sie zu einer Art „Wunderkammer" ehemals „bewohnten Wissens", und sie wird dabei ihrer Verantwortung als Ort der Zeitgenossenschaft nicht gerecht. Begreifen wir Kulturinstitutionen wie das Opernhaus einzig als Orte der Erinnerung, reduzieren wir sie auf eine rekonstruktive Ebene – Rekonstruktion hier verstanden als Gegenpol zu Vergegenwärtigung. Buchstäbliche Rekonstruktion verheißt in den Augen ihrer Forderer,

---

3 Assmann: Erinnerungsräume, S. 408ff.
4 Ebd., S. 299.

dass Wissen nicht verloren ist, dass unsere Toten noch leben. Eine Vergegenwärtigung dagegen bedeute, so wird angenommen, sich immer weiter von ihnen zu entfernen, da sich unsere Gegenwart von der ihrigen äußerlich sehr zu unterscheiden scheint. Meines Erachtens ist genau das Gegenteil der Fall, ist die Entfremdung zum Werk dann gegeben, wenn die lebendige, theatrale Erfahrung einer trügerischen Vorstellung von historischer Authentizität geopfert wird.

Das Bild vom Theater als Archiv, als Sammel- und Konservierungsstelle für Vergangenes lässt sich, mit Assmann, auch umdrehen. Es würde dann eine Art Mülldeponie: Vergangenes wird eingesammelt und mehr oder weniger dem Zufall überlassen. Die Werke sind in diesem Bild quasi der Abfall und mithin „aus einem Nützlichkeitskreislauf herausgefallen".[5] Dem Abfall ist die Aufmerksamkeit entzogen, mit ihm wird „in der Regel kein lebendiger Umgang gepflegt", er bleibt Materialität, Hülle. Es wäre sehr bedauernswert, verkäme die Institution Opernhaus zu einer Mülldeponie, zu einer Ansammlung seelenloser „Hüllen".

Die Wege, die im heutigen Opernalltag begangen werden, um diesen Hüllen Leben einzuhauchen, sind verzweigt und vielfältig. Oft erleben wir eine Art Verwissenschaftlichung auf der Bühne – etwa dadurch, dass die Entstehungs- oder Rezeptionsgeschichte eines Stückes mitinszeniert wird. Wir erleben auch den „Steinbruch", wo sich am vorhandenen Material bedient wird und mit ihm ganz andere oder Anti-Geschichten erzählt werden. Aber im Grunde kann all dies nicht darüber hinwegtäuschen, dass wir uns einem Punkt nähern, an dem wir uns zu Tode inszenieren. Wenn aus dem immer gleichen Pool an Repertoirestücken geschöpft wird, ist bald schon alles einmal da gewesen, der Zwang zur Innovation drückt schwer. Wie viel Mut macht es denn, wenn die Kritik beispielsweise schreibt: „Den Hippie-Schlabbertrick gab es schon bei Doris Dörrie, den Trick mit dem Zeittunnel kannte bereits Götz Friedrich. Und der weiße Kreisel gleicht einem Ausflug in die spacigen Zeiten von Ruth Berghaus?"[6]

---

5 Ebd., S. 22.
6 Kai Luehrs-Kaiser anlässlich einer Inszenierung Mozarts *Così fan tutte* von Joachim Schlömer an der Staatsoper Hannover. In: Die Welt, 19.1.2006.

Natürlich führen wir die uns tradierten Werke auf – weil wir an sie glauben und weil wir davon überzeugt sind, dass sie noch heute zu einer Öffentlichkeit sprechen können und von ihr gehört werden sollten. Und natürlich gibt es diese Werke, die sich allzeit und schier unendliche Male neu befragen lassen und die uns immer wieder neue Fragen stellen. Und doch möchte man meinen, dass hinsichtlich der Dominanz des Repertoires und der fehlenden Freiräume für Neues Musiktheater im täglichen Opernbetrieb – gepaart mit seinen eklatanten ökonomischen und zeitlichen Zwängen – die Institution Oper beginnt, die Gattung langsam aufzufressen. Man kann dies regelrecht als einen kannibalistischen Akt verstehen. Längst schon hat sich das musiktheatralische Experiment, das Spannende, überwiegend in neue Räume außerhalb der Institution verzogen, in Orte wie das Berliner Radialsystem etwa oder auf Kampnagel in Hamburg. Hier sind neue Formen des Werkbegriffs im Entstehen – ohne den großen Schatten Werktreue. Rückkopplungen und Kooperationen dieser Häuser mit dem Opernbetrieb gibt es, doch es gibt sie viel zu selten. Die Institution Oper ist, überspitzt, zu einem schwerfälligen, angsterfüllten Dinosaurier geworden. „Labore" für Neues Musiktheater gibt es innerhalb der Opernhäuser meist keine – dabei sind es doch gerade die Abteilungen „Research and Development", die das Überleben von Unternehmungen sichern.

Dies alles ist nicht neu. Neu ist aber, dass derzeit eine Anzahl von teils höchst renommierten und wichtigen Kulturinstitutionen nicht mehr hypothetisch, sondern ganz real in ihrer Existenz bedroht ist. Die Frage nach dem kulturpolitischen Auftrag wird in Zukunft noch relevanter werden. Die Institution Oper wird beweisen müssen, dass sie nach wie vor eine lebendige Kunstform ist. Dazu gehört – zwei Seiten derselben Medaille –, dass zwischen uns und den aufgeführten Werken einer anderen Zeit Zeitgenossenschaft hergestellt wird, zugleich aber im Sinne des Labors beherzt an der Zukunft der Gattung gearbeitet wird. Ansonsten droht die Umverteilung wichtiger Zuwendungen auf Institutionen, die eben diese Aufgabe überzeugender wahrnehmen. Die Anstrengungen lohnen, denn der Ort Opernhaus birgt allen Widrigkeiten zum Trotz enormes Potenzial für ein blühendes Musiktheater des 21. Jahrhunderts.

Peter Mosimann

„Dabei ist grundlegend zu beachten, dass mit der Veröffentlichung ein Werk nicht mehr allein seinem Inhaber zur Verfügung steht."[1]

Kultureller Fundus, geschütztes Werk und Interpretation im Theaterrecht

Geschützte Werke im kulturellen Diskurs

Im Kunsturheberrecht begann die Jahrtausendwende mit einem Paukenschlag. Mit Urteil vom 29. Juni 2000[2] hat das deutsche Bundesverfassungsgericht mit dem Entscheid *Germania 3* zwei Maximen zum kulturellen Schaffen verkündet. Zum einen ist bei der Auslegung des Urheberrechts die Bedeutung und Tragweite der Kunstfreiheit zu beachten. Im Diskurs zwischen zwei (geschützten) Werken ist auch der Anspruch des ein Vorwerk benutzenden Autors zu beachten, auf den Fundus zurückgreifen zu dürfen.

„Im Kontext einer eigenständigen künstlerischen Gestaltung reicht die Zitierfreiheit über die Verwendung des fremden Textes als Beleg, d.h. zur Verdeutlichung übereinstimmender Meinungen, zum besseren Verständnis der eigenen Ausführungen oder zur Begründung oder Vertiefung des Dargelegten, hinaus. Der Künstler darf urheberrechtlich geschützte Texte auch ohne einen solchen Bezug in sein Werk aufnehmen, soweit sie als solche Gegenstand und Gestaltungsmittel seiner eigenen künstlerischen Aussage bleiben. Wo es, wie hier, ersichtlich darum geht, den fremden Autor (Brecht) selbst als Person der Zeit- und Geistesgeschichte kritisch zu würdigen, kann es ein von der Kunstfreiheit gedecktes Anliegen sein, diesen Autor, seine politische und moralische Haltung sowie die Intention und Wirkungsgeschichte seines Werkes dadurch zu kennzeichnen, dass er selbst durch Zitate zu Wort kommt."[3]

---

1   Urteil des deutschen Bundesverfassungsgerichts (nachfolgend BVerfGE genannt) vom 29. Juni 2000 – Germania 3 = GRUR 2001, 149ff. = ZUM 2000, 867f.
2   Ebd.
3   Ebd.

Zum anderen stellte das Bundesverfassungsgericht klar, „dass mit der Veröffentlichung ein Werk nicht mehr allein seinem Inhaber zur Verfügung steht."[4] Dies erinnert an die souveräne Aussage von Günter Grass: „Kaum fertig, hat sich das Buch vom Autor gelöst; es will sein Eigenleben haben. Nicht einmal verblüfft stelle ich fest, dass das Buch klüger ist als sein Autor. Er ist eigentlich nur in der Lage, Dummheiten darüber zu sagen oder Peripheres."[5]

Ein paar Monate vor dem Bundesverfassungsgericht hatte das Tribunal de Grande Instance de Paris[6] ebenfalls ein Leiturteil zum Freihaltebedürfnis der Urheberrechtswerke erlassen. Danach sei der zulässige Inhalt und Umfang der Berichterstattung über Tagesereignisse (in diesem Fall die Berichterstattung des Fernsehsenders *Antenne 2* über eine Ausstellung von geschützten Werken des Malers Maurice Utrillo) nicht eng im Lichte der urheberrechtlichen Schranken zu interpretieren, sondern vielmehr auch aus dem Blickwinkel der Medien und des Publikums. Der Anspruch auf Gewährleistung der Informationsfreiheit sei daher ebenso von Bedeutung.

Mit der Jahrtausendwende öffneten somit die Gerichte in durchaus spektakulären Fällen die Möglichkeit der Interpretation des Urheberrechts im Lichte der drei Interessenebenen Werkschaffende, Werkvermittler und Werknutzer. Im 20. Jahrhundert wurde das Urheberrecht noch konsequent zum Schutz des Urhebers entwickelt. Es war ausgerichtet auf den auf sich gestellten Schöpfer, der einen eigenen Stoff als bildende Kunst, Musik oder Literatur im weitesten Sinne kreiert und verwertet. Das Urheberrecht sah zwar Schranken dieses Ausschließlichkeitsrechts wie das Zitatrecht vor. Diese sollten aber eng ausgelegt werden, im Zweifel zugunsten des Urhebers. Die einseitige Betrachtung des Urhebers und seiner Interessen wurde mit den Urteilen *Germania 3* und *An-*

---

4 Ebd.
5 Günter Grass in „Die Zeit", Nr. 34, 12. 8. 1977, S. 30. Peter Brook: Das offene Geheimnis – Gedanken über Schauspielerei und Theater. Frankfurt 1994, S. 177: „Oft glaubt man, das, was der Autor oder Komponist eines Stücks oder einer Oper ursprünglich zu Papier gebracht hat, sei eine heilige Form. Dabei wird vergessen, dass der Autor, wenn er Dialoge schreibt, verborgene Regungen ausdrückt, die tief in der menschlichen Natur liegen, und wenn er Szenenanweisungen schreibt, beziehen sich seine Vorschläge auf den Stand der Theatertechnik seiner Zeit. Man muss auch hier zwischen den Zeilen lesen."
6 Tribunal de Grande Instance de Paris, Entscheid vom 23. Februar 1999, RIDA 2000, 37ff; vgl. auch BGE 131 III 480, 490ff – Zitatrecht = sic! 2005, 732ff.

tenne 2 ersetzt durch eine dem Kulturschaffen geneigte Sicht der diskursiven Betrachtung.

Geschütztes Werk und kulturelle Auseinandersetzung

Die eingangs skizzierten fundamentalen Entscheide haben das Urheberrecht als maßgebliche Quelle zum Schutz des Werk- und Wirkbereichs der Kreativen neu positioniert. Zum einen haben sie aufgezeigt, dass kein Autor isoliert kreativ tätig ist, sondern sein Schaffen, ob bewusst oder unbewusst, stets auf einem reichen Fundus aufbaut. So ist beispielsweise Bernsteins *West Side Story* ohne *Romeo und Julia* von Shakespeare und vielen weiteren Werken nicht denkbar. Was der Schöpfer schafft, ist wieder Teil des Fundus, der mit der Veröffentlichung Teil des kulturellen Diskurses wird. Dieser Diskurs findet nicht geschützt statt. Der Autor des veröffentlichten Werkes hat nicht nur die Kritik zu erwarten. Vielmehr findet eine Auseinandersetzung mit seinem Werk durch neues Schaffen späterer Künstler statt. Der Komponist interpretiert Zitate in seinen Kompositionen. Der Dramatiker rezipiert einen Handlungsablauf eines Erstautors. Diese Reibungen im kulturellen Schaffen haben im traditionellen Urheberrecht kaum großzügige Mittel der Legitimation. Das schweizerische Urheberrechtsgesetz (nachfolgend CH-URG genannt) beschränkt sie im Wesentlichen auf die Erlaubnis der Zitate (Art. 25 CH-URG) – also über die Schranken des Urheberrechts. Sodann findet sich in Art. 11 Abs. 3 CH-URG eine weitere Ausnahme zugunsten der Parodie.

Verblüfft stelle ich fest, dass gerade die deutschen Urheberrechtler diese enge Sicht im 20. Jahrhundert vertreten haben. Dies erstaunt: Ein Blick in die typischen kreativen Schaffensperioden des Theaters im deutschsprachigen Raum zeigt, dass Deutschland seit Jahrhunderten freizügig mit dem Schaffen anderer umging. Man denke an den Intendanten Goethe in Weimar als Anreger von Schiller zur Bearbeitungen anderer Werke, aber auch an die erheblichen Freiheiten, die sich Goethe und seine Regisseure im Inszenierungsalltag gegenüber den Autorentexten herausnahmen.[7] Das Urheberrecht des ausgehenden 19.

---

7 Erika Fischer-Lichte: Kurze Geschichte des deutschen Theaters. Tübingen/Basel 1993, S. 143 ff.;

Jahrhunderts agierte hinsichtlich der Werktreue „gegen den Strich" der im deutschsprachigen Raum üblichen Bearbeitungs- und Inszenierungspraxis. Die Literatur pflegt die Probleme mit der Werktreue auf den Beginn des 20. Jahrhunderts zu datieren.[8] Gemeint sind Inszenierungen von Max Reinhardt,[9] Erwin Piscator,[10] Leopold Jessner,[11] aber auch die Produktionen von Curjels und Klemperers *Krolloper*.[12] Gerade im deutschsprachigen Raum war das Reinheitsgebot, als verstandener Schutz der Werkintegrität, ursprünglich nicht zentrales Thema des Theaterschaffens; die Autoren haben sich im Fundus der Kultur bedient. Das gilt nicht nur für die Autoren, sondern auch für die Interpreten. Anders wären die Entwicklung zum psychologischen Realismus von Konstantin S. Stanislawski, zur Theaterreform, zum Symbolismus, zum Expressionismus, zur Ästhetik der Trennung der Elemente von Bertolt Brecht, Walter Felsensteins Adaption von Stanislawskis psychologischem Realismus, das Bild-Theater von Robert Wilson und Achim Freyer, die dekonstruktivistische Regie und die postmoderne Theaterästhetik nie möglich gewesen.

Jedenfalls über die letzten zwei Jahrhunderte hinweg beobachten wir eine gefestigte Tradition des kulturellen Diskurses im deutschsprachigen Bühnenbereich. Diese wurde allerdings im 20. Jahrhundert durch die stark schöpferorientierte Urheberrechtsgesetzgebung gebremst. Der Entscheid *Germania 3* des deutschen Bundesverfassungsgerichts ist als Einbruch respektive als Widerstand gegen dieses Verständnis des Urheberrechts zu verstehen. Das Bundesverfassungsgericht ließ überlange Passagen aus Brechts *Coriolan* in Müllers *Germania*

---

vgl. Johann Wolfgang Goethe: Wilhelm Meisters Lehrjahre, 5. Buch, Kapitel 4. In keiner Zeit wurden Werke so oft umfassend bearbeitet wie zu Goethes Intendantenzeit, Goethes Iphigenie und Egmont durch Schiller, Shakespeares Macbeth und weitere Stücke durch Schiller, Voltaires Mahomat durch Goethe etc.; vgl. dazu Sigried Damm: Das Leben des Friedrich Schiller. Zürich 2004.

8 Ingo Fessmann: *Theaterbesuchsvertrag oder wann krieg ich als Zuschauer mein Geld zurück?* In: NJW (1983), H. 21, S. 1170.

9 Vgl. Günther Rühle: Theater in Deutschland 1987–1945 – seine Ereignisse – seine Menschen. Frankfurt a.M. 2007, S. 343ff.

10 Ebd., S. 524ff.

11 Ebd., S. 369ff.

12 Hans Curjel: Experiment Krolloper 1927–1931. München 1975. So z.B. mit der Umwandlung der Spinnstube im *Holländer* in eine frühkapitalistische Werkhalle in Jürgen Fehlings Inszenierung.

3 über die vom Zitatrecht gesetzten Grenzen hinaus zu. Der Künstler dürfe urheberrechtlich geschützte Texte auch ohne den vom Zitatrecht geforderten Bezug in sein Werk aufnehmen, soweit die verwendeten Texte als solche Gegenstand und Gestaltungsmittel seiner eigenen künstlerischen Aussage bleiben.[13]

„Dabei ist grundlegend zu beachten, dass mit der Veröffentlichung ein Werk nicht mehr allein seinem Inhaber zur Verfügung steht. Vielmehr tritt es bestimmungsgemäß in den gesellschaftlichen Raum und kann damit zu einem eigenständigen, das kulturelle und geistige Bild der Zeit mitbestimmenden Faktor werden. Es löst sich mit der Zeit von der privatrechtlichen Verfügbarkeit und wird geistiges und kulturelles Allgemeingut (...).“[14]

Der Lösungsansatz des Bundesverfassungsgerichts ist so einfach wie selbstverständlich. Wie alle anderen Zeitgenossen in Wirtschaft und Bildung – es sei z. B. an die Sozialgebundenheit des Grundeigentums erinnert – sind auch die Kunsturheber durch das Urheberrechtsgesetz nicht einseitig geschützt. Vielmehr enthält das Urheberrechtsgesetz mehrere „Ventile“, die den Diskurs mit dem Werk erlauben. Es sind dies in erster Linie die Schranken des Urheberrechts, aber auch die immer wieder schwierige Abgrenzung von freier und unfreier Benutzung. Diese Bestimmungen stehen nicht isoliert im Gesetzesgefüge; vielmehr sind sie im Lichte der Grundrechte zu interpretieren:

„Die Schrankenbestimmung von Art. 25 CH-URG schränkt die urheberrechtlichen Ausschließlichkeitsrechte im Interesse der Allgemeinheit oder bestimmter Nutzerkreise ein. Damit hat der Gesetzgeber Sachverhalte der Kollision verfassungsrechtlicher Grundrechte geregelt, indem er den Ausgleich der vorhandenen gegensätzlichen Interessen anstrebte.“[15]

Die Gerichte haben somit um die Jahrtausendwende anerkannt, was selbstverständlich sein sollte. Das Urheberrecht regelt soziale und künstlerische Tatbe-

---

13 BVerfGE – Germania 3, a.a.O.

14 Ebd.

15 BGE 131 III 480, 490 – Zitatrecht; Pierre-Emmanuel Ruedin: La Citation en droit d'auteur. Basel 2010, S. 28ff.

stände, die aus den Grundrechten abgeleitet sind. Der Theaterautor kann sich zwar auf die Kunstfreiheit berufen; seine Kunstfreiheit steht allerdings im Spannungsverhältnis mit der Kunstfreiheit des benutzenden Autors oder eben der Kunstfreiheit des Regisseurs.

Die Verfassung strebt daher an, dass auch die Grundrechte bei der Gesetzgebung und insbesondere bei der richterlichen Auslegung verwirklicht werden.[16] Der Autor kann folglich aus dem reichen Fundus der Kultur schöpfen; es ist ihm aber verwehrt, den kulturellen Fundus aus der Domaine Public neu zu monopolisieren.[17] Der *Romeo-und-Julia*-Stoff kann durch ein noch so großartiges Musical wie Bernsteins *West Side Story* nicht neu monopolisiert werden. Der Autor ist natürlich für seine Werkschöpfung geschützt, nicht aber im Bereich der Entlehnung aus dem Fundus.

Sowohl im schweizerischen als auch im deutschen Urheberrechtsgesetz finden sich teilweise „Einfallstore", die es dem Richter gestatten, den auf Verfassungsebene ausgelösten Konflikt zu behandeln. Ein solcher Konflikt kann zwischen Autor und Autor (Beispiel: Brecht vs. Müller[18]) oder vor allem zwischen Autor und dem Interpreten entbrennen. Solche Interpreten sind in hervorragender Weise Regisseure, aber natürlich auch Bühnenbildner, Kostümbildner, Darsteller und die oftmals unerwähnt bleibenden Dirigenten.

Solche Einfallstore für eine Plattform der konfliktbereinigenden Auseinandersetzung stellen zunächst natürlich die Schranken des Urheberrechts dar (Art. 19–28 CH-URG), vor allem im kulturellen Diskurs das Zitatrecht. In der Schweiz ist eine zusätzliche Bestimmung zu erwähnen, die über großes Diskurspotential verfügt. Es ist dies der Absatz 3 in Art. 11 CH-URG über die Werkintegrität:

---

16 BGE 131 III 480, 490 – Zitatrecht; vgl. dazu Peter Mosimann/Felix Uhlmann in: Kunst und Grundrechte, in: Peter Mosimann/Marc-André Renold/Andrea F. G. Raschèr (Hg.): Kultur Kunst Recht, Basel 2009, 43ff.

17 Urteil Landgericht Hamburg vom 12. Juli 1994 i.S. S. Fischer Verlag GmbH/Eugen Ruge. „Dabei ist sich die Kammer bewusst, dass es nicht zuletzt wegen des reichen Fundus' an frei benutzbarem Material gerechtfertigt ist, die freie Benutzung der im Verhältnis hierzu wenigen geschützten Werke auf dasjenige Mindestmaß zu beschränken, das man erhalten muss, wenn man die Freiheit künstlerischen Schaffens nicht über Gebühr einengen und damit ersticken will."

18 BVerfGE – Germania 3, a.a.O.

„Zulässig ist die Verwendung bestehender Werke zur Schaffung von Parodien oder mit ihnen vergleichbaren Abwandlungen des Werks." Diese Bestimmung verkündet im Titel das zentrale, konträre Thema „Werkintegrität", ein Begriff, der im 20. Jahrhundert immer als einseitige Schutzbestimmung zugunsten des Autors verstanden wurde; heute kann der Begriff der Werkintegrität im Lichte der neuen Rechtsprechung als Plattform des Diskurses verstanden werden. Der Wortlaut von Art. 11 Abs. 3 CH-URG ist weit formuliert und lädt deswegen geradezu ein, dem Regisseur das Tor zur Interpretation zu öffnen.

Ein weiteres, vielleicht das wichtigste Einfallstor für die Auseinandersetzung zwischen den Künstlern ist die Abgrenzung zwischen freier und unfreier Benutzung.[19] Einfach ausgedrückt: Wann benutzt ein Autor ein bestehendes Werk in der Weise selbstständig, dass das alte Werk im neuen verblasst? In diesem Fall bedarf die Benutzung nicht der Zustimmung des Erstautors.

Der kulturelle Fundus ist frei

a) Werkautoren und Richter unterliegen der Versuchung, den freien Fundus im Werk eines neuen Autors zu schützen. Ich erläutere dies anhand des Konflikts zwischen *Der Reigen* von Arthur Schnitzler und *Der reizende Reigen* von Werner Schwab.[20]

Das Obergericht Zürich verbot die Aufführung am Schauspielhaus Zürich von *Der reizende Reigen* von Werner Schwab mit dem Hinweis, sein Stück übernehme das Reigenschema von Schnitzler. Schnitzlers Reigen sind bekanntlich zehn Dialoge, zehn Triumphe des Sexus ohne Standesunterschiede: die Dirne mit dem Soldaten; der Soldat mit dem Stubenmädchen; das Stubenmädchen mit dem jungen Herrn; der junge Herr mit der jungen Frau; die junge Frau mit ihrem Ehemann; der Ehemann mit dem süßen Mädel; das süße Mädel mit dem Dichter; der Dichter mit der Schauspielerin; die Schauspielerin mit dem Grafen; der Graf mit der Dirne – der Reigen ist geschlossen.

---

19 Art. 3 Abs. 4 CH-URG; § 23/24 DE-URG.
20 Maßnahmenentscheid Obergericht Zürich vom 31. März 1995, SMI 1996, 61ff. Die nachstehenden Zitate aus dem literarischen Fundus verdanke ich der Produktionsdramaturgie des Schauspielhauses Zürich aus der Spielzeit 1994/1995.

In casu wäre es gut gewesen, das urteilende Gericht hätte auf Literatursach-
verständige zurückgegriffen. Die Aussage, das Reigenschema sei das Werk –
wohl die Idee – Schnitzlers, ist kühn und keineswegs fundiert. Vielmehr treffen
wir das Reigenschema über mehrere Jahrtausende hinweg im Literaturfundus
an.

Heinrich Heine (1797–1856) setzt dem Phänomen in einem kleinen Gedicht
ein Denkmal:

„Ein Jüngling liebt ein Mädchen,
die hat einen andern erwählt;
der andere liebt eine andere...

Es ist eine alte Geschichte,
doch bleibt sie ewig neu;
und wem sie just passieret,
dem bricht das Herz entzwei."

Schon bei dem griechischen Bukoliker Moschus (2. Jh. v. Chr.) lesen wir:

„Pan war entbrannt für Echo, die Nachbarin, Echo hinwieder
war's für den hüpfenden Satyr, entbrannt war der Satyr für Lyda.
So wie Echo den Pan, so hielt der Satyr die Echo,
Lyda den Satyr in Glut: sie entflammt in umwechselnde Sehnsucht.
Denn wie der eine gehasst den Liebenden, ebenso schnöde
ward er liebend verschmäht und duldete, was er geübet.
Wer noch dem Eros entging, den witzige meine Belehrung:
Sei nur Liebenden hold, dass du, wie du liebest, geliebt seist."

Von diesem Gedicht aus versteht man auch die Verse Theokrits (310–250 v.
Chr.), die ebenfalls ein Gleichnis aus dem Bildfeld der Liebesjagd darstellen:

„Cytisus folget der Zieg', es folgt der Ziege der Wolf nach,
Kraniche folgen dem Pflug, ich folge dir wie betöret."

Vergil (70–19 v. Chr.) hat diese Dreierkette in seinen Eklogen zu einer Viererkette erweitert:

„Funkelnd verfolgt die Löwin den Wolf, der Wolf dann die Ziege,
blumige Cytisusstauden verfolgt die wählige Ziege."

Die Beispiele können beliebig ergänzt werden, so beispielsweise mit dem Liebesreigen in *Il decamerone* von Giovanni Boccaccio (1313–1375), dem Schäferroman *Diana* von Jorge de Montemayor (1559); und was ist denn eigentlich Shakespeares *Sommernachtstraum* anderes als ein Liebesreigen? Hermia soll Demetrius heiraten, doch sie liebt Lysander. Mit ihm flüchtet sie in den Wald, gesucht von Demetrius, der Hermia liebt, hinter dem wiederum Helena her irrt. Oberon, der Elfenkönig, liegt im Eifersuchtsstreit mit seiner Gattin Titania, etc.

Das Obergericht des Kantons Zürich hat das Reigenschema von Arthur Schnitzler per se als urheberrechtlich geschützt erklärt. Diese Erkenntnis ist so nicht haltbar. Das Reigenschema ist, wie gesehen, von Schnitzler, ob bewusst oder unbewusst, aus dem Fundus der Literatur übernommen. Indessen findet die Idee als solche im Urheberrecht keinen Schutz. Der Einfall oder der Gedanke eines Liebesreigens ist nicht durch schöpferische Individualität geprägt. Der Liebesreigen entstammt dem Fundus und darf, wie Historie oder Gegenwart, sagen- und märchenfrei benutzt werden.

b) Schnitzlers Liebesreigen könnte allerdings in seiner konkreten Ausgestaltung urheberrechtlich schützbar sein – also „eine persönliche geistige Schöpfung" (§ 2 Abs. 2 deutsches Urheberrechtsgesetz, nachfolgend DE-UrhG genannt) oder eine „geistige Schöpfung der Literatur und Kunst, die individuellen Charakter" (Art. 2 Abs. 1 CH-URG) hat –, sofern seine Sprache urheberrechtlich schützbar ist. Diese Anforderung ist ohne jeden Zweifel erfüllt. Schnitzlers Sprache verdient fürwahr als urheberrechtlich wahrnehmbare Gestaltung Schutz. Werner Schwab hat jedoch in seinem *reizenden Reigen* die Sprache Schnitzlers offensichtlich nicht übernommen. Folgende Beispiele belegen dies:

Schwab verwendet die permanente Ent-Ichung:

„Sie gehören der meinigen Vollmenschlichkeit an..." (2. Szene, Angestellte)
„Du kannst wieder einkehren bei meinen Möglichkeiten." (3. Szene, Hausherr)
„... eine Geilheit von dem deinheitlichen Menschen..." (5. Szene, Ehemann)

Durch Perspektivenwechsel werden Menschen der Macht der Objekte unterge-
ordnet.

„Der Fasching nimmt den Menschen in all das grelle Auge." (2. Szene, Angestellte)
„Die Sie fiel auf ihren Posten, der Sie arbeiten lässt?" (2. Szene, Friseuse)
„So, hat dich deine geschäftliche Post heute schon erledigt?" (5. Szene, junge Frau)

Durch eine Verdinglichung werden die Menschen selbst zu Objekten.

„Na, du schönes schnelles Auto ...", „Sie sind ja richtig eine intelligente Frisur ...",
„Du komische Kapelle ohne Kirchturm" (2. Szene, Friseuse)
„Jetzt habe ich deinen Kopf eine vollzählige Stunde schlafen lassen..." (10. Szene,
Hure)

Durch absurde Wortverknüpfungen kreiert Schwab neue Begriffe.

„Edellustgefühle", „Lebensmännererfahrung", „Hochgebirgsmoraldame" (3. Szene)

Schwab sprengt Präfixe weg und ersetzt sie durch neue.

Statt „Angestellte" heißt es „Zugestellte" (1. Szene, Hure)
„Sie werden mich schon noch in sich hineinverstehen..." (2. Szene, Angestellte)
„Was hast du mich da verhintergangen da?" (4. Szene, Hausherr)

Schwab spielt mit Wiederholungen desselben Wortstamms.

„Das ist ein eingespieltes Spiel..." (1. Szene, Hure)
„schlechtmenschliche Menschen", „das Denken hat an alles gedacht" (2. Szene,
Angestellte)

Schwab spielt mit der Umständlichkeit und erfindet komplizierteste Wendungen. Adjektive und Verben werden permanent substantiviert und es wird der Umweg über indirekte Artikel genommen.

> „Sagen Sie ein Ja." (2. Szene, Angestellte)
> „Da bist du aber in der Feigheit angemeldet heute." (2. Szene, Angestellte)

Durch inhaltliche Verschärfung oder Verdeutlichung erzielt Schwab Steigerung oder Verdoppelung.

> „Da sind Sie aber ganz ein sentimentalistischer Mensch...", „Jetzt muss ich wieder heim mit mir." (4. Szene, junge Frau)
> „Ich kann gar keine Theaterstücke aufschreiben nicht..." (7. Szene, Dichter)
> „Ich verstehe mich ja auch ausgezeichnet mit mir selber allein." (8. Szene, Dichter)

Sowohl Arthur Schnitzler als auch Werner Schwab haben einen Liebesreigen literarisch gestaltet. Beide Sprachwerke sind offensichtlich als Werke der Literatur urheberrechtlich geschützt; im Kern bleibt jedoch der Liebesreigen als Reigenschema frei. Beide Autoren haben sich aus dem kulturellen Fundus bedient.

c) Indessen könnte der Handlungsstrang des Liebesreigens von Schnitzler schützbar sein. Dabei fällt von vorneweg ein Schutz außer Betracht, soweit, wie gesehen, Arthur Schnitzler den Handlungsstrang aus dem Kulturfundus übernimmt. Ein Schutz ist auch nicht denkbar, soweit der Handlungsstrang aus einer Idee besteht. Ideen können nicht Gegenstand des urheberrechtlichen Schutzes sein. Sie sind im Interesse der Allgemeinheit freihaltebedürftig. Sie können durch das Urheberrecht nicht monopolisiert werden. Viele, selbst Meisterwerken zugrunde liegende Ideen sind dem Kunstfundus zuzurechnen. Hingegen kann die Idee – also vorliegend der Handlungsstrang des Liebesreigens – schützbar sein, wenn sie in ihrer individuellen sprachlichen Ausgestaltung die Anforderung an das Urheberrechtswerk erfüllt. Es ist somit zwischen der schutzlosen Idee und dem schutzlosen Inhalt einerseits und andererseits der schutzfähigen Form respektive Gestaltung eines Werks zu unterscheiden. Wenngleich der Handlungsstrang des Liebesreigens zunächst als Idee oder Rezept nicht schützbar ist, kann eine urheberrechtsrelevante Gestaltung vorliegen durch Auswahl, Anordnung und Kombination der Protagonisten des Reigens. Zur Illustration mag hier der Vergleich mit einer Fabel zulässig sein. Wo noch schutzloser Inhalt vorliegt und wo der Handlungsstrang in die individuelle und damit schutzfähige Form übergeht, ist eine nur schwer zu beantwortende Frage. Wir können keine exakte Grenze beobachten. Zur Grenzziehung kann folgende Faustregel dienen: Je mehr ein Handlungsstrang die subjektive Sicht der Protagonisten aufzeigt, je mehr der Handlungsstrang durch individuelle Dialoge und Beschreibungen charakterisiert ist, je mehr Stimmungen, das „Tempo" der Handlung und die Themen ausgeprägt sind, desto eher wird es dem Handlungsstrang gelingen, ein urheberrechtlich schützbares Werk zu sein.

d) Nun hat Werner Schwab im *reizenden Reigen* bestimmte charakteristische Personen aus dem Reigen von Schnitzler übernommen, so z.B. das süße Mädchen. Er lehnt sich zunächst an das Werk Schnitzlers an und verfremdet es dann wieder auffällig. Das bewirkt er nicht nur durch den bedeutenden Abstand in der Sprache. Aus der Distanz erzielt Werner Schwab auch im Klimax den urheberrechtlich gebotenen Abstand zum *Reigen* von Schnitzler. Während bei Schnitzler der Höhepunkt in Liebesszenen ausgespart wird und allein durch vieldeutige Gedankenstriche signalisiert ist, wird er bei Werner Schwab detailgetreu beschrieben. Wo bei Schnitzler der Sturz aus dem hastigen Dialog in sprachlose Kopulation erfolgt, das Dunkel auf der Bühne Exquisites verhüllt und der Fantasie des Publikums freien Lauf lässt, findet bei Werner Schwab Eindeutiges statt. In einem Vorspann Werner Schwabs heißt es: „Die männlichen Figuren haben abschraubbare Geschlechtsteile, die weiblichen Figuren austauschbare Muttern." So verlangt denn auch die Regieanweisung Werner Schwabs, dass die Männer ihre „Schwänze" den Frauen „unter den Rock" geben. Überall dort, wo der Handlungsstrang die urheberrechtliche Schützbarkeit durch die Ausgestaltung erreichen kann, ist er in den beiden Werken von Schnitzler und Schwab unterschiedlich. Dies ergibt sich aus den Elementen der Verführung, des Geschlechtsakts, der inneren Befindlichkeit der Figuren, des sozialen Umfelds. Auffällig setzt sich Schwab antithematisch durch die inhaltliche und sprachliche Verfremdung künstlerisch mit dem Handlungsstrang von Schnitzler auseinander. Dadurch ist das benutzte Werk Gegenstand einer inhaltlichen, sprachlichen und künstlerischen Auseinandersetzung, die einen wesentlichen inneren Abstand zum *Reigen* von Schnitzler ergibt.

Die Entlehnung von Teilen des Erstwerks außerhalb des Zitatrechts

In *Germania 3* hat Müller wesentliche Teile aus Brechts *Coriolan* und *Leben des Galilei* übernommen. Die Entlehnung konnte nicht als freie Benutzung qualifiziert werden, denn Müller übernahm die Abschnitte aus Brechts Werk unverändert. Das Vorgehen konnte auch nicht als Ausnützung der Schranke des Zitatrechts[21] zugelassen werden; denn Müller verwendete die Zitate nicht als Belegstellen, und überdies waren die Zitate zu lang. Dennoch hat das deutsche Bundesverfassungsgericht unter direkter Berufung auf das Grundrecht der Kunst erkannt:

„Im Kontext einer eigenständigen künstlerischen Gestaltung reicht die Zitierfreiheit über die Verwendung des fremden Textes als Beleg, d.h. zur Verdeutlichung übereinstimmender Meinungen, zum besseren Verständnis der eigenen Ausführungen oder zur Begründung oder Vertiefung des Dargelegten, hinaus. Der Künstler darf urheberrechtlich geschützte Texte auch ohne einen solchen Bezug in sein Werk aufnehmen, soweit sie als solche Gegenstand und Gestaltungsmittel seiner eigenen künstlerischen Aussage bleiben. Wo es, wie hier, ersichtlich darum geht, den fremden Autor (Brecht) selbst als Person der Zeit und Geistesgeschichte kritisch zu würdigen, kann es ein von der Kunstfreiheit gedecktes Anliegen sein, diesen Autor, seine politische und moralische Haltung sowie die Intention und Wirkungsgeschichte seines Werkes dadurch zu kennzeichnen, dass er selbst durch Zitate zu Wort kommt."[22]

Das Bundesverfassungsgericht geht in diesem Entscheid freizügig mit dem urheberrechtlichen Zitatrecht um; es lässt das überlange Zitat über die vom Gesetz vorgesehenen Voraussetzungen hinaus zu. Dieses müsse nicht mehr Belegstelle

---

21 Art. 25 CH-URG, § 51 DE-UrhG.
22 BVerfGE – Germania 3, a.a.O.

sein. Vielmehr könne das Zitat verwendet werden als Instrument zum Diskurs mit jenem Autor, mit dem sich der schreibende Autor Müller auseinandersetzt. Das Vorgehen des Bundesverfassungsgerichts wurde in der Literatur[23] kritisiert. Schack gibt zu bedenken, die Abwägung der Interessen des gebenden und nehmenden Künstlers habe „durch eine verfassungskonforme Auslegung der gesetzlichen Schranken des Urheberrechts zu erfolgen und nicht etwa durch eine frei schwebende Verfassungsinterpretation kollidierender Grundrechte, wie das ein Vorprüfungsausschuss des BVerfG methodisch verfehlt getan" habe. Das Urteil des Bundesverfassungsgerichts ist wohl als weitgehend zu bezeichnen und im Lichte der Abrechnung von Müller gegenüber Brecht als Person der Zeit und Geistesgeschichte zu verstehen.

Wie erwähnt, wäre aber eine solche Auslegung möglich, wenn das Urheberrechtsgesetz selbst eine Bestimmung bereithielte, die die paraphrasierende oder im Diskurs abwandelnde Übernahme eines Werks oder jedenfalls von Teilen eines Werks thematisieren würde. Das ist nach deutschem Recht nicht der Fall. Nach Art. 11 Abs. 3 CH-URG ist es hingegen zulässig, bestehende Werke zur Schaffung von „Parodien oder mit ihnen vergleichbaren Abwandlungen des Werks" zu verwenden. Zu solchen Abwandlungen sind z.B. ironische Musikzitate zu zählen.[24] Es wird aber betont, dass „vergleichbare Abwandlungen" Bezug haben sollen zu einer humoristischen Überhöhung. Es ist allerdings nicht einsehbar, weshalb die Satire oder Parodie nur mit humoristischen Überhöhungen zulässig sein soll und nicht auch Abwandlungen mit kritischen Überhöhungen. Bleiben entlehnte Züge in einem Werk erkennbar, dann können sie dennoch verblassen, wenn sie vom individuellen Charakter des Zweitwerkes überlagert werden. Es muss allerdings ein prägender innerer Abstand zwischen den beiden Werken vorliegen. Art. 11 Abs. 3 URG ist somit als Lösung eines Konflikts zwischen zwei durch die Kunstfreiheit geschützten Rechtspositionen zu verstehen. Der Zusatz im Wortlaut von Art. 11 Abs. 3 URG „mit ihren vergleichbaren Abwandlungen" ermöglicht durchaus eine Öffnung zu einer Schranke des Urheberrechts über den Begriff der Parodie hinaus.

---

23 Haimo Schack: *Das Recht als Grundlage und Grenze des künstlerischen Schaffens*. In: KUR (2006) H. 6, S. 157ff., S. 162.

24 Vincent Salvadé: *L'exception de parodie ou les limites d'une liberté*. In: medialex (1998), H. 2, S. 92ff.

Werktreue und Regie

a) Ausgangspunkt unserer Betrachtung ist der Fall *Die Csárdásfürstin* von Emmerich Kálmán in der Dresdener Inszenierung von Peter Konwitschny.[25]

Mit Vertrag vom 22. November 1998 übertrug die Semperoper dem international bekannten Regisseur Peter Konwitschny im Rahmen eines Gastvertrages die Regie für die Neuinszenierung der Operette *Die Csárdásfürstin* von Emmerich Kálmán. Das Regiekonzept wurde im Verlauf des Jahres 1998/99 mehrfach mit der Intendanz erörtert. Die die Inszenierung prägende Regieidee von Peter Konwitschny bestand vornehmlich darin, das Stück in den Kontext seiner historischen Entstehung zu setzen. Das Kampfgeschehen des Ersten Weltkrieges wurde mit der Operetten-Handlung verbunden. So wird ein Varieté-Theater durch Granateinschläge zur Ruine. Die Handlung des zweiten und dritten Aktes spielt abweichend vom herkömmlichen Libretto nicht im Wiener Palast des Fürsten von und zu Lippert-Weylersheim beziehungsweise in einem Wiener Hotel, sondern in und um einen Schützengraben. Kriegsopfer, Versehrte, uniformierte Soldaten mit Stahlhelm treten auf; martialisches Kriegsgerät wie Panzerfaust, Stabhandgranaten, Gasmaske, Feldtelefon, Stacheldraht usw. werden gezeigt; kriegstypische Geräusche wie Detonationen und Gewehrsalven sind zu vernehmen.

Die Premiere fand am 29. Dezember 1999 statt und stieß bei Teilen des Publikums auf heftige Ablehnung, während es bei dem anderen Teil des Publikums zustimmende Aufnahme fand. Die Premiere musste wegen der Reaktion des Publikums zweimal unterbrochen werden.

Obgleich der Regisseur seine Zustimmung zu der beabsichtigten Streichung dreier Szenen mündlich verweigert hatte, wurde am Abend des 31. Dezembers 1999 *Die Csárdásfürstin* auf Anordnung des Intendanten der Semperoper in veränderter Form aufgeführt. Folgende Szenen wurden gestrichen:

Im 2. Akt, vierte Szene, wirft der Vater Edwins aus Wut eine Stabhandgranate, welche im Schützengraben explodiert, aus welchem das Publikum dann Körperteile herausfliegen sieht.

---

25 OLG Dresden 16. Mai 2000 – Die Csárdásfürstin. In: ZUM (2000), S. 955ff.; vgl. dazu Peter Raue in Theater*heute* (2000), S. 150ff.; Rolf Bolwin in Theater*heute* (2000), S. 77ff.

In der 12. und 13. Szene des 2. Aktes tanzt Silva mit einer kopflosen Leiche. In der 14. Szene erscheinen während eines Gesangsduetts Träger mit einer Bahre, auf welcher sich der abgetrennte Kopf und ein Kreuz befinden. Der Kopf gehörte zum Rumpf, mit welchem Silva getanzt hatte.

b) Mit der Inszenierung unternimmt es der Regisseur, das Werk zu deuten, das Werk von der begrifflichen in die sinnlich fassbare Sphäre umzusetzen. Es wirkt die Antinomie zwischen Reinheitsgebot des Werks und der Interpretationsfreiheit des Theaterregisseurs. Nun sind der Autor wie auch die Bühne, der Regisseur und der Dirigent Träger der Kunstfreiheit. Überdies sind alle Träger im Wirkbereich der Kunstfreiheit geschützt. Die Regisseure nehmen daher zu Recht für sich in Anspruch, dem Autor auf Augenhöhe zu begegnen,[26] und Fritz Kortner hat bekanntlich Werktreue als Faulheit abgetan. Anders als bei der Behandlung des Beeinträchtigungsverbotes hinsichtlich Text- und Musikwerk geht es bei der Werktreue um die Deutung des Werks im Einklang mit dem objektiv festgelegten Gesamtinhalt. Bei der Werktreue innerhalb der Inszenierung steht somit die Bearbeitung des Werks als Beeinträchtigung im Sinne von Art. 11 Abs. 2 CH-URG zur Diskussion, also die Umdeutung gegen den Willen des Autors. Nun werden Arbeiten zur Sprachglättung als zulässig erachtet. Was ist aber Sprachglättung, und wann gebraucht der Regisseur den Text nur als „Baustein"[27]? Anpassungen an den Zeitgeschmack sind in der Regel zulässig.[28] Wann wird aber diese Grenze überschritten, beispielsweise bei der Inszenierung von Richard Strauss' *Salome* in einem Atombunker in der Zeit der Apokalypse? Nach dem Libretto ist bekanntlich Schauplatz „eine große Terrasse im Palast des Herodes, die an den Bankettsaal stößt. Einige Soldaten lehnen sich über die Brüstung. Rechts eine mächtige Treppe, links, im Hintergrund, eine alte Zis-

---

26 So z.B. Ulrich Khuon: Theater*heute*, (2007), H. 2, S. 1: „Ein Regisseur muss dem Autor auf Augenhöhe begegnen [...]. Shakespeare oder Molière waren Theaterpraktiker, die haben geschrieben, gespielt und inszeniert. Deshalb halte ich auch die ganze Werktreue- und Regietheaterdiskussion für eine sehr theoretische und theaterfremde. Da wird das Literarische für sakrosankt erklärt. Ich lese die Klassiker auch gerne, aber sobald sie sich in Theater verwandeln, begegnen diesen Texten andere Künstler. Es kommen Bilder, Räume..."

27 Hans Hollmann in: Herbert Mainusch: Regie und Interpretation. Gespräche mit Regisseuren. München 1985, S. 78: „Mir dient der Text nur als Material, als Baustein, Theater zu machen."

28 BGH, 28. November 1985 – „Oberammergauer Passionsspiele". In: NJW, H. 87, S. 1404ff.

terne mit einer Einfassung aus grüner Bronze. Der Mond scheint sehr hell." Zur Überwindung der Antinomie zwischen Grundrechtsposition des Urhebers und jener des Regisseurs wird als Axiom aufgegeben, die Interessen des Werkautors gingen gegenüber jenen des Regisseurs vor, weil er „erster" Urheber sei.[29] Dieser Grundsatz greift zu kurz. Der Autor legt einen Text oder eine Komposition vor, die nicht lebt.[30] Es ist Aufgabe der Inszenierung, die Codes des Autors in der Form der Aufführung sinnlich wahrnehmbar zu machen, das Werk im Wege „der Umsetzung des Schriftwerkes von der begrifflichen in die sinnlich wahrnehmbare Sphäre" zu vollenden.[31] Dies sind zwei verschiedene Werkgattungen, denen mit Bedacht gegenseitig künstlerischer Werk- und Wirkbereich beigemessen wird. Zur Erzielung der Aufführbarkeit werden daher Striche, Umstellungen, Rollengewichtungen, Sprachglättungen, andere Sprachakzente, verschiedene Handlungszeiten oder Milieus u.a. notwendig sein. Diese sind auch zulässig, solange der objektiv festgelegte Gesamtinhalt des Autors unbeschädigt bleibt.

Sodann ist die Wahrnehmung des dramatischen Werks in der Zeit von Bedeutung. Es mag zutreffen, dass, je älter das betroffene Werk ist, desto mehr eine zeitgenössische Wiedergabe zulässig ist.[32] Diese Interpretationsregel hat jedoch nur vordergründig mit dem Alterungsprozess des Werks zu tun. Bedeutsam ist, dass das Werk ein ästhetisches Objekt und damit „eine variable Größe von äußerster Instabilität und Dynamik"[33] ist. Der Sinn der dramatischen Vorlage ist keine unwandelbare Größe, sondern der Sinn muss im Prozess der Inszenierung erarbeitet werden. Everding[34] hat sinnfällig hervorgehoben, dass ein Buch immer dasselbe Buch bleibt, dass man es aber in verschiedenen Epochen anders liest. Insofern gibt es logisch keine werkgetreue Inszenierung, es sei

---

29 Hanns Kurz: Praxishandbuch Theaterrecht. München 1999, S. 535.
30 Claus Guth in Die Zeit vom 26. Oktober 2006: „Es gibt totes Material, das subjektiv belebt wird. Es gibt keine Werktreue, und es gibt keine Grenzen, es gibt nur Unterschiede in der Fähigkeit der Interpreten (Regisseur, Dirigent, Sänger), etwas vom Geheimnis und der Vitalität eines Stücks zu vermitteln."
31 BGH, GRUR 1971, S. 37 ff – „Maske in Blau".
32 Kurz: Praxishandbuch, S. 536.
33 Andrea F.G. Raschèr: *Werktreue: ein tauglicher Prüfstein für Bühneninszenierungen?* In: ZUM 1990, S. 281 ff., hier S. 282.
34 August Everding: *Werktreue*. In: Mir ist die Ehre widerfahren. München 1985, S. 309.

denn, man wolle das Werk fortwährend und unabhängig vom kulturellen Zeit-
ablauf in der Fassung der vom Autor genehmigten Uraufführung sehen. Dieses
Ergebnis erzielt Andrew Lloyd Webber weltweit mit seinen franchiseartig ver-
triebenen Nutzungsrechten.

Die Sichtung und Deutung des Werks in seiner Zeit ist die Aufgabe des Regisseurs und in musikdramatischen Werken gleichsam des Dirigenten. Beide
begegnen dabei dem Autor auf Augenhöhe. Ohne die Freiheit zu einem von
Generation zu Generation veränderten Umgang mit dem Überlieferten ist Theater nicht denkbar. Daher werden bei der Abwägung der Interessen von Autor
und Inszenierung auch Verkehrssitte und Theaterbrauch relevant sein. Das gilt
es sowohl in der dramatischen Vorlage zu berücksichtigen als auch im Ablauf
der Produktion, in der Handlungszeit, in der Besetzung, nicht nur von Rollen
und Partien, sondern auch des Orchesters. Auch Regieanweisungen sind auf
ihre Äquivalenz mit dem Werk im Lichte der Inszenierungssicht und Deutung
zu prüfen. Die An- und Vorgaben der Schöpferzeit müssen durchaus nicht
mehr den theatralischen Zeiten der Inszenierung entsprechen. Schließlich kann
zur Deutung des dramatischen Textes durchaus angemessen sein, diesen mit
einem anderen Text auszuleuchten, solange der Gesamteindruck des Autoren-
werks nicht beeinträchtigt und der Einschub deutlich erkennbar ist.[35]

Bei der Hinterfragung der Werktreue einer Bühnenaufführung ist das Werk
des Autors mit der theatralischen Fassung zu vergleichen, ähnlich, wie bei einer
Übersetzung eine Äquivalenzüberprüfung stattfindet.[36] Eine Inszenierung ist
dann werkgetreu, wenn Werk und Inszenierung einen gemeinsamen Sinn
ergeben,[37] sei es aus der Sicht der Handlungszeit, der Schöpferzeit oder der Zeit
der Deutung. Die Werktreue im Sinne von Art. 11 CH-URG ist somit hinsichtlich der Inszenierung oder der musikalischen Interpretation des Dirigenten
dann verletzt, wenn das Werk eindeutig gegen den objektiv festgelegten Gesamtinhalt inszeniert ist.

---

35 OLG Frankfurt, 23. Dezember 2003 11 U 32/02 (Einschub der erfundenen Personen des „Mit-
   teleuropäers" und des „Pianisten" in Ödön von Horváths *Zur schönen Aussicht* vor der abgedun-
   kelten Bühne zwischen erstem und zweitem Akt).
36 Andrea F.G. Raschèr: *Werktreue und Werkqualität von Bühneninszenierungen aus der Sicht der
   Analytischen Theaterwissenschaft.* In: UFITA, 117 (1991), S. 21ff., S. 37.
37 Everding: Mir ist die Ehre widerfahren, S. 309.

Schlussbemerkung

Das Urheberrecht schützt geistige Schöpfungen der Literatur und Kunst, die individuellen Charakter haben (Art. 2 Abs. 1 CH-URG). Die Definition erscheint auf den ersten Blick griffig, ist es jedoch aus mehreren Gründen nicht. So sind Ideen im Urheberrecht nicht schutzfähig. Aus der Definition folgt, dass auch der kulturelle Fundus nicht monopolisierbar ist. Im 20. Jahrhundert wurde das Urheberrecht deutlich zugunsten der Urheber entwickelt. Mit mehreren Leiturteilen zur Jahrtausendwende haben Gerichte in Europa erkannt, dass geschützte Werke im kulturellen Diskurs entstehen und der Schutz des Werks im Lichte der drei Interessenebenen Werkschaffende, Werkvermittler und Werknutzer zu interpretieren ist. Die Gerichte haben aber auch den Weg geöffnet für die Entlehnung von Teilen des Erstwerks durch den Autor eines nachfolgenden. Bei der Auflösung des Konflikts zwischen den durch die Kunstfreiheit geschützten Autoren könnten geschützte Texte auch ohne Legitimation durch das Zitatrecht rechtmäßig in einer Abwandlung Verwendung finden.

Auch die Interpreten sind durch die Kunstfreiheit geschützt. Das gilt insbesondere für den Regisseur und den Dirigenten. Zu Recht nehmen sie für sich in Anspruch, dem Autor auf Augenhöhe zu begegnen. Die Werktreue der Inszenierung eines Werks ist jedenfalls dann gegeben, wenn Werk und Inszenierung einen gemeinsamen Sinn ergeben – allerdings bei Wahrung der „Text"-Vorlage und ohne größere Striche. Zweifel über den werkgetreuen Charakter der Inszenierung dürfen bestehen. Es ist gerade der Sinn der Kunst, und damit der Kunstfreiheit, für mehrere Interpretationen Raum zu lassen.[38]

---

38 BVerfGE 67, 213 ff. – „Der Anachronistische Zug", NJW 1985, 261ff., S. 263.

Diskussion III

Olaf Zenner: Ich möchte fragen, inwieweit die Journalisten eigentlich das Publikum „mit in die Zeitung hineinnehmen", um das mal etwas prosaisch zu sagen? Ich will damit nur die vox populi ein bisschen repräsentieren und erklären, dass das Publikum oft ausgespart wird. Sie reden sicher auch mit vielen Leuten, wenn Sie sich in der Berliner Zeitungslandschaft auskennen, aber Sie haben kein direktes Feedback, und das große Publikum wird und kann auch den Kritikern nicht immer folgen.

Christine Lemke-Matwey: Die Intention, das Publikum mit in eine Zeitung hineinzunehmen, steht nicht im Mittelpunkt der Aufgaben des Kritikers, denn es fällt schwer, ein Publikum in die Zeitung reinzuziehen, das weder Publikum sein will noch Zeitung liest. Trotzdem gibt es gerade in den Großstädten durchaus ein Publikum, das einem das Gefühl vermittelt: Das sind die Leute, für die man schreibt.

Wenn ich in der Oper sitze, denke ich nicht viel über das Publikum nach, weil ich erstens selbst Publikum bin und mich zweitens eher auf die atmosphärischen und auratischen Momente verlasse. Man spürt ja irgendwie, ob sich da ein Unwille ansammelt oder ob alle total begeistert sind. Insgesamt habe ich das Publikum als durchaus artikulierungsfreudig erfahren. Die Leute, denen irgendetwas nicht passt, die melden sich schon. Da kann man relativ sicher sein.

Christian Peter Hauser: Es ist natürlich sehr schwierig, vom Publikum im Allgemeinen zu sprechen. Eines der Probleme, die ich sehe, ist das, dass es eine Grundvereinbarung zwischen Theatermachern und Publikum nicht mehr gibt, die darauf basiert, dass die Zuschauer das Stück kennen und sich darauf einlassen können, dass es auf der Basis des gemeinsamen Wissens neu interpretiert wird. Heute gibt es ein Publikum, das auch die Klassiker noch nie gesehen oder gelesen hat. Das ist möglicherweise ein Grund, weshalb die jüngeren der Regisseure gar nicht daran interessiert sind, mit dem Publikum zusammen eine neue

Wahrheit zu finden, sondern vielmehr versuchen, das Stück beiderseits überhaupt erst einmal zu entdecken.

Rainer Simon: Das kritische Verhältnis, das Frau Lemke-Matwey gegenüber den jungen Regisseuren und Regisseurinnen formuliert hat, finde ich ein wenig problematisch – vielleicht, weil ich aus der Generation komme: Ich erkenne durchaus auch einen gewissen Mehrwert in dieser Beliebigkeit: „Wir wollen keine großen Geschichten mehr erzählen, sondern wir erzählen vielleicht gar keine, und wenn, dann nur kleine Geschichten. Wir trennen uns ein Stück weit vom Text als Vorlage und verlassen damit okzidentale Tradition, die da heißt ‚Kunst ist im Text drin vornehmlich‘, und widmen uns vor allem der Aufführung." Ich habe Aufführungen von jüngeren Regisseurinnen und Regisseuren erlebt, zu denen viele Leute hin- und positiv gestimmt nach Hause gegangen sind. Ich denke da etwa an Nico and the Navigators oder Andreas Bode.

Christine Lemke Matwey: Es tut mir leid, wenn meine Anmerkung so mäkelig und kritisch geklungen hat, ich hab das gar nicht so negativ gemeint. Aber irgendwo sind da Grenzen. Der Schritt weg von der Exegese oder vom Interpretierenden wird, wenn er erfolgreich umgesetzt werden soll, von den Geldgebern mitvollzogen werden müssen. Der Reflex zu sagen: „Ich verstehe gar nicht, was die da wollen, das sieht ja einfach nur hässlich aus!", und dann den Hahn zuzudrehen, der geht sehr schnell. Angesichts des Narzissmus, den die junge Generation häufig praktiziert, muss sie aber beigebracht kriegen, dass man seine Ideen vermitteln muss. Sich als Genie hinzustellen und zu sagen: „Die Welt ist selbst daran schuld, wenn sie mich nicht versteht", reicht, glaube ich, im 21. Jahrhundert nicht mehr aus. Sie sind ja abhängig von Strukturen, von öffentlichen Häusern, von Geldgebern, von Gönnern – sie sind nicht alleine.

Susanne Vill: Ein anderes Phänomen ist die Macht der Kritiker. Die Kritiker schreiben ja nur über das, wovon sie glauben, dass es spektakulär ist. Und die Intendanten wollen natürlich viele und gute Kritiken. Denn, wenn über ein Stück überregional berichtet wird, kann man sich gegenüber den verantwortlichen Kulturpolitikern in die Brust werfen.

Christine Lemke-Matwey: Das ist natürlich ein Dilemma, vor allen Dingen in der überregionalen Berichterstattung. Das Dilemma besteht darin, dass die Presse unter einem zunehmenden Geldmangel leidet. Dieser Mangel führt dazu, dass Reisekapazitäten eingeschränkt werden, und er führt dazu, dass man, wenn man trotzdem noch irgendwo hinfahren möchte, das natürlich in einer ganz anderen Weise als vielleicht noch vor ein paar Jahren begründen muss.

Früher konnte man die eigenen Beiträge noch musikalisch begründen. Das kann man heutzutage nicht mehr so unbedingt. Natürlich kann man junge Sänger entdecken, man kann jungen Dirigenten irgendwie auf den Fersen bleiben, das sind alles Argumente, die ziehen, aber das hat nichts mehr mit einer theatralen Grundversorgung, die ja vielerorten noch betrieben wird, zu tun. Man kann sich das eine oder andere Fantasievolle dazu einfallen lassen, aber man muss das mit der Kraft seiner Person und eigenen Überzeugungen durchsetzen. Und es garantiert nicht, dass auch nur annähernd gespiegelt würde, was tatsächlich passiert. Denn dieses, was tatsächlich passiert, ist eben ganz oft unspektakulär. Es funktioniert, ja, es ist da, es erfüllt Zwecke, es versorgt Menschen mit Musik und mit Theater.

Aber ich würde gerne noch einmal auf den Ort der Oper zu sprechen kommen und Sieghart Döhring fragen, ob wir heute die richtigen Orte für das haben, was wir Musiktheater nennen. Bühnen wie das Radialsystem in Berlin sind Satelliten, an denen das Experiment gefördert wird, aber wohl kein Modell für die Zukunft der Oper. Haben Sie eine Vorstellung, wie Opernhäuser zukünftig aussehen sollten oder aussehen werden?

Sieghart Döhring: Ich würde sagen: ja, in dem Sinne, dass die Opernhäuser oder Musiktheater Zentren werden, an denen mehreres möglich ist. Man hat jetzt schon kleine zusätzliche Bühnen, man geht auch hier und da aus dem Haus heraus. Die Versuche, die Wand zwischen Bühne und Zuschauerraum niederzureißen, sind ja ein großes Thema seit Beginn des 20. Jahrhunderts. Da gibt es viele Inszenierungen, die das machen, und da kommen immer mehr interessante Experimente hinzu.

Aber obwohl ich selbst ganz und gar kein Freund der Guckkasten-Bühne bin, glaube ich, dass die Bühne plus Zuschauerraum die grundlegende Form des Theaters ist und auch bleibt. Denn Theater ist und bleibt nicht nur ein ästhetisches, sondern auch ein rituelles Phänomen, zu dem sich Menschen zusammenfinden, sich vielleicht auch ein bisschen besser anziehen für diesen Anlass und sich etwas anschauen, was ja auch viel Geld kostet. Und ich glaube nicht, dass man das total aufgeben wird. Man wird es lockerer machen, die Grenzen durchlässiger machen, aber ganz verschwinden wird diese Form nicht.

Anselm Gerhard: Die historische Prägekraft verschiedener Operntraditionen ist wirklich entscheidend. Das, was wir hier besprechen, ist tatsächlich ein Problem der deutschsprachigen Länder. Nicht nur wegen mentaler Prägung im Sinne des Umgangs mit eigenen Befindlichkeiten oder Innerlichkeiten, sondern auch wegen der feudalen Struktur des deutschen Hoftheaters. In der zweiten Hälfte des 19. Jahrhunderts sind außer von Wagner praktisch keine erfolgreichen deutschsprachigen Opern entstanden und gleichzeitig in Italien ständig Opern komponiert worden, die noch heute auf den Spielplänen stehen. Das hängt auch damit zusammen, dass man in Italien selbst in den Städten, wo es ein höfisch subventioniertes Theater gegeben hat – in Turin z.B. –, das Opern-Business im Blick hatte; da muss das Geld reinkommen, und wenn das Publikum nicht kam, dann war's nichts und der Komponist kam nie wieder. In Oldenburg, in Schwerin, in Stuttgart oder in Detmold hat Herr Fürst selbst entschieden, wer einen Kompositionsauftrag bekommt. Dann wurde eine Oper fünfmal gespielt und steht heute nicht mal mehr in den Geschichtsbüchern. Mir kommt es ein bisschen so vor, als würde der Bürgermeister von Oldenburg oder Schwerin oder Frankfurt am Main heute in seiner Entscheidung, wen er als Intendanten einstellt, ähnlich damit umgehen. Das sind auch Merkmale der Tradition.

Gerhard Brunner: Ich möchte widersprechen. Am Anfang mag es sich tatsächlich um eine sehr deutsche Tradition gehandelt haben, doch inzwischen wirkt sie in die Welt. Sie wirkt noch nicht in Amerika, wo wir den einzigen Versuch, diesem Denken einen Boden zu bereiten – nämlich bei Pamela Rosenberg in San Francisco –, glorios haben scheitern sehen. Aber sie wirkt auch in Russland, das heute einen führenden Regisseur wie Dimitri Tscherniakow hervorbringt er ganz bewusst anknüpft an die deutsche Tradition. Konwitschny selbst hält Seminare in Japan und findet dort viel Zustimmung in der Jugend, der Opernwelt von morgen. Sie fasst Fuß in Belgien und den Niederlanden, in Großbritannien, in Frankreich und in Spanien. Irgendwann einmal vielleicht sogar in Italien.

Sieghart Döhring: Viele machen sich gar nicht klar, wie die Zwischenverbindungen juristisch aussehen. Es gab vor einigen Jahren eine Dissertation von einem gewissen Christian Sprang, die hieß etwas reißerisch „Grand Opéra vor Gericht". Der hat sich die Akten angeschaut und überlegt, was z.b. ein Librettist für einen Anteil am Werk hat, wie der honoriert wird oder nicht. Das ist – wie in dem Fall Konwitschny – rechtlich entschieden worden und hat deshalb Konsequenzen für die Theaterpraxis gehabt. Das heißt, wenn wir die Frage nach dem Werk nur auf der ästhetischen Ebene diskutieren, blenden wir ganz grundsätzliche Aspekte aus. Hier bestimmten Gerichtsurteile den Charakter von Werken und Werktreue.

Susanne Reinhard: Ich finde schön, dass hier noch mal deutlich wird, dass wir einen Auftrag haben, uns in die Gesellschaft einzumischen. Als ehemalige Sängerin stellt sich mir häufig die Sinnfrage: Was habe ich da eigentlich gemacht und warum habe ich es gemacht? Und hier wird jetzt deutlich, dass es noch immer Menschen gibt, die sich in der Verantwortung fühlen, etwas bewegen zu wollen, was viel weitreichender ist als Unterhaltung oder Schöngeistigkeit, sondern wo eine geistige Revolte stattfinden kann.

Christian Peter Hauser: Man macht bei dem Versuch, etwas zu bewegen, allerdings auch viel zu häufig die Erfahrung, dass es viele Zuschauer gibt, die sich dagegen wehren, weil sie es für eine Willkür des Ahnens und Wollens halten, die mit dem Text und der Musik nichts zu tun hat. Der Versuch, das Publikum zu erziehen, geht in der Regel auf Kosten eines großen Publikumssegments. Es heißt dann: „Wir wollen jetzt die richtige Oper sehen" – das sind dann gar nicht unbedingt die kostümierten Konzerte, die sicher auch manche im Kopf haben, doch ein Wunsch, das zu sehen, was in der Oper drin steht. Das ist natürlich ein unaufgeklärtes Denken über Werk und Werktreue, darüber sind wir uns alle einig. Bloß, wie verhindert man, dass zu viele einfach abschalten?

Klaus Zehelein: Ich glaube, das Einzige, was man tun kann, ist, die eigene Geschichte des Suchens und die Möglichkeiten, die man gefunden hat, weiterzugeben, obwohl zumindest Teile des Publikums sehr wohl begreifen, dass es auch andere Möglichkeiten gibt. Das ist, glaube ich, das Wichtigste. Ich würde mich auch dagegen verwahren zu sagen, dass ich das Publikum sozusagen erzogen hätte in Stuttgart über die 15 Jahre meiner Intendanz. Es kann nicht darum gehen, das Publikum zu instrumentalisieren, es geht nicht um die Erziehung, sondern es geht um die Bildung des Publikums. Es geht darum, dass das Publikum nicht glaubt, dies oder das sei jetzt die Lösung, sondern dass das Publikum wahrnimmt, dass es ein Vorschlag ist, der hier gemacht wird.

Wir waren ja sehr gut besucht – 15 Jahre lang über 90 Prozent. Mindestens ein Drittel des Publikums fand das, was wir gemacht haben, aber bestimmt sehr bescheuert. Mindestens ein Drittel. Da das Haus aber so einen großen Erfolg hatte, nahmen sie dran teil und waren auch immer regelmäßig da und haben gelernt, mit den Vorschlägen umzugehen. Das Publikum soll nicht „nachschöpfen", was wir da vorgeschlagen haben, sondern selbst schöpferisch sein, denn es sind schöpferische Menschen, die da sitzen.

Peter Konwitschny: Aber was kann man machen? Wir Theaterleute können nicht auch noch dafür sorgen, dass Menschen gebildet werden – im Kindergarten, in der Schule, auf der Universität. Das ist eine gesamtgesellschaftliche Aufgabe. Aber wir sind auf diese Bildung angewiesen. Man kann die Zeile „Über allen Wipfeln ist Ruh'" auch nur verstehen, wenn man gebildet ist. Um Opern oder Theaterstücke zu verstehen, muss man etwas wissen, sonst funktioniert das nicht. Aber die Verantwortung dafür können wir nicht übernehmen.

Susanne Vill: Es stellt sich doch die Frage, wie das Publikum aus einer alten Überzeugung herausgerissen wird und eine neue Position gegenüber Erscheinungen des Lebens und der Gesellschaft gewinnen kann. Wir hatten einige Jahre lang die sogenannte Betroffenheitskultur, wo man also versucht hat, im Sinne von Antonin Artaud Betroffenheit zu erzeugen. Bei der Performance-Art wollte man dagegen über das Authentische eine empathische Übertragung der Botschaft auf das Publikum zustande bringen. Das Selbstopfer des Performers sollte diesen liminalen Zustand im Bewusstsein erreichen, über den eine neue Überzeugung gewonnen werden kann. Und heute ist nun die ganz große Frage: Wie erreicht oder erzeugt man diese Liminalität, vor einem Publikum, das eigentlich seit den 60er-Jahren mit Schock-Ästhetik konfrontiert wurde? Das ist ja in der Oper praktisch gar nicht zu realisieren und liegt auch daran, dass die Oper so durchorganisiert ist. Es gibt manchmal so Mini-Momente, wo man spürt, da ist jetzt ein Sänger in Ekstase oder er hat ein ekstatisches Moment, das einen unglaublich berührt. Dann hat man plötzlich ein Kunsterlebnis der ganz besonderen Art; aber das ist äußerst selten.

Sarah Zalfen: Wen meinen wir denn eigentlich mit *dem* Publikum? Das gibt es doch gar nicht, weil wir alle so pluralisiert und ausdifferenziert sind, dass es so viele Stimuli geben müsste, wie es Personen im Auditorium gibt. Es geht doch vielmehr darum, dass da Leute sitzen, die sagen: Es lohnt sich immer noch, in einer Opernaufführung eine Revolution ausbrechen zu lassen und das als Ort zu nehmen, unsere revolutionären Fragen zu verhandeln. Dadurch entsteht eine „Treue", die gar nicht mehr so sehr an das einzelne Werk gebunden ist, sondern das der Form, also der Kunstform und der Einrichtung gilt.

Laurenz Lütteken: Das mag jetzt ein bisschen sehr skeptisch erscheinen – aber sind wir da nicht in einem Mechanismus, der eher systemstabilisierend wirkt? Oder noch frecher gefragt: Wenn Herr Konwitschny jetzt gesagt hat, es geht ihm darum, eben politisch zu wirken, im Anschluss an Brecht darum auch deutlich zu machen, wie verquer die Machtverhältnisse, wie verdorben die gesellschaftlichen Verhältnisse sind – dann geschieht dies zum Teil auch in einem impliziten Rekurs auf Rousseau oder Proudhon oder auch Wagner, bei denen auch im Hintergrund die Vermutung steht, in einer anderen „Urgesellschaft" sei alles besser gewesen. Daran glaube ich als Historiker nicht. Wirken wir da nicht auf ein Publikum, das sich natürlich irgendwie zum Mitfühlen und zum Nachdenken anregen lässt, aber trotzdem in seinem gesellschaftlichen Handeln anschließend nicht verändert? Das Publikum besteht ja zum großen Teil durchaus aus Leuten, die an Schaltstellen von Politik und Wirtschaft stehen, und ich habe bisher nicht den Eindruck gewonnen, dass sich die gesellschaftliche Entwicklung davon wirklich beeinflussen lässt.

Ich meine natürlich nicht, dass wir es deshalb einfach sein lassen sollten. Aber wir sollten ein bisschen genauer darüber nachdenken, was die Möglichkeiten und Grenzen sind, bevor wir uns selbst auf die Schultern klopfen, wie gesellschaftskritisch wir sind.

Klaus Zehelein: Der Soziologe Dirk Baecker hat in seinem kleinem Büchlein *Wozu Kultur?* angemerkt, dass die Kunst sich selbst als sehr schwierig zu reflektieren erfährt, dass man aber durch die Kunst mehr erfährt, als man sozusagen über die sogenannte gesellschaftliche Wirklichkeit erfahren kann. Und das ist doch das, was wir eigentlich als Programm verfolgen und verfolgt haben. Es geht für mich nicht darum, gesellschaftliche Entwicklung zu beeinflussen, wie die Politik das versucht, indem Gesetze erlassen werden, sondern es geht darum, dass wir durch die Erfahrung, dass Kunst auch uns verändert annehmen, dass Kunst auch jemand anderes verändern kann

Gerhard Brunner: In Belgien gab es ja sogar eine Revolution aufgrund einer Opernaufführung.

Anselm Gerhard: Richtig. Das war 1830 in Belgien bei einer Aufführung der *Stummen von Portici.* Da ist in der Tat ein Teil des Publikums nach dem zweiten Akt rausgegangen, um zu den Waffen zu greifen. Das wäre in Deutschland nie möglich gewesen, weil sich ja die Eintrittskarte bis zum fünften Akt hätte amortisieren müssen. Die neuere Forschung hat allerdings in den Archivdokumenten Hinweise gefunden, dass die Verabredung, dass man an diesem Abend einen Aufstand machen wird, bereits vor dem Beginn der Opernaufführung getroffen war. Die Aufführung selbst hatte also keine revolutionäre Sprengkraft, obwohl das immer noch in jedem Buch so steht.

Christine Lemke-Matwey: Theaterstücke können natürlich keine Revolutionen auslösen. Gesellschaftliche Veränderungen passieren ja auf mehreren Ebenen – auch durch persönliche Lernprozesse. Ein Wirtschaftsprüfer wird sicherlich nicht nach dem Besuch von *Don Carlos* hingehen und seinen ganzen Laden neu orientieren. Aber er hat vielleicht etwas gelernt – auch über den Umgang miteinander, über die Wichtigkeit von persönlichen Beziehungen, auch über

Machtpositionen. Wenn es einem Regisseur gelingt, die Botschaft entsprechend aus dem Stück rauszuarbeiten oder die darin enthaltenen Botschaften in Bilder zu übersetzen, die uns heute direkt erreichen, die nicht museal sind, sondern die mit unserer heutigen Lebenswirklichkeit zu tun haben, dann ist schon eine Menge gewonnen. So wird nicht nur das eine Drittel Publikum erreicht, das ins Theater geht, um sich anregen zu lassen, sondern auch das Drittel Publikum, das schöne Musik hören will – und wenn da vorne dann auch noch etwas Anregendes passiert, umso besser.

Claus Spahn: Ich finde es richtig, dann und wann die Institution Oper ganz grundsätzlich zu hinterfragen. Ich bin häufig auf Veranstaltungen, angesichts derer ich mich frage, ob ich da noch am richtigen Ort, in der richtigen Veranstaltung gewesen bin – und ob ich das eigentlich so wollte. Aber andererseits nehme ich zur Kenntnis, dass zumindest in den Kulturredaktionen der Kulturpessimismus verpönt ist. Unser früherer Chefredakteur hat das so formuliert: „Wenn Sie aus der Schwermutshöhle des Feuilletons heraus Kulturpessimismus verbreiten, laufen Ihnen die Leser davon."

Tatjana Gürbaca: Ich glaube auch, dass man immer wieder Utopien braucht, dass man Ziele braucht, die vielleicht nicht unbedingt erreicht werden müssen, aber die einen auf den Weg bringen, in die Zukunft zu gehen und sich nicht mit dem zufrieden zu geben, was man hat. Ich glaube, das ist wichtig. Ich würde mich nicht hinstellen und sagen: Morgen sprengen wir alle Opernhäuser in die Luft. Aber ich finde, darüber nachzudenken, was es mit den Kollektiven auf sich hat oder wo Potenzial in den Häusern steckt bzw., was das Potenzial bremst, das muss sein.

Rainer Simon: Ich würde eine Opernsystemkritik nicht gleichsetzen mit einem Opernpessimismus. Die junge Generation glaubt an Medien wie das Internet, die Videos usw. Ich habe da sehr viel Positives herausgehört, woran diese Leute glauben, aber sie glauben eben nicht an dieses Opernsystem. Und deshalb muss man als Kulturadministrator darüber nachdenken, wie man dem irgendwie Rechnung tragen kann – und wie man darauf reagieren sollte.

Klaus Zehelein: Die Opernsystemkritik zielt doch auch darauf ab, eine andere Produktionshaltung und andere Produktionsformen zu finden. Und da sind die Opernhäuser – und das ist eine zentrale Kritik – wirklich viel zu hartleibig. Da haben die jungen Leute Recht; sie wissen nicht genau, was, weil sie zu wenig Erfahrung an den Institutionen haben, aber sie spüren, dass da was falsch läuft. Und das finde ich richtig, und das muss man ernst nehmen. Da wird Geld ausgegeben für vieles, was total überflüssig ist. Und es wird kein Geld dafür ausgegeben, neben den großen Opernhäusern Orte für Nebenproduktionen und neue Produktionen zu finden.

Anselm Gerhard: Mein Eindruck ist der, dass im Moment die Durchlässigkeit der Kunstform Oper für Einflüsse aus anderen Kunstsparten – aus der Bildenden Kunst, aus dem Kino usw. – geringer geworden ist. Ich habe das Gefühl, dass die Bereitschaft derjenigen, die die Produktionen auf die Schiene setzen, sich über den Tellerrand hinauszubewegen, abgenommen hat. Ich kann aber auch nicht richtig einschätzen, wie groß der Energieaufwand ist, um das herzustellen.

Klaus Zehelein: Man darf nicht einfach sagen: Das ist zu kompliziert. Das ist doch Leben, wenn's kompliziert wird! Alles andere ist tot.

Autorinnen und Autoren

Dr. Gerhard Brunner ist Direktor des Lehrgangs „Executive Master in Arts Administration" (EMAA) an der Universität Zürich. Nach dem Studium der Rechtswissenschaften war er freischaffender Journalist, Lehrbeauftragter der Universität Wien und Mitarbeiter an den Enzyklopädien „Die Musik in Geschichte und Gegenwart" sowie „The New Grove Dictionary of Music and Musicians". Er war bon 1976 bis 1990 Ballettdirektor der Wiener Staatsoper und von 1990 bis 2001 Intendant der Bühnen Graz/Steiermark.

Prof. em. Dr. Sieghart Döhring ist Präsident der Europäischen Musiktheater-Akademie sowie Vorsitzender des Meyerbeer-Instituts. Er studierte Musikwissenschaft, Theologie und Philosophie in Hamburg und Marburg/Lahn und war von 1987 bis 2005 Inhaber des Lehrstuhls für Theaterwissenschaft unter besonderer Berücksichtigung des Musiktheaters der Universität Bayreuth. Er war Leiter des dortigen Forschungsinstituts für Musiktheater, Thurnau sowie Präsident der Gesellschaft für Theaterwissenschaft. Forschungsschwerpunkte: Geschichte des Musiktheaters (Verdi, Meyerbeer, Wagner, Berlioz).

Prof. Dr. Anselm Gerhard ist Professor für Musikwissenschaft an der Universität Bern. Er studierte Musikwissenschaft, Germanistik und Geschichte in Frankfurt am Main, Berlin, Parma und Paris. Er hat Tätigkeiten in Münster und Augsburg sowie Gast-Professuren in Fribourg, Genf, Pavia und an der Ecole Normale Supérieure Paris inne. Forschungsschwerpunkte: Geschichte des Musiktheaters, der Klaviermusik und der Musikästhetik. Geschichte und Methodenfragen der Musikwissenschaft, Probleme der „Aufführungspraxis".

Prof. Dr. h.c. Peter Gülke war von 1996 bis 2000 Professor für Dirigieren an der Staatlichen Hochschule für Musik Freiburg, 1999 bis 2002 für Musikwissenschaft an der Univerität Basel. Er studierte Violoncello, Musikwissenschaft, Romanistik und Germanistik an der Hochschule für Musik Weimar und den Universitäten Jena und Leipzig. Als Chefdirigent war er an den Opernhäusern in Stendal, Potsdam, Stralsund, Dresden und Weimar, zuletzt 1985–1996, als Generalmusikdirektor in Wuppertal tätig.

Tatjana Gürbaca wird ab Beginn der Spielzeit 2011/2012 Operndirektorin am Staatstheater Mainz. Sie studierte Regie an der Hochschule für Musik „Hanns Eisler" in Berlin und besuchte Meisterkurse für Opernregie bei Ruth Berghaus. 2000 nahm sie erfolgreich am Internationalen Regiewettbewerb „Ring Award" in Graz teil und inszenierte daraufhin *Turandot* an der Grazer Oper. Seit 2001 tätig als freiberufliche Opernregisseurin.

Prof. Dr. Hans-Joachim Hinrichsen ist Ordinarius für Musikwissenschaft an der Universität Zürich. Er studierte Germanistik, Geschichte und Musikwissenschaften an der Freien Universität Berlin. Er ist Mitherausgeber des „Archiv für Musikwissenschaft" und der „Schubert Perspektiven" sowie Präsident der Internationalen Bach-Gesellschaft Schaffhausen (IBG). Forschungsschwerpunkte: Rezeptionsgeschichte (v.a. Bach und Schubert sowie Beethoven, Brahms, Bruckner, Mahler, Schostakowitsch, Liszt), Interpretationsgeschichte, Geschichte der Musiktheorie.

Pavel B. Jiracek promoviert derzeit in Köln mit einer Arbeit zu kolonialen Opernhausgründungen. Nach seinem Abitur am englischen Eton College studierte er Musikwissenschaft in Oxford sowie Arts Administration in Zürich. Er war Stipendiat der Akademie Musiktheater heute (Deutsche Bank Stiftung) und Produktionsleiter der Reihe *zeitoper* für experimentelles Musiktheater an der Staatsoper Hannover. Nach Dramaturgie- und Regieassistenzen u.a. bei Peter Konwitschny und Robert Wilson realisierte er erste eigene szenische Arbeiten.

Peter Konwitschny ist seit 2008 Chefregisseur der Oper Leipzig. 1965–1970 Regiestudium an der Hochschule für Musik „Hanns Eisler", 1980–1985 Freie Regiearbeit in Berlin, Rostock, Greifswald, Anklam, Altenburg und Halle, seit 1981 Seminare und Szenenstudien für Studenten; 1986–1990 Regisseur am Landestheater Halle. Ab 1990 freie Regiearbeit. Zahlreiche Preise und Ehrungen, darunter fünf Mal „Regisseur des Jahres" der Zeitschrift *Opernwelt*.

Christine Lemke-Matwey ist verantwortliche Musikredakteurin beim Berliner *Tagesspiegel.* Studium der Germanistik, Philosophie, Theater- und Musikwissenschaften in Köln und München. Praktische Theaterarbeit in Bonn, Köln, Hamburg, Bregenz, Wien und Chur/CH. Wissenschaftliche Assistentin an der Ludwig-Maximilian-Universität München. Seit 1994 freischaffende Musikjournalistin u.a. für *BR, WDR, Süddeutsche Zeitung* und *Die Zeit.* Eigene Regietätigkeit und Libretti. Lehrtätigkeit u.a. an der UdK Berlin, der Bayerischen Theaterakademie und der Universität Zürich.

Christof Loy studierte Regie an der Folkwang Hochschule in Essen sowie Philosophie, Kunstgeschichte und italienische Philologie in München. Seit 1990 ist er als freischaffender Opern- und Schauspielregisseur tätig. Unter anderem wurde er 2003 und 2004 von der Zeitschrift *Opernwelt* zum „Regisseur des Jahres" gewählt. 2006–2008 Professur und Leitung des Studienganges Regie an der Hochschule für Musik und Darstellende Kunst, Frankfurt.

Dr. Stephan Mösch ist Privatdozent an der Universität Bayreuth, wo er im Wintersemester 2010/11 den Lehrstuhl für Musiktheaterwissenschaft vertrat. Promotion mit einer Studie über Boris Blacher, Habilitation über *Parsifal* bei den Bayreuther Festspielen. Beide Monografien wurden mit Preisen ausgezeichnet. Lehraufträge u.a. an den Universitäten Marburg, Wien und Zürich. Sendungen für zahlreiche ARD-Anstalten und ARTE-TV. Verantwortlicher Redakteur der Zeitschrift *Opernwelt,* Mitherausgeber des Jahrbuchs *OPER* und einer CD-Reihe. Jurymitglied zahlreicher internationaler Wettbewerbe für Gesang, Regie und Bühnengestaltung.

Dr. Peter Mosimann ist Lehrbeauftragter an der Juristischen Fakultät der Universität Basel für Immaterialgüterrecht und Kunstrecht. Er ist Partner bei *Wenger Plattner* Basel, Zürich, Bern. Seit 1980 Syndikus des Schweizerischen Bühnenverbands; Präsident des Kunstmuseums Basel und Verfasser von zahlreichen Publikationen im Kunstrecht.

Rainer Simon schreibt derzeit an seiner Dissertation über Dimensionen einer Analyse der Wahrnehmung von Musikaufführungen. Er studierte Musikwissenschaft, Theaterwissenschaft und Philosophie in Berlin, München und Paris, Musik- und Sprechtheaterregie an der Theaterakademie August Everding in München sowie Arts Administration in Zürich. 2008–2010 wissenschaftlicher Mitarbeiter am Sonderforschungsbereichs „Kulturen des Performativen" im Forschungsprojekt „Musiktheater im Spannungsfeld von Notation und Performance". Er ist Assistent von Barrie Kosky bei der Vorbereitung seiner Intendanz ab 2012/13 an der Komischen Oper Berlin.

Claus Spahn wird zur Spielzeit 2012/2013 Chefdramaturg am Opernhaus Zürich. Er studierte Gitarre und Klarinette in Freiburg im Breisgau. Anschließend absolvierte er in München die Deutsche Journalistenschule, war Radiomoderator beim *Bayerischen Rundfunk* und schrieb für die *Süddeutsche Zeitung*. Im Jahr 1998 wechselte er zur Wochenzeitung *Die Zeit*. Seither ist er dort im Feuilleton für die klassische Musik zuständig.

Dr. Sarah Zalfen ist wissenschaftliche Mitarbeiterin der Forschungsgruppe „Gefühlte Gemeinschaften? Emotionen im Musikleben Europas" am Max Planck-Institut für Bildungsforschung Berlin. Sie studierte und promovierte in Berlin am Otto-Suhr-Institut für Politikwissenschaften. Tätigkeiten als kulturpolitische Referentin im Deutschen Bundestag und Produktionsleiterin freier Musiktheaterprojekte.

DIE GESELLSCHAFT DER OPER.
MUSIKKULTUR EUROPÄISCHER
METROPOLEN IM 19. UND 20. JAHRHUNDERT
HERAUSGEGEBEN VON PHILIPP THER

böhlau

BD. 1 PHILIPP THER
IN DER MITTE DER GESELLSCHAFT
OPERNTHEATER IN ZENTRALEUROPA 1815–1914
2006. 465 S. BR. 148 X 210 MM.
ISBN 978-3-7029-0541-5 [A], 978-3-486-57941-3 [D]

BD. 2 SVEN OLIVER MÜLLER, JUTTA TOELLE (HG.)
BÜHNEN DER POLITIK
DIE OPER IN EUROPÄISCHEN GESELLSCHAFTEN IM
19. UND 20. JAHRHUNDERT
2008. 225 S. BR. 148 X 210 MM.
ISBN 978-3-7029-0562-0 [A], 978-3-486-58570-4 [D]

BD. 3 PETER STACHEL, PHILIPP THER (HG.)
WIE EUROPÄISCH IST DIE OPER?
DIE GESCHICHTE DES MUSIKTHEATERS ALS
ZUGANG ZU EINER KULTURELLEN
TOPOGRAPHIE EUROPAS
2009. 226 S. BR. 148 X 210 MM.
ISBN 978-3-205-77804-2 [A], 978-3-486-58800-2 [D]

BD. 4 JUTTA TOELLE
BÜHNE DER STADT
MAILAND UND DAS TEATRO ALLA SCALA
ZWISCHEN RISORGIMENTO
UND FIN DE SIÈCLE
2009. 212 S. BR. 148 X 210 MM.
ISBN 978-3-205-77935-3 [A], 978-3-486-58958-0 [D]

BÖHLAU VERLAG, WIESINGERSTRASSE I, A-1010 WIEN, T: +43 I 330 24 27-0
VERTRIEB@BOEHLAU.AT, WWW.BOEHLAU-VERLAG.COM

DIE GESELLSCHAFT DER OPER.
MUSIKKULTUR EUROPÄISCHER
METROPOLEN IM 19. UND 20. JAHRHUNDERT
HERAUSGEGEBEN VON PHILIPP THER

böhlau

BD. 5 SVEN OLIVER MÜLLER, PHILIPP THER,
JUTTA TOELLE, GESA ZUR NIEDEN (HG.)
OPER IM WANDEL DER GESELLSCHAFT
KULTURTRANSFERS UND NETZWERKE DES
MUSIKTHEATERS IM MODERNEN EUROPA
2010. 331 S. BR. 148 X 210 MM.
ISBN 978-3-205-78491-3 [A], 978-3-486-59236-8 [D]

BD. 6 GESA ZUR NIEDEN
VOM GRAND SPECTACLE ZUR GREAT SEASON
DAS PARISER THÉÂTRE DU CHÂTELET ALS RAUM
MUSIKALISCHER PRODUKTION UND REZEPTION (1862–1914)
2010. 432 S. 32 S/W-ABB. BR. 148 X 210 MM.
ISBN 978-3-205-78504-0 [A], 978-3-486-59238-2 [D]

BD. 7 SARAH ZALFEN
STAATS-OPERN?
DER WANDEL VON STAATLICHKEIT UND DIE OPERNKRISEN IN
BERLIN, LONDON UND PARIS AM ENDE DES 20. JAHRHUNDERTS
2011. 458 S. BR. 148 X 210 MM.
978-3-205-78650-4 [A], 978-3-486-70397-9 [D]

BD. 8 GERHARD BRUNNER, SARAH ZALFEN (HG.)
WERKTREUE
WAS IST WERK, WAS TREUE?
2011. 224 S. 9 NOTENBEISPIELE. BR. 148 X 210 MM.
ISBN 978-3-205-78747-1 [A], 978-3-486-70667-3 [D]

BD. 9 FABIAN BIEN
OPER IM SCHAUFENSTER
DIE BERLINER OPERNBÜHNEN IN DEN 1950ER-JAHREN
ALS ORTE NATIONALER KULTURELLER REPRÄSENTATION
2011. 349 S. 6 S/W-ABB. BR. 148 X 210 MM.
ISBN 978-3-205-78754-9 [A], 978-3-486-70666-6 [D]

BÖHLAU VERLAG, WIESINGERSTRASSE I, A-IOIO WIEN, T: +43 I 330 24 27-0
VERTRIEB@BOEHLAU.AT, WWW.BOEHLAU-VERLAG.COM

böhlau

FRITZ TRÜMPI

POLITISIERTE ORCHESTER

DIE WIENER PHILHARMONIKER UND
DAS BERLINER PHILHARMONISCHE
ORCHESTER IM NATIONALSOZIALISMUS

Vor der Folie eines Vergleiches zwischen den Wiener und Berliner Philharmonikern im »Dritten Reich« liefert Fritz Trümpi eine detailreiche Studie über
nationalsozialistische Musikpolitik. Die Politisierung der beiden Konkurrenzor-
chester, welche überdies den Städtewettbewerb zwischen Wien und Berlin
repräsentierten, diente beiderseits der nationalsozialistischen Herrschaftssiche-
rung, war in ihrer Ausführung aber von signifikanten Unterschieden geprägt.
Ausgehend von einem vergleichenden Aufriss der Frühgeschichte der beiden
Orchester untersucht der Autor Kontinuitäten und Brüche im Musikbetrieb
nach der Machtübertragung an die Nationalsozialisten und dem »Anschluss«
Österreichs an NS-Deutschland. Dazu greift Trümpi auf ebenso brisante wie
vielfältige Archivmaterialien zurück, die hier zum Teil erstmals der Öffentlichkeit präsentiert werden.

2011. 357 S. 5 TAB., 17 GRAF. UND 9 S/W-ABB. BR. 170 X 240 MM.

ISBN 978-3-205-78657-3

»[...] Ein Buch, das in Berlin und Wien für Aufsehen sorgt [...] und einen
spannenden Einblick in die nationalsozialistische Musikpolitik [eröffnet].«
Aargauer Zeitung

BÖHLAU VERLAG, WIESINGERSTRASSE I, A-IOIO WIEN, T: +43 I 330 24 27-0
VERTRIEB@BOEHLAU.AT, WWW.BOEHLAU-VERLAG.COM

ALBRECHT DÜMLING
DIE VERSCHWUNDENEN MUSIKER
JÜDISCHE FLÜCHTLINGE
IN AUSTRALIEN

Als nach 1933 viele Musiker vom NS-Regime aus Deutschland und Österreich vertrieben wurden, führte die Flucht manche bis ins ferne Australien. Hier mussten sie sich eine neue Existenz aufbauen. Während es einigen wenigen gelang, die Musikkultur ihrer neuen Heimat entscheidend mit zu prägen, wurden andere als »feindliche Ausländer« interniert und oft zum Wechsel des Berufs gedrängt. So verschwanden sie auf doppelte Weise und fielen nicht selten dem Vergessen anheim.

Das Buch ist das Ergebnis einer jahrelangen Spurensuche in Archiven. Es lebt aber ebenso von den Erkenntnissen aus zahllosen Gesprächen mit Überlebenden und Zeitzeugen. Damit gelingt es Albrecht Dümling, ein neues, bisher kaum beachtetes Kapitel der Kulturgeschichte des Exils aufzuschlagen. Das Buch legt Zeugnis ab vom persönlichen Mut der verschwundenen Musiker und von ihrem Überlebenswillen und Pioniergeist vor dem Hintergrund der rassischen, politischen oder religiösen Verfolgung durch das Dritte Reich.

2011. 444 S. 43 S/W-ABB. AUF 16 TAF. GB. 170 X 240 MM.
ISBN 978-3-412-20666-6

BÖHLAU VERLAG, URSULAPLATZ 1, 50668 KÖLN. T: +49(0)221 913 90-0
INFO@BOEHLAU-VERLAG.COM, WWW.BOEHLAU-VERLAG.COM | WIEN KÖLN WEIMAR